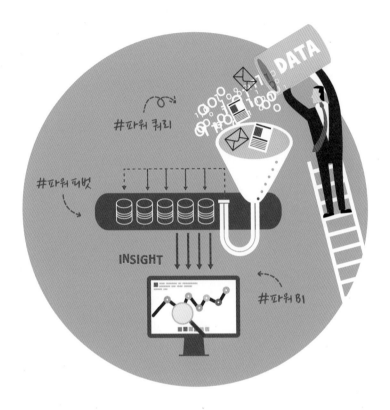

#파워 쿼리

#파워 피벗

INSIGHT

DATA

#파워 BI

만만한 데이터, 비로소 엑셀에서 '가치'가 되다!

실무 데이터 분석
WITH 엑셀

실무 데이터 분석 WITH 엑셀

ISBN : 978-89-314-5963-0

독자님의 의견을 받습니다.
이 책을 구입한 독자님은 영진닷컴의 가장 중요한 비평가이자 조언가입니다. 저희 책의 장점과 문제점이 무엇인지, 어떤 책이 출판되기를 바라는지, 책을 더욱 알차게 꾸밀 수 있는 아이디어가 있으면 이메일, 또는 우편으로 연락주시기 바랍니다. 의견을 주실 때에는 책 제목 및 독자님의 성함과 연락처(전화번호나 이메일)를 꼭 남겨 주시기 바랍니다. 독자님의 의견에 대해 바로 답변을 드리고, 또 독자님의 의견을 다음 책에 충분히 반영하도록 늘 노력하겠습니다.

파본이나 잘못된 도서는 구입처에서 교환 및 환불해 드립니다.

이메일 : support@youngjin.com
주 소 : (우)08507 서울특별시 금천구 가산디지털1로 128 STX-V타워 4층 401호

STAFF
저자 박혜정 | **책임** 김태경 | **진행** 성민 | **디자인·편집** 김효정 | **영업** 박준용, 임용수, 김도현
마케팅 이승희, 김근주, 조민영, 김도연, 채승희, 김민지, 임해나, 이다은 | **제작** 황장협 | **인쇄** SJ P&B

엑셀 지옥! 친구들을 구출하라!

이 책은 제가 감지한 '엑셀 사용자들의 고통'과 그것으로부터 발현된 '엑셀 개발자들의 욕망'으로부터 시작되었습니다. 현장의 제 고객들은 '엑셀을 지옥'으로 표현할 만큼의 매우 고통스러운 나날을 현재까지 보내고 있습니다. 엑셀은 '축적된 데이터를 처리하기에 여러 가지로 불편하며, 일부는 아예 불가능합니다. '엑셀 이거 안 되는 거야? 왜 이렇게 손이 많이가? 불편해!' 등 고객의 소리를 엑셀 관계자들이 모를 리 없습니다.

더 많은 양을 한 번에 오류 없이 빨리 처리해 달라는 사용자의 요청은 엑셀의 변화를 종용합니다. 엑셀에 추가된 '파워 쿼리, 파워 피벗'과 독립적으로 사용하는 '파워 BI 서비스'는 변화의 결과입니다. 필자는 추가된 파워 쿼리, 파워 피벗, 파워 BI 서비스와 엑셀이 많은 데이터와 실시간 데이터를 어떻게 처리하는지 그리고 각각이 어떤 역할을 담당하는지 소개하려 합니다. 단순히 소개만 하는 것이 아니라 기존의 방식과 어떤 차이가 있는지를 설명, 우리의 작업 방식을 돌아보는 계기가 되길 바랍니다.

엑셀이 태어난 지 30년이 되었습니다.

한국에 개인용 컴퓨터는 1980년대에 도입되어 1990년대 이후 인터넷과 함께 널리 보급되었습니다. 컴퓨터의 확산과 함께 사무자동화(office automation)도 비슷한 시기(1980년대 이후)에 널리 보급됐지요. 1992년 처음 도입한 필자 집에 컴퓨터는 하드 용량이 적어 한글을 설치하기 위해, 마이크로소프트 오피스를 지워야 했습니다. 그런데도 한글과 마이크로소프트사의 엑셀, 워드, 파워포인트, 엑세스와 같은 오피스 프로그램은 여러 날을 걸려야 했던 각종 보고서의 작성을 하루나 이틀, 당일에 처리할 수 있었습니다. 그것은 가히 업무 혁신에 가까운 것이었습니다. 또한 부피를 많이 차지하는 종이서류는 플로피디스크, CD ROM, USB 등의 기억장치에 저장할 수 있어 수량과 용량을 감축시켰습니다. 특히 엑셀은 기업의 회계 장부를 그대로 컴퓨터로 옮겨 장부와 계산기를 대신했습니다.

엑셀 사용자는 과연 엑셀로 어떤 작업을 해 왔을까요?

독자 여러분! '엑셀' 하면 어떤 기능이 먼저 떠 오르나요? '셀?, 함수 SUM? 아니면, 정렬? 그것도 아니면, 자동 채우기?, VLOOKUP?' 사용자마다 애정하는 기능이 다를 것으로 생각합니다. 엑셀은 셀에 값을 저장하고, 입력한 값을 SUM(계산)하며, 관리(정렬)합니다. 그리고 특정 기준으로 요약 및 집계(분석)하여 보고서 또는, 차트로 시각화한 뒤 누군가에게 전달됩니다. 엑셀 작업이 단순히 '사칙연산'만을 의미하지 않습니다. 많은 세월 축적된 데이터는 다양한 데이터 관리 메뉴로 관리되고, 분석 기법과 만나 새로운 결과 값을 만들어 냅니다. 이미 많은 사람이 엑셀에서 데이터 관리 및 분석을 합니다.

2019년, 누구나 '데이터로 분석'하는 시대가 열립니다.

현대는 누구나 '데이터로 분석'하는 시대입니다. 컴퓨터는 그것을 실현할 만큼 시스템을 갖췄습니다. 우리는 이미 정확한 내용을 전달할 때 '숫자'로 말하는 것이 익숙하며, 듣는 사람에게는 빠르게 전달되어 그렇지 않은 경우보다 신뢰를 줍니다. 그런데, 문제가 있습니다. '숫자 정보'가 넘치는 만큼 '왜곡된 숫자 정보'도 넘치고 있다는 것입니다. 최근에는 팩트를 전달해야 하는 '뉴스에서도 숫자를 왜곡하는 경우 종종 목격됩니다. 숫자로 말한다고 해서 믿을 만한 것이 아니며, 숫자라는 툴로 큰 거짓말을 만들어 내어 사람들을 속이기도 합니다. 어쩌면 이제는 '데이터 분석 스킬'보다도 데이터 분석의 결과를 '정확하게 해석할 수 있는 능력'이 더 절실하지 않을까 합니다. 그런데 데이터 분석의 과정을 경험해 보지 못한 사람이 어찌 분석의 결과를 제대로 해석할 수 있을까요? 결국 데이터 분석을 하지 못한다는 것은 '데이터 분석 결과' 안의 진짜 의미를 발견하는 것은 고사하고 뭔 말을 하는지조차 짐작할 수 없다는 의미가 아닐까 합니다.

여러분, 여러분은 아래 설문의 결과를 어떻게 받아들이십니까? 사실 저는 이제껏 이런 그래프를 보면 '그런가 보다'하고 받아들였습니다. 그런데 혹자는 이 결과를 보고 과연 이 설문은 '언제 어떤 사람을 대상으로 한 것이며, 대상자들의 4차 산업혁명에 대한 이해도는 어느 정도일까?' 등에 물음표를 답니다. 물론 설문은 2016년 5월에 '이달의 과학기술자상(sci.sedaily.com)'을 수상한 수상자 34명을 대상으로 서울경제신문에서 시행되었다고 합니다. 그런데도 멈추지 않는 질문, '응답자들은 인공지능(AI)과 바이오, 사물인터넷(IoT), 로봇 등으로 대표되는 4차 산업혁명에 대해 과연 얼마나 깊은 식견을 갖고 있을까요?'

이 책의 핵심 키워드는 '엑셀, 데이터, 분석 그리고 사람'입니다.

300년 전 시인 에드워드 영(Edward Young, 1683–1765)은 "우리는 모두 원본으로 태어났는데 왜 복사본으로 죽어가는지 모르겠다"는 말을 했다고 합니다. 30년 전 엑셀을 접하고 20년 가까이 엑셀을 강의해온 필자가 느끼는 엑셀 작업은 '복사본' 같습니다. 그런데 최근 엑셀의 기조는 '원본'을 지향합니다. 엑셀은 데이터와 사람, 데이터와 분석을 만남을 주선하고 심지어 다양한 곳의 다양한 형식들을 수용하여 같은 공간에 어우러져 좋은 결과를 만들어 내는 일에 엑셀 자신을 헌신합니다. 결과가 만들어지는 과정은 만드는 사람에 따라 다를 것입니다. 그 어떤 것도 강요하지 않으며, 데이터 분석에 필요하면 그 무엇이라도 수용할 수 있다는 자세를 취하고 있습니다. 필자는 머지않아 엑셀은 '셀프서비스 데이터 분석'의 '표준 플랫폼'이 될 것이라고 확신합니다. 사용자들은 일에 따라 데이터의 흐름을 다르게 설계하고 원하는 '계산' 결과를 빠르게 양산하는 시스템을 각자의 방식으로 엑셀이란 도구를 이용하여 만들어 낼 것입니다.

이 책을 선택해 주신 독자님! 감사합니다. 함께 시작하시죠!

반갑습니다! 인사드립니다. 저는 이 책의 저자 박혜정입니다. 이 책에서 필자는 엑셀에 데이터 분석에 필요한 기술과 기술을 뒷받침하는 이론 두 가지를 균형 있게 전달하려고 시도했습니다. 필자의 바람이 과했는지 2017년 목표로 시작한 책은 2018년 12월이 되어서야 출간이 되었습니다. 필자가 지향하는 교육의 길은 엑셀이 가려는 데이터 분석 길과 그 정신을 같이합니다. 천편일률적인 교육 방식을 버리고 교육을 사용하는 UX(사용자 경험) 중요하게 생각합니다. 사용자가 원한다면, 책과 더불어 다양한 채널을 통해 실시간에 가깝게 소통하면서 틀린 부분을 바로잡고 부족한 부분을 채우며 '엑셀에서의 스스로 데이터 분석의 길'을 완주하려고 합니다. 변함없는 것은 이 책과 교육의 주제 '엑셀, 데이터, 분석, 사람'입니다. 유튜브, SNS 등으로 독자 여러분들의 현장을 함께 나누고 싶습니다. 그리고 독자 여러분 각자가 자신에게 맞는 최선의 방식을 찾는 길, 그 길 외롭지 않게 벗이 되길 바랍니다. 저는 한발 앞서 연구하며, 여러분이 길을 좀 더 잘 갈 수 있도록 길잡이가 되겠습니다. 독자 여러분! 저와 함께 데이터를 분석의 첫걸음을 떼 주십쇼!

저자 : 박혜정

★ 웹 사이트 : datainexcel.tistory.com

★ 유튜브 채널 : 데이터디자인

★ 이메일 : datainexcell@gmail.com

★ 페이스북 : 박혜정(아침엑셀)

예제 파일 및 동영상 참고 파일 소개

본 도서의 학습에 필요한 예제 파일과 결과 파일은 영진닷컴 홈페이지(www.youngjin.com) [고객센터]–[부록 CD 다운로드] 게시판에서 도서명(만만한 실무 데이터 분석 with 엑셀)로 검색하면 다운로드할 수 있습니다. '책예제.zip' 파일로 되어 있는 압축 파일을 해제한 후 [책예제] 폴더를 내 컴퓨터의 C: 드라이브에 복사한 후 사용하길 권장합니다.

❶ 영진닷컴 홈페이지–[고객센터]–[부록 CD 다운로드] 게시판에서 도서명으로 검색

❷ 다운로드 받은 '책예제.zip' 파일의 압축 해제 후 C: 드라이브에 복사한 모습/[내 PC]–[C: 드라이브]–[책예제] 폴더

❸ [참고] 폴더의 '책 예제 폴더 테이블.xlsx' 파일을 이용하면 예제 파일 및 동영상 URL을 스마트폰이 아닌 PC에서 쉽게 확인할 수 있습니다.

❹ 유튜브로 제공하고 있는 동영상 참고 파일 실행 모습

이 책은 엑셀을 이용한 데이터 분석을 어떻게 하면 '잘하고, 잘 써먹을 수 있는지'에 대한 단순한 고민에서 시작되었습니다. 이러한 고민은 주변에서 쏟아지는 데이터들에 대한 얘기와 어떻게 하면 제대로 된 틀(프레임, 표)로 데이터를 표현할 수 있는지, 그리고 잘 정리된 데이터에서 인사이트를 발견하는 방법, 마지막으로 그런 인사이트가 적절한 판단이 필요한 일에 어떤 가치가 되는지 소개하고 있습니다. 그럼 본격적인 학습에 앞서 미리 보기를 통해 책의 구성을 살펴보겠습니다.

PART

이 책은 총 4개의 PART로 구성되어 있으며 각 PART의 시작에 앞서 시각화 개체들과 작가의 말을 통해 어떤 내용을 고민하고, 배우게 되는지 알아봅니다.

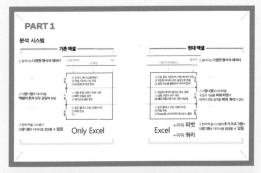

Chapter와 Chapter Summary

각각의 PART는 2개의 Chapter로 구성되어 있으며, 각 Chapter는 소주제로 구분하여 데이터 분석에 관한 내용을 소개하고 있습니다. 그리고 Chapter의 마지막에서 Summary 요소를 통해 주요 내용을 다시 한 번 짚어주는 시간을 갖습니다.

본문 요소

동영상 참고 파일 : 본문 학습 내용을 동영상으로 제공하며, QR 코드를 통해 스마트폰으로 간편하게 시청할 수 있습니다.

예제/완성 파일 : 본문 학습에 필요한 예제/결과 파일을 제공하며, 영진닷컴 홈페이지나, 저자의 홈페이지를 통해 다운로드하여 사용하면 됩니다.

각주 : 필요에 따라 본문에 나오는 용어들의 해설을 각주로 설명하고 있습니다.

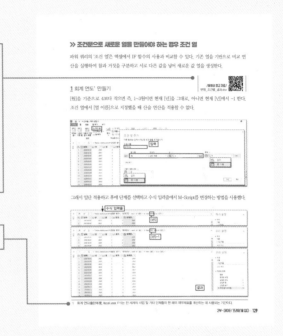

실행 : 엑셀에서 기능 사용에 필요한 경로나 방법을 간단하게 소개합니다.

팁 : 본문 학습에 필요한 Tip들이 곳곳에 수록되어 있습니다.

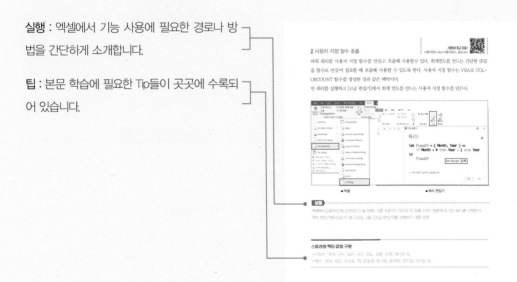

이 책의 내용 ━━━━━━━

우리는 분명 '엑셀'이란 도구를 이용하여 데이터를 처리해 왔고, 분석도 했을 것입니다 그러나 대놓고 '분석한다' 말하기는 좀 남사스러운 면이 있는데, 아마도 그 이유는 엑셀에 대한 사용자의 무지(無知)와 무의지(無意志)가 만들어낸 '뭘 해도 긴가 민가'라는 느낌적인 느낌이지 않을까?' 싶습니다. 이제 엑셀은 데이터 분석을 위해 부족한 부분을 제대로 할 수 있는 시스템을 갖췄다고 생각합니다. 이제 우리의 결심만 남은 것입니다. 너도나도 데이터 분석을 하는 시대이니 한번 해보시죠! 엑셀로! 하지만 정말 잘하자! 그것도 제시간에!

: 데이터 쏟아진다(1부: 데이터 쏟아지는구나!)

어느 사이엔가 우리에게 '빅데이터'는 흔하디흔한 단어가 되었고, 모두가 그것에 관해 이야기하고 있습니다. 여기 저기서 '빅데이터, 빅데이터' 하니 나 빼고 다 하나? 그런 생각이 들 때도 있다. 어디 나도 한 번 해볼까 하는 생각에 데이터를 수집하는데,

수집한 데이터가 하나의 엑셀 시트로 수용할 수 있는 양보다 많아서, 1차 헐!

겨우겨우 시트를 나눠서 가져왔는데, 막상 수집한 데이터를 보니, 고쳐야 할 부분이 너무 많아서, 2차 헐!

의지와 노력으로 필요한 모든 데이터를 정리한 후 이제부터 본격적으로 분석하려는데, 하…! 이제는 수학과 통계가 내 발목을 붙잡고 놓아주지 않아 한 걸음을 떼기가 어려워서, 3차 헐!

어찌어찌해서 요약과 집계도 했고, 그 결과로 그래프를 그렸으나… '이 그래프가 최선일까?!'라는 생각에, 4차 헐!

열심히 구글링하여 개념 있는 결과를 뽑았는데, 너무 오랜 시간이 걸려서 이미 쓸모가 없어져다. 5차 헐!

위와 같은 상황에 대처하기 위해, 1부에서는 엑셀을 이용하여 다양한 형식의 데이터들을 수집하고 가공하는 기본적인 방법에 관해 이야기합니다.

: 그래서, 틀에 넣다(2부: 데이터 '프레임'을 입다!)

원래 프레임의 사전적 의미는 테두리, 창틀, 액자의 테두리이지만, 건축물 등의 기본 구조를 의미하기도 합니다. 데이터는 컴퓨터가 표현하는 내용물입니다. 데이터를 처리하는 프로그램에서는 온전한 데이터 처리를 위해서 데이터 프레임을 만들었고, 그중 가장 선호하는 것이 '테이블 프레임'인 것입니다. 데이터를 '테이블 프레임'에 제대로 넣는 작업은 그래서 매우 중요합니다.

프레임을 장착하느냐에 따라 '무엇을 할 수 있을지' 그 역할이 결정되며, 관련 프로그램 안에서 인간과 데이터와

의 소통 문제를 해결할 수 있는 '키'가 됩니다. 결국 좋은 프레임 안의 데이터는, 먼저 사용자에게 가치를 인정받고, 그로 인해 얻어진 새로운 결과치 역시 좋은 것임을 보증하는 잣대가 되는 것이죠. 2부에서는 가치 있는 데이터를 만들기 위해 필요한 표 사용법과 관계 설정 그리고, 다양한 데이터 추출 방법들에 관해 이야기합니다.

⁝ 거기서, 금을 캐다(3부: 데이터에서 금 캐기)

우리가 분석하는 목적은 '데이터에서 제대로 된 가치, 열매를 찾는 일'입니다. 이 책에 언급한 내용은 분석 과정 곳곳에서 필요한 것들인데, 이 모든 재료를 제대로 사용한다면 당신의 분석 결과는 제대로 가치가 될 것입니다. 물론 상황에 따라 차이가 있겠으나, 데이터를 기반으로 올바른 판단을 하기 위한 기본은 '다면(多面) 검토하는 것'이며, 그러기 위해서 우리는 필요한 자료를 판단해 다양한 곳으로부터 열심히 수집 및 정리했습니다. 우리가 2부에 한 것이 바로 그것입니다.

그런데도 현재의 데이터는 무언가를 말하지 못하는 날 것 그대로, '텍스트'에 불과합니다. 데이터 모델의 각 필드(열)은 적절한 시각화 도구로 표현될 때에 좀 더 분명한 메시지가 되는 것이죠. 마치 사막의 모래 사이에서 금을 캐기 위해 그 많은 모래를 조리질하는 매우 고된 작업을 시작해야 합니다. 3부에서는 피벗 테이블이나 슬라이서, 차트 그리고, 분석의 정교화를 위한 이론들을 이야기합니다.

⁝ 드디어, 가치가 되다(4부: 데이터 가치가 되다!)

데이터가 '가치'가 있으려면 적절한 시간에 필요한 사람에게 전달 및 공유되어야 합니다. 4부에서는 마이크로소프트에서 개발한 데이터 분석식(DAX)을 이용하여 데이터 사이의 관계를 추적하고, 복잡한 계산을 쉽게 정의하는 방법을 알아봅니다. 또한 파워 BI를 이용하여 공유된 데이터들을 활용하는 방법을 이야기합니다.

목차

PART 1 데이터 쏟아지는구나!

분석 시스템

기존 엑셀

1. 쏟아지는 **다양한 형식의 데이터**

공공데이터   내 파일   IoT

수집	① 드래그, 복사&붙여넣기 ② 엑셀 시트에 나눠 저장 ③ VLOOKUP으로 합체
가공	① 각종 편집 단축키 외워 사용 ② 빠른 손놀림 장착 ③ 매크로&VBA 힐끗
전달	① 공유 폴더나 프로그램에 저장 ② 메일 전송 ③ …

2. 다양다형의 데이터를
엑셀이 혼자 모두 감당해 왔음

3. 현재 엑셀 시스템이
다**양다형**의 데이터를 감당할 수 **없음**

Only Excel

현대 엑셀

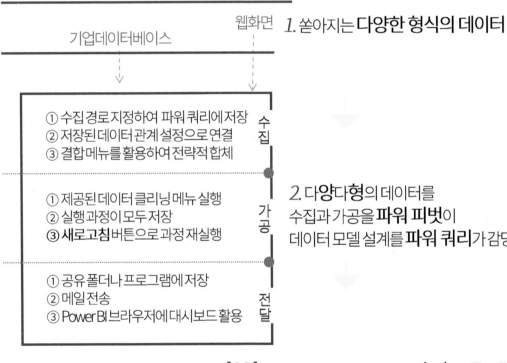

기업데이터베이스

웹화면

1. 쏟아지는 **다양한 형식의 데이터**

① 수집 경로 지정하여 파워 쿼리에 저장
② 저장된 데이터 관계 설정으로 연결
③ 결합 메뉴를 활용하여 전략적 합체

수집

① 제공된 데이터 클리닝 메뉴 실행
② 실행과정이 모두 저장
③ **새로고침**버튼으로 과정 재실행

가공

2. **다양다형**의 데이터를
수집과 가공을 **파워 피벗**이
데이터 모델 설계를 **파워 쿼리**가 감당

① 공유 폴더나 프로그램에 저장
② 메일 전송
③ Power BI 브라우저에 대시보드 활용

전달

Excel

+파워**피벗**

+파워**쿼리**

3. 현재 엑셀 시스템에 **추가 프로그램**이
다양다형의 데이터를 감당할 수 **있음**

데이터 '쏟아진다!'

빅데이터는 '축적'이 아니라 '추적'이다!

'빅데이터(Big Data)'를 정의하는 여러 글 중 빅데이터를 '개인행동 데이터'로 정의하고 빅데이터를 설명하는 블로그 글이 있어 소개하려한다. 블로거는 '축적(accumulation)된 데이터를 사용하느냐'와 '추적(trace)해가며 데이터를 이용하느냐'를 구분하여 빅데이터를 후자로정의하고 있다. '추적'을 통해 사용자(User)의 행동 결과가 어떤 결정을 내리는지를 볼 수 있어야 '빅데이터'라 말할 수 있다고 한다. 물론개인의 행동을 추적하려면, 저장 및 처리 등의 시스템 뒷받침이 필요할 것이다. 그런 의미에서 앞으로 우리가 사용하려는 도구가 '빅데이터'를 가능하게 하는 도구인지를 독자 스스로 판단할 수 있기를 바란다. 〈출처 : https://blog.pabii.co/dumbmarketwithtonsoffraud/〉

우리는 무엇으로 데이터와 소통해 왔나?

스스로 인식하든 그렇지 않든 엑셀에서의 작업은 어떤 형태로는 일정 부분 '데이터 분석'에 복무한 것이 사실이다. 데이터를 수집해서편집해 주는 사람, 통계 기법을 적용해서 값을 만들어 내는 사람, 결과를 보고 받아 의사 결정에 활용하는 사람 모두가 데이터 분석 과정에 참여하는 사람들이다. 이 모든 과정을 엑셀이란 툴로 한 사람이 다 실행한다는 전제하에 분석 과정을 그려 보자. 1단계 분석에 필요한 데이터를 수집하려고 하는데 수집한 데이터의 양이 엑셀의 하나의 시트가 수용할 수 있는 양보다 많다. 1차 헐~. 2단계 일단 시트를 나눠서 가져오는 방법으로 필요한 모든 것을 엑셀 시트에 분리해서 담았다. 어이쿠! 막상 수집한 데이터를 들여다보니, 고쳐야 할 부분이 너무 많다. 2차 헐. 3단계 포기하지 않고, 굳은 의지와 열심으로 손을 움직여 편집해서 데이터를 손질했다. 이제부터 본격적으로 분석하려는데, 하……수학과 통계가 내 발목을 붙잡고 놓아주지 않아 한 걸음을 떼기가 어렵다. 3차 헐. 4단계 어찌어찌, 더듬더듬 요약도집계도 했고, 그 결과로 그래프를 그렸지만, '이 그래프가 최선일까?' 4차 헐. 열심히 구글링하여 개념 있는 결과를 냈다. 그런데 말이다.이렇게 열심히 만들어낸 결과는 너무 늦어서 쓸모없어졌다. 때를 놓쳐버린 것이다. 5차 헐~.

앞으로 우리는 무엇으로 데이터와 소통할까?

앞으로도 우리는 여전히 엑셀로 데이터 분석을 해야 한다. 개인 사용자들에게는 엑셀이 가장 만만한 것이 사실이다. 그러나, 엑셀 사용자는 과연 엑셀로 '데이터 분석'이 원활하게 가능할지에 대한 의문이 드는 것도 역시 사실이다. 엑셀로 데이터 분석을 하기 원하지만 우려를 하는 이들에게 엑셀이 말한다. '제가 분석하기에 여러 가지로 부족했던 것이 사실입니다. 변을 하자면 원래 저는 이렇게 많은 양을처리하게 될지 몰랐습니다. 그런데 시대는 변했고, 저 역시도 변했습니다. 부족한 수용력과 처리 속도는 파워 피벗으로 채우겠습니다. 그리고 분석하기 전에 데이터 편집 과정은 파워 쿼리에게 맡기세요. 그리고 제가 저의 껍데기를 버릴 수 없어서 시각화와 공유의 장은 따로 만들었습니다. 멋지게 꾸미고 실시간으로 상호 작용을 원하신다면 제 친구 Power BI Service가 있습니다. 무료입니다. 저는 모든 준비를 마쳤습니다. 이제 저를 통해 '스스로 하는 분석의 세계'로 제대로 입문하세요.'

기업이나 기관의 빅데이터 도입은 개인이 선택보다는 더 어려운 결정 과정을 거쳐야 한다. 그러나 개인 사용자는 시스템을 갖춘 엑셀을지금 당장 사용하기만 하면 된다. 분명 엑셀은 자신의 기존의 부족한 부분을 채우고 데이터 분석을 제대로 할 수 있는 시스템을 제대로갖췄다. 엑셀은 준비가 됐다. 필자가 보증한다. '스스로 데이터 분석하는 시대'에 엑셀은 표준 플랫폼의 역할을 자청한다. 이제 우리의 결심만이 남아 있다.

이 책이 촉발된 원인

2009년을 기준 IoT를 사용하는 사물의 수가 9억 개, 2020년 260억 개에 이를 것으로 예상한다. 혹자는 IoT[1]로 인해 발생한 데이터의 양을 '맹렬한 눈사태'로 묘사, 기존 시스템과 기술로는 도저히 감당 및 분석이 어렵다는 것을 표현하고 있다. 맹렬한 눈사태와 같이 쏟아지는 데이터는 '빅데이터'라는 새로운 용어의 등장을 초래했다. 결국 사물 인터넷이 빅데이터를 불러낸 것이다.

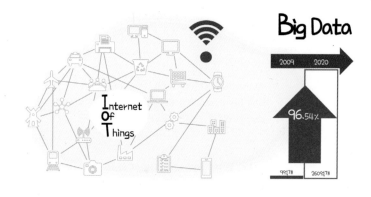

▲ 사물 인터넷, 빅데이터를 낳다!

어느 사이엔가 우리에게 '빅데이터'는 흔하디흔한 단어가 되었고, 모두가 그것에 관해 이야기하고 있다. 여기저기 '빅데이터, 빅데이터' 하니 나 빼고 다 하나? 그런 생각이 들 때도 있다. 나름 IT 업계 종사자로 있는데, 주변에 빅데이터 전문가 없다. 건너, 건너 건너도. 작년부터는 여기저기서 빅데이터 관련 강의가 개설됐다는 소리가 들린다. 근데, 우리나라에 빅데이터가 언제 시작됐더라...! 빅데이터 전문가 양산 시스템이라도 생산됐나?! 싶다.

---

1 IoT(Internet of Things: 사물 인터넷) : 사물 인터넷은 사물에 센서를 부착해 실시간으로 데이터를 인터넷으로 주고받는 기술이나 환경을 일컫는다.

일단 빅데이터는 두고 필자와 독자 앞에 쏟아져 내리는 데이터에 주목하자. 과연 앞으로도 계속해서 쏟아질 데이터를 현재 우리가 사용하는 알량한(?) 도구와 처리 능력으로 감당할 수 있을 것인가? 필자는 현재 갖고 있는 시스템과 작업 방식으로는 어려울 것으로 판단한다. 데이터도 쏟아지고, 일도 쏟아지고, 내 부족한 지식에 대한 서러움도 쏟아지는구나!

다음 페이지의 그림은 데이터 분석가(데이터 과학자와 일반 분석자 포함)들이 사용하는 데이터 분석 도구 사용률을 시각화 개체[2]로 표현한 것이다. 많은 사람이 엑셀을 데이터 분석 툴로 사용하고 있음을 확인할 수 있다. 2018년 기준 마이크로소프트는 엑셀에 '데이터'와 '분석'을 강화하여 '계산'과 비슷한 수준으로 셋 중 그 어느 것도 부족함이 없도록 시스템을 보완했다. 사용자들은 '데이터 분석'에 있어 '부족함이 없는 엑셀 시스템'과 만날 것이다. 게다가 마이크로소프트가 개발한 파워 BI 서비스(엑셀과는 독립적으로 작동)는 시각화 도구와 개체 간 상호 작용, 거기에 실시간성을 더해 소비자의 선택을 기다린다.

---

2   시각화 개체 : 파워 BI 서비스에서 제공하는 그래프나 인포그래픽 기능을 일컫는다.

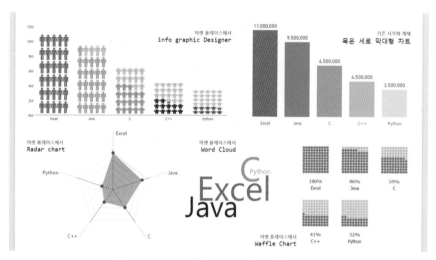

▲ 파워 BI 서비스 중 데스크톱 버전의 [보고서]에 그린 그림

어느덧 엑셀은 '스프레드시트'[3]보다 더 '스프레드시트'한 이름이 됐다. 엑셀은 마치 거대한 표와 같은데, 수많은 네모난 셀(Cell)은 숫자와 문자의 입력을 기다린다.

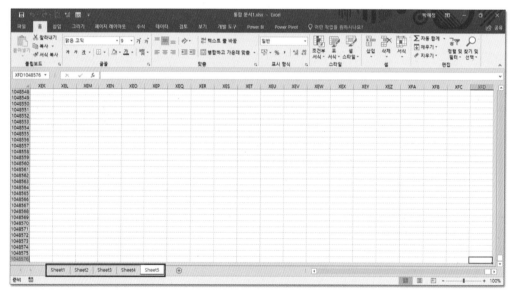

▲ 다섯 개의 시트를 갖고 있는 통합 문서의 엑셀 2016 버전

---

3   스프레드시트는 경리, 회계 등의 계산을 위해 사용되는 표 형식의 계산용지나, 계산용지를 컴퓨터에서 사용할 수 있게 구현한 표 계산 프로그램을 의미한다. 또, 엑셀은 대표적인 스프레드시트 프로그램으로 마이크로소프트가 개발 및 판매하는 브랜드 이름이다.

엑셀 2016 버전[4]을 기준으로, 하나의 시트에는 1,048,576 × 16,384 = 17,179,869,184(행 × 열 = 셀)이 제공되며 문서 하나에는 최대 255개의 시트를 삽입해서 사용할 수 있다. 문서는 '시트, 행, 열, 셀'로 구성, 사용자는 그들의 이름 '00시트, 1행, 1열, A1 셀' 처럼 지칭하며 작업한다.

엑셀로 일하는 사람은 대부분 하나의 통합 문서에 여러 시트를 삽입하고, 주제별로 데이터를 분리해서 관리 및 사용할 것이다. 그. 러. 다! '결산의 날'에는 분리해 관리하던 데이터들이 한곳으로 집결을 명령받는다. 뭐, 명령한다고 자동으로 해주진 않고, 명령한 사람이 하나로 모아야 한다. 이렇게 데이터가 한 곳으로 쏟아져야 하는 그날은 사용자에게는 야근의 날이고 '이 회사 때려치울까!'라는 생각이 물밀 듯 올라오는 날이다. '하! 나의 엑셀에 데이터가 쏟아진다!'

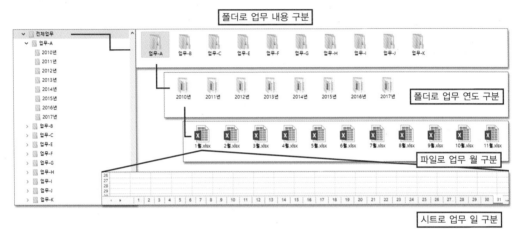

▲ 대부분의 사용자들 업무 폴더. 엑셀 파일 형태는 대략 이러할 것이다!

데이터양이 많아지니, 업무에는 변화가 없음에도 업무 시간이 늘어난다. 같은 일을 반복해서 오랫동안 했으니 당연히 업무 시간이 줄어들 것 같은데 상황은 전혀 그렇지가 않다. 데이터양의 증가는 새롭게 추가된 업무가 없어 생색낼 수도 없고, 업무 시간은 더 늘어난 결과를 초래했다. 희망은 기존의 업무 방식을 점검하고 버려지는 시간을 찾아 늘어난 시간을 줄이는 것에 있다. 결국 기존 업무 습관에 변화만이 이 난국을 헤쳐나갈 수 있는 유일한 방법이 아닐까? 한다.

---

4 버전(version) : 소프트웨어나 하드웨어 상품의 개발 단계 및 순서를 번호로 표시한 것이다. 엑셀은 곧 2019 버전을 출시한다.

필자는 '데이터를 입력'하고, '참조하여 새로운 값'을 만들고, '데이터를 관리'하는 과정에서 기존에 우리의 방식을 세 가지 측면 '재활용, 자동화, 스스로 분석'에서 생각해 보려 한다. 그리고 어디서 시간이 새는지를 찾아 기존의 데이터 처리 방식이 많은 양의 데이터를 감당하기에 얼마나 비효율적이었는가를 분석해 본다. 그 후에 새로운 엑셀 시스템에서 그 답을 찾아볼 것이다.

▲ 엑셀 사용의 세 가지 키워드

⁎⁎ 재활용(Recycling)

다 쓴 물건을 버리지 않고 다른 용도로 바꾸어 쓰거나 고쳐서 다시 쓰는 일.

입력한 데이터, 실행한 작업 등을 다시 사용하여 업무 효율을 높이려 한다.

⁎⁎ 자동화(Automation)

컴퓨터나 전자 기기를 이용하여서 일 처리가 자동으로 되도록 하는 것.

자동화는 제조업에서 생산 과정을 자동화시키면서 시작되었다. 작업자의 '개입 최소화'로 '반복된 업무의 자동화'를 실현하여 '계산 결과의 대량 생산 시스템'을 구축한다.

⁎⁎ 스스로 분석(Self Service Analysis)

데이터 분석에 필요한 모든 과정을 스스로 하는 것을 말한다.

데이터 분석 작업을 분업하지 한 사람이 담당하게 함으로써 신속한 의사 결정이 가능해진다.

Recycling(재활용)
쏟아지는 양, 지금의 엑셀 구조로는 버겁다!

엑셀이 주는 느낌이 편함인가? 아니면 불편함인가?

데이터를 다루는 여타 프로그램과 비교하여 엑셀이 필자에게 주는 느낌은 '자유롭다'이다. 마이크로소프트의 오피스 패밀리 중에 데이터 관리 프로그램으로 제공되는 액세스와 비교해 보면, 액세스와 엑셀은 시작부터가 다르다는 것을 느낄 수 있을 것이다. 액세스는 데이터를 입력하기까지 얼마나 많은 수고를 해야 하는지 모른다. 우리의 엑셀은 어떤가? 프로그램을 연다. 255개의 시트, 시트 각각에 데이터를 입력할 수 있는 어마어마한 양의 셀이 제공된다. 어디든 무엇이든 사용자 맘대로 입력하면 된다. 그리고 입력한 값을 참조해 어렵지 않게 사칙 연산 정도를 한다. 굳이 배우지 않아도 함수 SUM 정도는 사용할 수 있었다.

그.러.나! 그것도 잠시뿐임을. 제대로 뭘 좀 해보려는 순간 어떤 일이 벌어질지를 필자가 자작시에 함축하여 담아 보았다. 제목은 '엑셀이 주는 자유, 그 결말'이다.

'엑셀의 자유, 그 결말'

엑셀의 '셀'은 자유로움의 상징이다.
엑셀의 '참조'는 그 자유로움에 날개를 달아 주었다.
엑셀의 '자동 채우기'는 엑셀 사용에 희열을 선물했다.
그러나 대충 입력했다가는 '편집의 압박'이 오며,
대충 참조했다가는 '#Ref!'의 폭탄을 맞기 일수다.
'자동 채우기'의 더블클릭을 모르거나,
오른쪽으로 수식을 복사해야 할 때는
'내가 왜 이러고 있나!'하는 자괴감을 감수해야 한다.
그게 엑셀이 우리게게 주는 자유다!

≫ 데이터 입력

먼저, 엑셀의 셀 '하나'에 얼마나 입력할 수 있을지 양에 대해 알아보자. 아래 그림은 셀에 A4용지 한 장을 채우고도 남을 텍스트를 입력한 경우이다. 가능하냐고? 본 그대로다. 셀 안에서 '줄 바꿈' 하는 **Alt** + **Enter** 를 사용할 줄 안다면 당신 역시 가능하다.

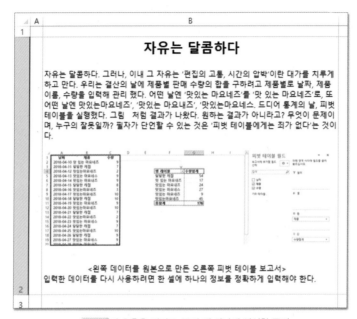

▲ **Enter** 의 유혹을 이기고, 굳이 셀 하나에 작성한 문서

자유는 달콤하다. 그러나, 이내 그 자유는 '편집의 고통, 시간의 압박'이란 대가를 치르게 하고 만다. 여기 다른 상황을 한번 보자. 결산의 날에 제품별 판매 수량의 합을 구하려고 제품별로 날짜, 제품 이름, 수량을 입력해 관리해왔다. 입력은 너와 내가 했다! 어떤 날에는 '맛있는 마요네즈'를 '맛 있는 마요네즈'로, 또 어떤 날에는 '맛있는마요네즈', '맛있는 마요내즈', '맛있는마요네스'로. 드디어 집계의 날, 피벗 테이블을 실행했다. 그림처럼 결과가 나왔다. 원하는 결과가 아니다! 무엇이 문제이며, 누구의 잘못일까? 필자가 말할 수 있는 것은 '피벗 테이블에게는 잘못이 없다'는 것이다.

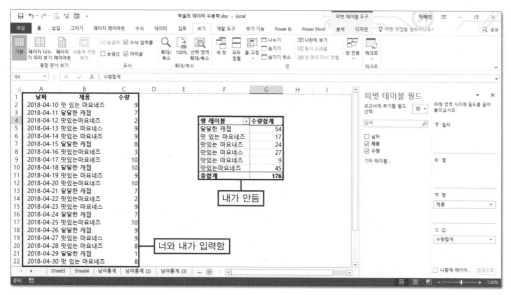

▲ 왼쪽 데이터를 원본으로 사용해서 만든 피벗 테이블 보고서

엑셀은 '하나의 셀에 입력된 값'을 기준으로 데이터 관련 작업을 한다. 그런데, 위 경우처럼 표현 단어가 다르고 띄어쓰기가 '있고 없고'와 띄어쓰기 개수가 '하나냐 둘이냐'도 '다름'을 판단하는 기준이 된다. 엑셀만 그러냐고? 그럴 리가. 데이터를 다루는 어떤 프로그램도 마찬가지이다. 그래서 오라클과 액세스 같은 전문 데이터베이스 프로그램에서는 입력 전에 '입력 가능 여부'에 대한 협의가 선행된다. 어떤 대주제(데이터베이스)에 소주제(테이블)이 들어갈지가 결정되고, 각각의 테이블에 어떤 속성(필드)가 필요한지를 먼저 결정한다. 또 각각의 속성은 어떤 형식(숫자, 문자 등)이어야 하는지, 더 구체적으로 글자 수는 몇 글자인지, 어떤 값이 입력되면 안 되는지 등을 미리 결정하는 것이다. 그 과정을 액세스에서는 '테이블 디자인'이라고 부르며, 이 과정을 거치면서 의도하지 않은 데이터가 입력될 확률이 0%에 가깝게 만든다. 그러나, 엑셀은 이제껏 입력 과정을 한 번도 터치하지 않았다는 것!

>> 데이터 참조

입력한 데이터를 다시 사용하는 경우는 어떤가? 주로 수식에서 기존 자료를 다시 사용할 수 있게 작용하는 참조는 '지속적인 연결'이 장점이자 단점인 기능이다.

셀은 늘 참조 하거나 참조 당할 가능성에 놓여 있다. 때문에 연결에 문제가 생긴다는 것은 참조에는 치명적이다. 그래서 참조에는 '#Ref!'가 따른다. 엑셀 사용자들은 오류 메시지에 경기를 일으키지만, 찬찬히 따져보면 나름의 이유와 상황이 있다. 다음 그림은 주민등록번호에서 성별을 의미하는 8번째 글자를 LEFT 함수로 추출하고, 참조했던 몇몇 주민등록번호 입력 열을 삭제해서 '#Ref!'가 나타난 경우이다. 독자들이여! 기억하세요! 참조에는 '#Ref!'가 따른답니다!

	A 성별	B 주민등록번호	C 성별	D 성별	E 주민등록번호	F 성별	G 성별	H 주민등록번호	I 성별	J 주민등록번호	K 성별	L 성별	M 성별	N 성별	O 성별	죽
2	#REF!	800101-2******	2	#REF!	600101-1******		#REF!	400101-2******	2	300101-1******	1	#REF!	#REF!	#REF!	#REF!	500
3	#REF!	800102-1******	1	#REF!	600102-1******	1	#REF!	400102-1******	1	300102-2******	2	#REF!	#REF!	#REF!	#REF!	500
4	#REF!	800103-1******	1	#REF!	600103-1******	1	#REF!	400103-1******	1	300103-2******	2	#REF!	#REF!	#REF!	#REF!	500
5	#REF!	800104-1******	1	#REF!	600104-1******	2	#REF!	400104-2******	2	300104-2******	2	#REF!	#REF!	#REF!	#REF!	500
6	#REF!	800105-1******	1	#REF!	600105-1******	2	#REF!	400105-1******	1	300105-2******	2	#REF!	#REF!	#REF!	#REF!	500
7	#REF!	800106-2******	2	#REF!	600106-2******	2	#REF!	400106-2******	1	300106-2******	2	#REF!	#REF!	#REF!	#REF!	500
8	#REF!	800107-2******	2	#REF!	600107-2******	2	#REF!	400107-1******	1	300107-2******	2	#REF!	#REF!	#REF!	#REF!	500
9	#REF!	800108-1******	1	#REF!	600108-1******	1	#REF!	400108-1******	1	300108-1******	1	#REF!	#REF!	#REF!	#REF!	500
10	#REF!	800109-1******	1	#REF!	600109-2******	2	#REF!	400109-1******	1	300109-2******	2	#REF!	#REF!	#REF!	#REF!	500
11	#REF!	800110-1******	1	#REF!	600110-1******	1	#REF!	400110-1******	1	300110-1******	1	#REF!	#REF!	#REF!	#REF!	500
12	#REF!	800111-2******	1	#REF!	600111-2******	2	#REF!	400111-1******	1	300111-2******	2	#REF!	#REF!	#REF!	#REF!	500
13	#REF!	800112-2******	2	#REF!	600112-2******	2	#REF!	400112-2******	2	300112-2******	2	#REF!	#REF!	#REF!	#REF!	500
14	#REF!	800113-2******	2	#REF!	600113-1******	1	#REF!	400113-2******	2	300113-2******	2	#REF!	#REF!	#REF!	#REF!	500
15	#REF!	800114-1******	1	#REF!	600114-1******	1	#REF!	400114-1******	1	300114-2******	2	#REF!	#REF!	#REF!	#REF!	500
16	#REF!	800115-2******	2	#REF!	600115-2******	2	#REF!	400115-1******	1	300115-2******	2	#REF!	#REF!	#REF!	#REF!	500
17	#REF!	800116-2******	2	#REF!	600116-1******	1	#REF!	400116-2******	2	300116-1******	1	#REF!	#REF!	#REF!	#REF!	500
18	#REF!	800117-2******	2	#REF!	600117-2******	2	#REF!	400117-2******	2	300117-2******	2	#REF!	#REF!	#REF!	#REF!	500
19	#REF!	800118-2******	2	#REF!	600118-2******	2	#REF!	400118-1******	1	300118-2******	2	#REF!	#REF!	#REF!	#REF!	500
20	#REF!	800119-2******	2	#REF!	600119-1******	1	#REF!	400119-1******	1	300119-1******	1	#REF!	#REF!	#REF!	#REF!	500
21	#REF!	800120-1******	1	#REF!	600120-2******	2	#REF!	400120-2******	2	300120-2******	2	#REF!	#REF!	#REF!	#REF!	500
22	#REF!	800121-2******	2	#REF!	600121-2******	2	#REF!	400121-1******	1	300121-2******	2	#REF!	#REF!	#REF!	#REF!	500
23	#REF!	800122-2******	2	#REF!	600122-1******	1	#REF!	400122-2******	2	300122-2******	2	#REF!	#REF!	#REF!	#REF!	500
24	#REF!	800123-1******	1	#REF!	600123-2******	2	#REF!	400123-2******	2	300123-2******	2	#REF!	#REF!	#REF!	#REF!	500
25	#REF!	800124-2******	2	#REF!	600124-2******	2	#REF!	400124-1******	1	300124-1******	1	#REF!	#REF!	#REF!	#REF!	500
26	#REF!	800125-2******	2	#REF!	600125-2******	2	#REF!	400125-2******	2	300125-1******	1	#REF!	#REF!	#REF!	#REF!	500
27	#REF!	800126-2******	1	#REF!	600126-1******	1	#REF!	400126-2******	2	300126-2******	2	#REF!	#REF!	#REF!	#REF!	500
28	#REF!	800127-2******	2	#REF!	600127-1******	1	#REF!	400127-2******	2	300127-2******	1	#REF!	#REF!	#REF!	#REF!	500
29	#REF!	800128-2******	2	#REF!	600128-1******	1	#REF!	400128-1******	1	300128-1******	1	#REF!	#REF!	#REF!	#REF!	500

Sheet3 | Sheet4 | 남여통계 | 남여통계 (2) | 남여통계 (3)

▲ 주민등록번호를 참조하여 성별을 만들고 참조한 셀을 삭제한 경우

그렇다면 참조의 범위는 어디까지일까? 수식에서 셀을 클릭해 참조하면 'A1'처럼 수식에 표시된다. 이것은 현재 작업 중인 시트의 셀 A1을 가리킨다. 만약에 다른 시트의 셀을 선택하면 'sheet2!A1'처럼 시트 이름이 셀 이름 앞에 따라붙어 참조된다. 또 다른 문서를 열어 놓은 상태에서 문서의 셀을 클릭하면 '[파일이름.xlsx]sheet!A1'처럼 파일 이름과 확장자가 대괄호 안에 표시되고 그 옆에 시트 이름, 셀 이름순으로 표시되어 참조 가능하다. 그래서 엑셀 사용자들은 참조의 맛을 느끼며, '직접 입력하는 것은 엑셀 하수들이 하는 것이다!'라며 대단한 열심으로 참조해 왔다.

그런데, 언제나 덩어리가 커지면 문제가 되기 마련이다. 이 시점에서 잠시 엑셀을 오랫동안 사용했던 분들은 '지난날 내게 전해진 참조가 포함된 엑셀 문서와 내가 직접 했던 수많은 참조를 떠올려 보면 좋겠다. 손

대면 톡하고 터질 것만 같아, 셀 하나 맘대로 삭제할 수 없어 이러지도 저러지도 못했던 적. 그래서 손도 못 대고 있었는데, 어느 날, 어떤 문서를 열어 보니 사방이 '#Ref!'로 도배된 걸 목격한 날은 없었던가! 필자는 이런 상황을 '내가 참조한 셀의 나비 효과'라고 말하고 싶다.

≫ 데이터 구조 인식

데이터가 입력된 위치와 모양은 데이터 간의 관련성을 정의하고 있어 실행하는 엑셀의 데이터 관련 기능에게는 암묵적으로 그들의 움직임을 정의한다. 엑셀의 대표적인 데이터 관리 기능인 '정렬'을 예로 들어 엑셀의 데이터 모양에 대한 인식을 설명할 수 있다.

그림과 같이 '제품'을 기준으로 데이터를 오름차순(ㄱ~ㅎ) 정렬하려 한다. 필자가 관찰한 엑셀 사용자의 정렬 과정을 4가지 경우로 나눠 보았다.

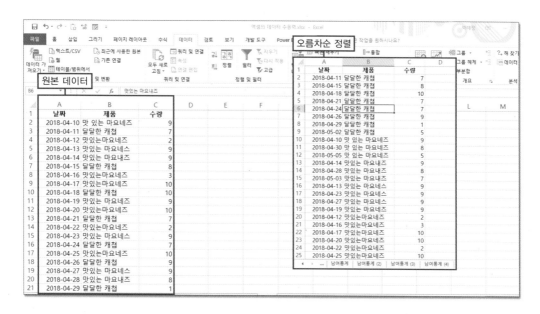

1 어떤 사람은 복사하여 붙여 넣고, 철저하게 자신의 눈을 의지한다

▲ 철저히 자신의 눈을 의지하는 사람의 눈

2 어떤 사람은 [정렬] 대화상자를 이용한다

머리글을 포함한 데이터의 전체 범위를 선택한 후 [정렬] 대화상자를 이용한다.

▲ [제품] 열의 값을 오름차순 정렬하는 [정렬] 대화상자

3 다른 사람은 제품 중 하나의 값을 선택, 오름차순 '아이콘'을 클릭한다

친절한 엑셀은 제품과 같은 행, 양 옆 데이터까지 함께 위치를 조정한다.

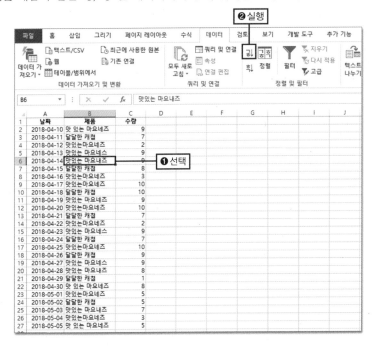

4 몰상식한 사람은 제품 범위만 잡고 오름차순 '아이콘'을 클릭한다

헐, 이건 뭐 하자는??? 엑셀과 싸우자는?? 결국은 엑셀에게 오류 메시지도 아니고, 경고장을 받아 내고야 마는군! 내 그럴 줄 알았지. 생각해봐요~! 제품만 정렬하고 옆에 날짜, 수량이 가만있으면 어떻게 하려고요~! 함께 가셔야죠! 우리는 하나!

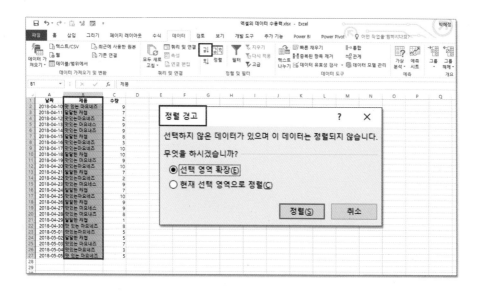

엑셀은 이런 상황을 매우 심각하게 인식한다. 제품 이름 왼쪽 날짜는 제품이 판매된 날짜이고 수량은 그 제품이 판매된 수량이다. 해당 제품과 맞물려 있다. 그래서 정렬은 작업의 기준이 '행'이다. 당연한 거 아닌가? 정렬을 실행하는 기준이 있고, 해당 기준 데이터에 따라 왼쪽과 오른쪽 데이터가 함께 움직여야지. 이럴 때 엑셀은 개입한다. 그리고 개념 상실의 사용자에게 경고 메시지를 띄운다. 뭐, 이런 상황에서도 사용자가 그냥 [현재 선택 영역으로 정렬]을 선택하고 '정렬해!' 하면 엑셀은 실행하기는 한다. 그런데, 결과는 오롯이 당신의 책임이다. 넘치는 자유, 자유가 이렇게 무섭다.

Automation(자동화)
늘어나는 데이터, 증가하는 업무량! 절실한 자동화 욕구

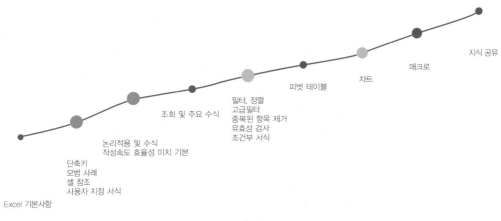

지식 공유

매크로

차트

피벗 테이블

필터, 정렬
고급필터
중복된 항목 제거
유효성 검사
조건부 서식

조회 및 주요 수식

논리적용 및 수식
작성속도 효율성 미치 기본

단축키
모범 사례
셀 참조
사용자 지정 서식

Excel 기본사항

▲ 엑셀 학습 흐름도

갓 입사한 엑셀 초보자는 엑셀 고수인 선배를 부러워하며 '나도 언젠간 저 선배처럼 빠른 손놀림으로 작업하고 말 테야'하고 다짐한다. 그 바람이 이뤄지면, 수식도 잘 쓰고 싶어질 것이다. 그 후에는 일마다, 주마다, 월마다, 해마다 반복되는 일련의 과정을 자동화하고 싶은 '업무 자동화에 대한 열망'이 샘솟을게 당연하다. 나이와 직급이 커지면, 원치 않아도 쌓인 자료에서 무언가를 발견하고 결정해야 할 위치가 된다. 그때의 '분석'은 온전히 그대의 몫이 된다.

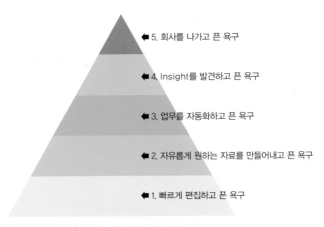

◀ 5. 회사를 나가고 픈 욕구

◀ 4. Insight를 발견하고 픈 욕구

◀ 3. 업무를 자동화하고 픈 욕구

◀ 2. 자유롭게 원하는 자료를 만들어내고 픈 욕구

◀ 1. 빠르게 편집하고 픈 욕구

▲ 엑셀 사용자 욕구의 진행

세월이 만들어낸 데이터, 시간을 담은 데이터는 가치로 태어나기에, 충분하다. 문제는 언제나 데이터가 가치가 되기까지 걸리는 시간이 너무 길다는 것이다. 혼자 모든 과정을 감당해야 하는 1인 기업이 아니라면 데이터 분석의 과정은 데이터를 수집, 가공, 전달로 분리되어 있겠고, 담당자 또한 다를 것이다. 여태 그래왔다. 그렇기 때문에 분석 결과가 의사 결정에 사용되기까지 상당한 시간이 소요된다. 〈기업의 전통적인 의사 결정 과정〉에는 빠져 있지만, 데이터를 수집하는 사람은 필요한 자료를 전산팀에 요청하는 과정을 포함한다. 요청한 자료를 받는 시간까지 더해진다면 그 야말로 속절없이 시간은 흐르고 만다.

▲ 기업의 전통적인 의사 결정 과정

과연 과정을 모두 거쳐 최종 정보 소비자인 임원에게 전달, '가치'로 태어나기까지 얼마의 시간이 걸릴까?

Self Service(스스로 분석)
시대가 부른다! 회사가 부른다! 스스로 분석하는 자여 오라!

'엑셀은 당연히 할 줄 알지?'

'요새 신입 사원들은 중 영어 못하는 애들 없던데...!'

10년 전, 'IT의 물결'이 일었고 그 물결이 오늘날 '의사 결정 자동화의 물결'로 발전했다. 기업은 신입 사원에게 엑셀을 포함한 오피스 능력과 영어를 '기본'으로 요구한다. 그리도 활발했던 오피스 교육이 어느샌가 시들해진 것도 이런 시각에서 비롯되지 않았나 한다. 초등학교에서 한글을 교육하지 않는다는 소릴 들었는데, 업무 관련 엑셀을 입사도 하기 전에 '잘하는 지경'까지 어떻게 알 수 있단 말인가! 이런 소리 들을 때마다 오피스 강사로 참 답답함을 감출 수가 없다!

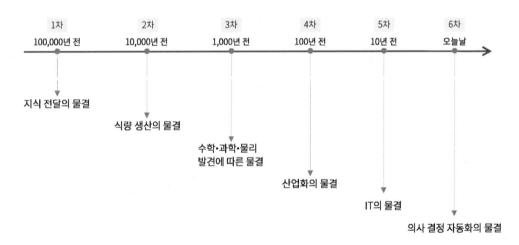

▲ 출처 : 6차 자동화의 물결(http://www.bloter.net/archives/284744)

거기에 한술 더 떠, 링크드인이 그것도 2016년, 구직자를 위한 가장 핫한 스킬 중 하나로 오피스&영어도 아닌 비즈니스 인텔리전스(Business Intelligence: BI)를 꼽았다고 한다. 거기에 앞으로는 분석 숙련도가 엑셀, 워드, 파워포인트처럼 직장에서의 핵심 스킬로 부상하게 되리라 전망했다 하니, 현재 2018년 회사 입사하려면 업무도 제대로 파악하기 전에 분석까지 섭렵해야 한다는 결론이 난다.

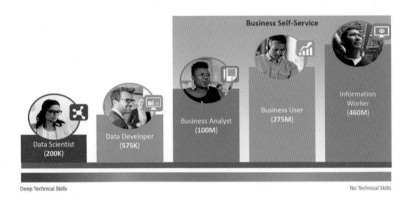

▲ 셀프 서비스 BI를 통한 데이터 분석 참여(출처 : 팍시타)

미국 코네티컷주에 본사를 둔 IT 분야의 리서치 기업인 가트너는 이미 BI 구매 주체가 IT 부서에서 현업부서로 이동됐다고 한다. 이에 따라 전통적인 BI와 분석 모델이 바뀌고 있다고 전한다. 그리고 2015년 가트너는 '시티즌 데이터 사이언티스트(Citizen Data Scientist)'라는 새로운 용어를 만들어 냈으며, 이 용어를 통해 분석의 대중화 시대를 강조했다. 물론 '올바른 의사 결정'이라는 BI의 목적과 방향성은 변함없겠고, 앞으로도 변함없을 것이지만, 분석의 주체가 '특정인'에서 '누구나'로 바뀌었다. 누구나 분석해야 하는 시대는 이미 와 있다고 봐야 한다.

▼summary

Chapter 01 Summary

__1__ 데이터의 양적인 증가는 입력 공간과 시간은 물론 입력한 데이터를 이용하여 수식 및 관리하는 시간까지도 증가시켰다. 그로 인해 업무의 내용에는 변함이 없으나 실질적인 업무 시간에는 변화가 생긴 것이다. 사용자는 충분한 데이터 입력 및 저장 공간과 다양한 곳으로부터의 데이터 수집이 필요하다고 느낀다.

__2__ 수집한 데이터를 정리·정돈하는 작업에 드는 시간은 '주 업무'를 능가한 지 오래다. '하나의 결과'를 만들어 내기 위해 사용자는 비슷한 작업을 반복적으로 하게 되며, 이는 결국 시간의 낭비라는 결과를 낳게 된다. 사용자에게는 '이런 일련의 작업 과정을 자동화할 수 없을까?' 하는 자동화에 대한 욕구가 자라난다.

__3__ 개인의 데이터 증가는 충분한 가치로 재생산될 만큼의 양이 되었다. 전에는 누군가의 전유물이었던 '데이터 분석'이 이제는 누구나 할 수 있는, 아니 해야만 하는 일이 된 것이다. 자연스럽게 그로 인해 '스스로 분석'은 피할 수 없는 '내업'으로 자리 잡게 된다.

__4__ 그러나 문제는 현재 우리가 사용하고 있는 엑셀이 과연 '이런 업무를 원활하게 할 수 있는 수준의 툴인가?'하는 것이다. 내가 관리하는 대부분 자료는 엑셀에 저장되어 있고, 추가로 필요한 데이터는 회사의 자료는 여러 종류의 데이터베이스에 저장되어 있다. 또 그 외 필요한 데이터는 웹 문서나 텍스트 파일이기도 하다.

회자정리? 거자필반!

그래서 필자는 우리가 현시점에서 과거의 엑셀 사용 방식을 정리하고, 새로운 엑셀 방식을 받아들여야 할 때라고 생각한다. 기존에 우리가 어떤 방식으로 필요한 데이터를 엑셀로 입력 및 저장해 왔으며, 입력한 값을 활용하는 과정이 어떠했는지, 과연 데이터의 수집 과정에서 들인 공만큼 데이터는 의미 있는 새로운 값으로 만들어졌는지를 보려 한다.

이런 측면에서 기존의 엑셀 사용을 되돌아보고, 기존의 엑셀 사용 방식을 평가하고 부족함을 채울 새로운 방식을 소개하고 이 둘을 비교하려 한다. 필자는 기존 사용 방식을 분석하면서 '연명'이란 단어를 떠올렸다. 근근이 작업을 이어가며 하루하루 힘겹게 넘기는 우리의 모습이 떠올랐다. 바꿔야 한다고 생각한다. 자연스러운 재활용과 작업의 자동화, 이 모든 과정을 누구도 의지하지 않고, 엑셀 안에서 자신의 데이터를 스스로 뭐든 할 수 있도록! 말이다.

	기존 엑셀 작업 방식을 보내고 회자정리會者定離	새로운 옷을 입은 엑셀과 만나다 거자필반去者必返
무엇으로 분석하는가❓	엑셀	엑셀 + 파워쿼리 + 파워피벗 + 파워BI
어떻게 데이터를 생성하는가❓	Ctrl+C & Ctrl+V Vlookup	추출 경로 지정
값, 수식, 작업 과정은 재사용이 가능한가❓	손이 바쁨, 1회성에 그침	모든 과정 기록, 재활용
분석, 스스로 가능한가❓	피벗 테이블 하는데…	실시간으로 자동화된 분석 시스템

데이터 수집
'Ctrl+C와 Ctrl+V + VLOOKUP 함수' 난 너희들 밖에 없다!

피벗 테이블(Pivot Table)은 대표적인 다차원 분석 도구로 하나의 원본 데이터(Raw Data)
로부터 새로운 요약 결과 테이블을 생성한다. 피벗 테이블은 엑셀로 대표되는 스프레드시트
(SpreadSheet)는 물론이고 비즈니스 인텔리전스(Business Intelligence) 소프트웨어와 같
은 데이터 시각화 프로그램에서 제공 및 사용된다. 피벗 테이블은 나를 사용하려면, 일단 보고서
에 추가할 모든 데이터를 하나로 모으라 한다. 엑셀 사용자들은 이제껏 '복사 & 붙여넣기' 아니면
'VLOOKUP 함수'로 데이터를 모아왔다.

✱✱ 복사 & 붙여넣기 : 같은 형태의 자료는 복사하여 붙여넣기를 했다.

✱✱ VLOOKUP 함수 : 다른 형태인 경우에는 VLOOKUP 함수의 찾기 기능으로 관련 자료를 가져왔다.

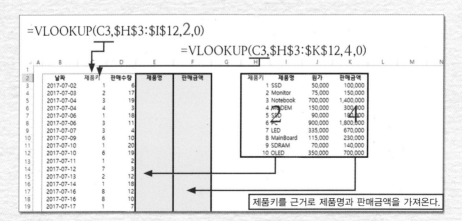

제품키를 근거로 제품명과 판매금액을 가져온다.

'복사&붙이기' + 빠른 손놀림'과 VLOOKUP 함수는 이제껏 사용자에게 엑셀의 맛을 느끼게 하기에 충분한 것이었고, 업무 부심을 가질 수 있는 중요한 요소였다. 거기에 필자같은 엑셀 강사로부터 '여러분! 복사 후에 [Ctrl]+[V] 말고 [Enter] 로도 붙여넣기 할 수 있어요'라는 정보를 전달받는 순간, 그 순간의 감격은 말로 다 표현하기가 어려웠으리라. 직장인들의 필수 함수 VLOOKUP은 또 얼마나 대단한가? 필자는 VLOOKUP 함수 사용자와 그렇지 못한 사람의 연봉은 달라야 한다고 생각할 정도로 높이 평가하는 훌륭한 함수이다.

그뿐인가! [Ctrl]+[C] & [Ctrl]+[V] 는 웹상의 내용, 워드, 한글 등등 다양한 형식의 프로그램에서 데이터를 긁어 올 수 있게 도와줬다. 그때 우리는 '직접 입력하지 않는 게 어디냐'며, 대단히 만족했다. 복사가 안 되는 PDF 파일 정도가 우리의 욕받이가 되었다. 그런데, 그 기쁨도 이제는 소용이 없게 되었다. 늘어난 데이터양은 일하는 시간을 기하급수적으로 늘렸으며, 그로 인해 우리에게는 대안이 필요하게 된다. 여러분의 이해를 돕기 위해 필자는 실제 업무 현장에서 복사와 붙여넣기를 이용해 데이터를 수집하는 과정을 묘사해 보았다.

'오늘은 결산의 날이다. 우리가 복사해서 붙이기를 할 데이터의 양을 보자. 20개의 매장 정보가 각기 다른 파일로 전달됐다. 하나의 파일에는 1월부터 12월까지 판매 정보가 서로 다른 시트에 정리되어 있다.'

20개의 파일을 연다. 더블클릭 20회 + 붙여넣기 할 새 파일 열기 1회 =21회
20개의 파일에 12개의 시트를 연다. 클릭 20 × 12회 = 240회
20개의 파일에 12개의 복사 범위 선택. [Ctrl]+[A] 20 × 12회 = 240회
20개의 파일에 12개의 복사, 20 × 12회 = 240회
20개의 파일에 12개의 붙여넣기, 20 × 12회 = 240회
20개의 파일 12개의 붙여넣기 할 파일로 화면 전환, 20 × 12회 = 240회

총 1,221번의 클릭과 키보드 누름이 있어야 비로소 피벗 테이블을 실행할 수 있는 원본이 만들어진다. 이것도 필자가 헛발질을 안 한 최소한의 것으로 계산한 것이다. 그리고 사용자가 [Ctrl]+[A] 라는 범위의 모든 데이터 선택 단축키를 사용할 수 있다는 가정하에 계산한 것이다. 만약, 마우스로 범위를 드래그하여 선택한다면? 거기까지는 상상 안 하련다!

이와 같은 일들이 수도 없이 있을 것이라 짐작해 본다. 반복적인 작업을 피하고 자동화하기 위해서 엑셀은 매크로 & VBA를 제공한다. 매크로는 작업 기록기 역할을, VBA(Visual Basic for Application)는 실제 기록을 담당한다. 사용자는 직접 기록할 수 있는 것은 매크로를 이용했고, 기록한 것을 연결하고 수정하기 위해 직접 기록된 VBA를 수정했다. 모든 과정을 하나의 프러시저(procedure)로 만들어 실행함으로써 자동화를 이뤘다. 아래 그림은 여러 파일을 열고, 내용을 복사하고, 그 내용을 하나의 공간에 붙여넣어 하나로 통합하는 과정을 기록한 VBA 창이다.

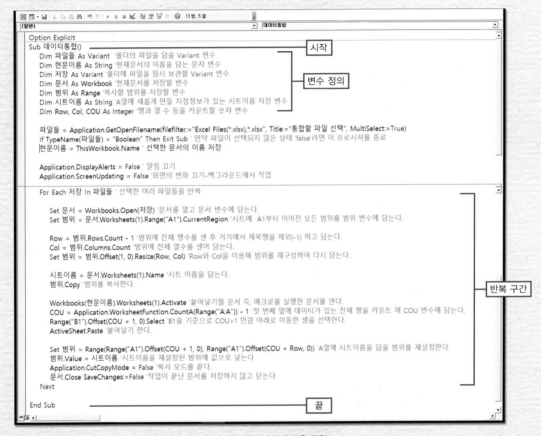

▲ 매크로로 만든 파일의 내용 통합

- VBA 구문 설명
- Sub – End Sub : 프러시져의 시작과 끝
- Dim : 변수 정의
- '(작은 따옴표) : 설명글로 실행문이 아님
- For Each – Next : 개체 반복문

데이터 수집, 일당 백을 담당하는 파워 쿼리 등장

데이터 수집을 위해 엑셀에 추가된 '파워 쿼리'는 어디에 있으며, 어떤 메뉴를 제공하고 있는지 보자. 다음 그림은 엑셀 2016 기준 [데이터] 탭에 추가 장착된 '파워 쿼리'의 데이터 수집 기능이다. 엑셀 2010과 2013 사용자는 '파워 쿼리'를 사용하려면 추가 설치가 필요하다. 같은 형식의 엑셀 파일은 물론이고, 다른 형식의 텍스트, 데이터베이스, 심지어 웹 화면을 그대로 읽어오는 크롤링까지 데이터 수집에 필요한 다양한 기능을 장착했다.

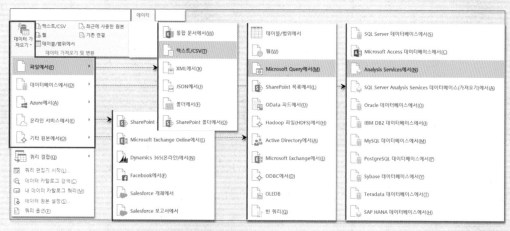

▲ 엑셀 2016에 포함된 파워 쿼리의 데이터 가져오기 메뉴

수집한 데이터가 하나의 엑셀 시트에서 수용할 수 없는 양이어도 괜찮다. 파워 쿼리로 가져가 편집하고, 파워 쿼리에 저장해 두면 된다. 필요할 때 파워 쿼리에서 작업한 '쿼리'를 피벗 테이블의 원본으로 사용하여 다차원 분석을 하면 된다. 그림은 파워 쿼리를 실행하여 나타난 메뉴 탭으로 데이터 수집하고 원하는 형태로 변형하여 필요한 곳으로 가져가는 작업에 필요한 기능이 준비되어 있다. 파워 쿼리는 2부에서 상세히 소개할 것이다.

▲ 쿼리 편집기의 [홈] 탭

그럼 파워 쿼리가 어떻게 폴더 안의 여러 파일이나 엑셀 파일에 여러 시트 내용을 하나의 덩어리로 만들까? 대략적으로 살펴보면, 파일에 여러 시트를 하나로 통합할 때는 [통합 문서에서] 기능을 사용한다. 하나의 폴더에 여러 파일을 통합할 때는 [폴더에서] 기능을 사용한다. 메뉴를 이용하는 방식이기 때문에 기능을 실행하여 그때그때 필요한 단계별 선택을 대화형으로 하면 된다. 일일이 복사하여 붙여넣는 방식과는 차원이 다르다.

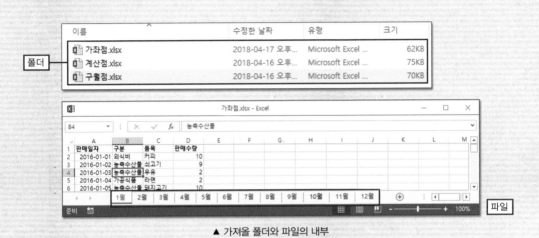

▲ 가져올 폴더와 파일의 내부

단계별로 선택한 과정 과정은 매크로를 실행하여 기록하지 않더라도 자동으로 기록된다. 새롭게 추가된 파일이나 시트는 [새로 고침]이란 기능으로 재실행된다. 결론적으로 새로운 방식의 데이터 수집은 한 번 실행, 영구 사용으로 이어진다. 이때 작업의 기록은 M-Query란 파워 쿼리 언어로 기록된다.

그림은 여러 엑셀 파일을 하나의 덩어리로 만든 과정을 기록한 것으로 기록한 내용을 한 번에 볼 수 있도록 한 파워 쿼리의 [고급 편집기]를 실행한 화면이다.

간단하게 내용을 살펴보면, 실행 단계별로 이름이 자동으로 부여되고, 전 단계는 다음 단계의 원본이 된다. 물론 VBA처럼 삭제 및 수정도 가능하다.

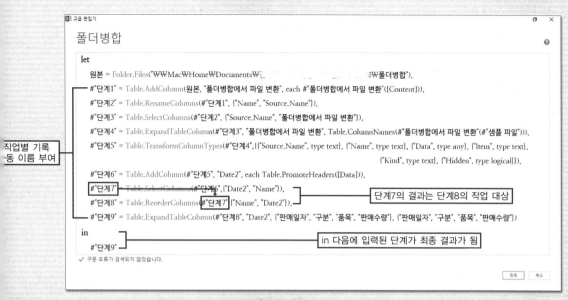

```
폴더병합

let
    원본 = Folder.Files("\\Mac\Home\Documents\                    \폴더병합"),
    #"단계1" = Table.AddColumn(원본, "폴더병합에서 파일 변환", each #"폴더병합에서 파일 변환"([Content])),
    #"단계2" = Table.RenameColumns(#"단계1", {"Name", "Source.Name"}),
    #"단계3" = Table.SelectColumns(#"단계2", {"Source.Name", "폴더병합에서 파일 변환"}),
    #"단계4" = Table.ExpandTableColumn(#"단계3", "폴더병합에서 파일 변환", Table.ColumnNames(#"폴더병합에서 파일 변환"(#"샘플 파일"))),
    #"단계5" = Table.TransformColumnTypes(#"단계4",{{"Source.Name", type text}, {"Name", type text}, {"Data", type any}, {"Item", type text},
                                          {"Kind", type text}, {"Hidden", type logical}}),
    #"단계6" = Table.AddColumn(#"단계5", "Date2", each Table.PromoteHeaders([Data])),
    #"단계7" = Table.SelectColumns(#"단계6", {"Date2", "Name"}),
    #"단계8" = Table.ReorderColumns(#"단계7", {"Name", "Date2"}),
    #"단계9" = Table.ExpandTableColumn(#"단계8", "Date2", {"판매일자", "구분", "품목", "판매수량"}, {"판매일자", "구분", "품목", "판매수량"})
in
    #"단계9"
```

직업별 기록
동 이름 부여

단계7의 결과는 단계8의 작업 대상

in 다음에 입력된 단계가 최종 결과가 됨

✓ 구문 오류가 검색되지 않았습니다.

▲ 파워 쿼리의 기록 단계 및 전체 코드 보기

새로운 프로그램 개발자 마이크로소프트는 같은 작업을 파워 쿼리, 엑셀 함수, VBA 세 가지로 해결하고 들인 시간 대비 효용도를 조사해 보았다고 한다. 그 결과 파워 쿼리가 들인 시간 대비 가장 높은 효율을 보이는 것으로 조사되었다.

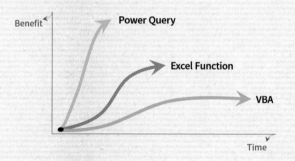

▲ 파워 쿼리, 함수, VBA 간 동일한 품질의 결과를 만들어 내는데 들인 시간 대비 효용도

물론 Ctrl + C , Ctrl + V , 빠른 손놀림, VLOOKUP 함수, 매크로&VBA의 무용론을 주장하는 것은 아니다. 데이터의 양이 증가함에 따라 사용자에게 의존도가 높은 기존의 방식보다는 사용자의 개입을 최소화하고, 나머지는 새로운 프로그램 책임지고 할 수 있는 작업을 구상할 필요가 있고, 그 부분을 만족시키기 위한 데이터 수집 툴이 '파워 쿼리'라는 것이다.

값, 수식, 작업의 재활용

'값'은 데이터 분석의 재료가 된다. 요리 재료는 한 번 사용하고 먹어버리면 끝이지만, 무한 재사용이 가능한 것이 컴퓨터에 저장된 데이터 값이다. 값이 엑셀에 있다. 요리법과 같은 엑셀의 각종 기능은 값을 기반으로 실행된다. 그중에 400개 이상 되는 엑셀의 함수를 포함 및 포함하지 않는 수식은 새로운 값을 생성하는 마술 같다. 그런데, 그렇게 '새로운 값'이라는 요리가 완성되기까지는 '편집 작업'이란 지루한 과정이 반복된다.

모르긴 몰라도 엑셀 사용자 고민의 핵심은 값과 수식, 작업을 어떻게 하면 반복하지 않고 다시 사용하여 업무 시간을 줄일 수 있을까에 있으리라 생각한다.

≫ 값

<u>1</u> 값은 어디에 어떻게 저장되는가?

값은 셀에 저장되고 입력, 삭제, 삽입 등 대부분의 엑셀 작업은 '셀(Cell)'을 최소 단위로 실행된다. 그래서 '하나의 셀에 하나의 값을 입력하는 것'을 가장 이상적인 입력 모양새로 본다.

▲ 엑셀의 작업 최소 단위 셀

<u>2</u> 수식에서의 값은 어떻게 사용되는가?

엑셀 수식의 꽃은 '참조'와 '자동 채우기'라는 말이 있다. 수식에 필요한 값은 대부분 '참조'라는 방식을 사용할 것이다. 설계된 식은 '자동 채우기'로 같은 규칙을 적용받지만 셀 위치에 따라 다른 결과값을 빠르게 제공한다.

그러나 이 책이 촉발된 원인에서도 말한 것처럼 참조에는 늘 '#Ref!'가 나타날 수 있기 때문에 사용자는 수식으로 원하는 결과를 얻은 후 참조 정보의 지속 여부를 결정해야 한다. 그 이유는 참조의 종류와는 상관없이 모든 참조는 변화를 만들기 때문이다. '수식이 만든 결과가 맞고, 더는 값의 변화는 필요 없다'고 판단한다면, [값 붙여넣기]를 이용해 수식을 없애고 값만 남겨야 한다.

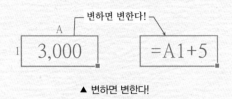

▲ 변하면 변한다!

3 엑셀의 '이어진 값'에 대한 인식은 어떤가?

대부분 작업은 선택한 셀의 값을 기준으로 한다. 그런데 몇몇 상황에서 엑셀은 '이어진 값들'을 읽어 하나의 덩어리로 취급, 그 덩어리로 작업할 때가 있다. 그림에서 데이터 입력 범위에 하나의 셀(B7)을 선택하고 Ctrl + A 를 누르면, 오른쪽과 같이 이어진 데이터 범위(A1:C16)가 선택된다. Ctrl + A 는 '모두 선택하라'는 의미의 단축키이다. 이 작용은 정렬이나 필터, 부분합, 피벗 테이블 등과 같은 데이터 관리 작업에서 작동한다. 사용자는 굳이 전체 범위를 선택할 필요가 없다. 열거한 데이터 관리 기능은 이렇게 '이어진 값들'을 이용해 작업하는 기능으로 특별히 설계되었기 때문이다.

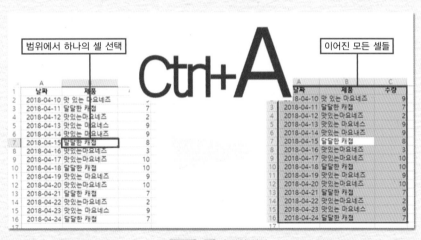

▲ Ctrl + A 의 범위 인식

Ctrl + A 효과는 엑셀이 사용자를 배려하여 설령 사용자가 개념이 없어 미처 범위를 선택하지 못했다손 치더라도 해당 작업은 하나의 셀로 할 수 있는 것이 아니기 때문에 암묵적으로 그렇게 서비스해주므로 사용자의 실수를 막자는 것에 있다.

>> 값

1 값은 어디에 저장되는가?

새로운 방식이라고 값이 셀이 아닌 다른 곳에 저장되는 것은 아니다. '하나의 셀에 하나의 값'을 담는다는 사실에도 변함이 없다. 관련되었기 때문에 이어진 데이터는 엑셀이 제공하는 [표] 기능을 적용받을 때 비로소 진정한 하나가 될 수 있다.

그림에 표로 묶인 데이터들은 새로운 ❶이름을 부여받고 ❷피벗 테이블로 요약할 수 있는 원본이 된다. 거기에 ❸슬라이서라는 고급 필터 기술도 적용할 수 있게 된다. 그리고 각각의 요소들은 '머리글 행, 첫째 열, 마지막 열' 등의 새로운 이름과 그에 맞는 역할이 생긴다. 표로 지정되면 자동 서식 기능인 표 스타일을 적용할 수 있게 되는데, 이는 '한 번 클릭'하여 테두리, 셀 색, 글꼴 색 등을 적용할 수도 있다.

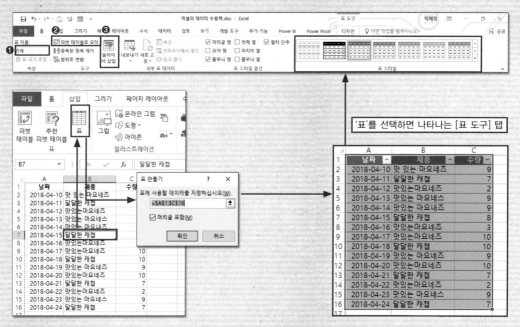

▲ 엑셀에서 범위를 [표]로 지정하고 결과 확인

표 생성

❶ 범위 선택 또는, 범위 중 하나의 셀 선택

❷ [삽입] 탭-[표] 그룹-[표]

❸ [표 만들기] 대화상자에서 범위 확인

<u>2</u> 수식에서의 값은 어떻게 사용되는가?

새로운 방식은 작업의 최소 단위를 셀에서 열로 바꾼다. 물론 그러기 위해서는 관련 데이터 범위를 엑셀의 표로 지정하는 과정이 필요하다. 표가 된 범위는 작업이 열 중심으로 실행된다.

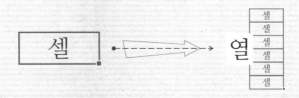

▲ 참조의 최소 단위가 '셀'에서 '열'로

엑셀이 표의 데이터를 어떻게 취급하는지 보자. 수식을 작성할 때 그림처럼 셀이 아닌 ❶열 머리글을 대괄호([ ]) 안에 기술하여 참조한다. 수식을 작성하고 **Enter**를 누르면 ❷모두 채워진다. '자동 채우기' 따위는 필요 없다. 표 밖에서 참조할 때는 어떤가? 열 앞에 ❸테이블 이름 [판매금액]을 표시한다. 데이터를 편집할 때는 사용자가 전체 행을 선택하고 삭제하는 것이 아니라, [표] 메뉴를 이용한다. 이때 ❹행은 [표 행]으로, 열은 [표 열]로 이름이 바뀌어 표시되며, 기존의 삭제 방식을 사용할 수 없다.

	A	B	C	D	E	F	G
1	날짜	상품키	상품명	판매수량	개당단가	판매금액	
2	2015-01-01	P01	제주도	4	100	=[판매수량]*[개당단가] ❶	
3	2015-01-02	P01	제주도	3	100		
4	2015-01-05	P02	하와이	2	150		
5	2015-01-03	P04	유럽투어	4	200		
6	2015-01-04	P03	동남아	2	50		
7	2015-01-06	P03	동남아	1	50		
8	2015-01-07	P02	하와이	2	150		

	A	B	C	D	E	F
1	날짜	상품키	상품명	판매수량	개당단가	판매금액
2	2015-01-01	P01	제주도	4	100	400 ❷
3	2015-01-02	P01	제주도	3	100	300
4	2015-01-05	P02	하와이	2	150	300
5	2015-01-03	P04	유럽투어	4	200	800
6	2015-01-04	P03	동남아	2	50	100
7	2015-01-06	P03	동남아	1	50	50
8	2015-01-07	P02	하와이	2	150	300

	A	B	C	D	E	F	G
1	날짜	상품키	상품명	판매수량	개당단가	판매금액	
2	2015-01-01	P01	제주도	4	100	400	
3	2015-01-02	P01	제주도	3	100	300	
4	2015-01-05	P02	하와이	2	150	300	
5	2015-01-03	P04	유럽투어	4	200	800	
6	2015-01-04	P03	동남아	2	50	100	
7	2015-01-06	P03	동남아	1	50	50	
8	2015-01-07	P02	하와이	2	150	300	
9							
10						❸ =SUM(판매[판매금액])	
11							

	A			D			
1	날짜	삽입(I)	❹	판매수량		오른쪽에 표 열 삽입(L)	
		삭제(D)				위쪽에 표 행 삽입(A)	
2	2015-01-01	선택(L)		4	100	400	
3	2015-01-02	내용 지우기(N)		3	100	300	
4	2015-01-05	빠른 분석(Q)		2	표 열(C)	300	
5	2015-01-03	정렬(O)		4	표 행(R)	800	
6	2015-01-04	P03	동남아	2	표 열 데이터(C)		
7	2015-01-06	P03	동남아	1	전체 표 열(E)		
8	2015-01-07	P02	하와이	2	표 행(R)		
10						2250	

▲ 엑셀 표로 지정된 범위를 참조 및 편집하는 방식

또 표로 지정된 범위는 파워 피벗의 데이터 모델이 될 수 있는 자격을 부여받는다. 파워 피벗은 새로운 엑셀이 제공하는 분석에 필요한 데이터를 만들 수 있는 프로그램이다. 파워 피벗에서의 참조도 엑셀에서 [표]를 참조했던 방식과 거의 비슷하다. 다른 점은 참조의 최소 단위가 '열'이라는 점이며, 열 앞에 소속 테이블의 이름이 자연스레 붙여 표시된다. 그림의 **1**은 계산 열이고 **2**는 측정값이다.

1 계산열

2 측정값

▲ 파워 피벗에서 테이블 참조

≫ 수식

우리나라 인구는 통계청 발표(2018년 2월 기준)에 따르면 51,779,892명이고 서울시는 9,840,000 명, 경기도는 12,900,000명이다. 하나의 시트에 셀 수는 1,717,977,088개로 시트 하나는 전 국민의 주민등록번호를 입력하기에는 충분한 양이다. 그런데 다음과 같이 열을 나눠야 한다. 왜냐하면 하나의 시트에 제공되는 행은 1,048,576개로 51,779,892명의 주민등록번호는 대략 50개의 열로 분리해서 입력해야 한다는 계산이 나온다. 입력한 주민등록번호에서 성별을 의미하는 뒤 첫 글자를 추출하는 작업을 한다고 가정해 보자. 몇 번의 수식 입력과 복사를 해야 할지 금방 계산이될 것이다.

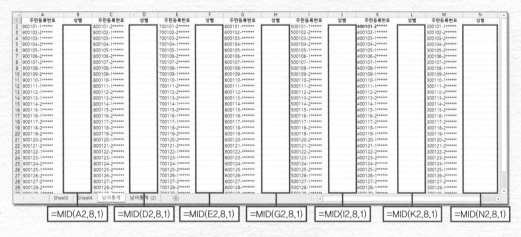

▲ 이 데이터는 조작이 쉬운 형태가 아니다

만약 주민등록번호가 하나의 열에 입력되어 있다면, 1회 수식 입력과 1회 수식 복사 자동 채우기 더블클릭이면 끝나는 작업이었다. '왜 이렇게 무식한 예를 들지?'라고 생각할 수도 있지만, 데이터가 많아짐으로 생기는 반복적인 손놀림 때문에 생기는 부작용은 이미 무시할 수 없는 수준이 되었다.

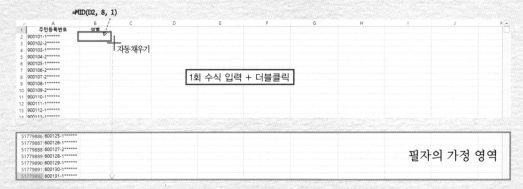

▲ 이 데이터는 조작이 쉬운 형태다

엑셀의 자동 채우기

자동 채우기는 선택한 셀의 값이나 수식을 사방으로 복사하는 기능이다. 특별히 수식을 참조할 때는 참조 형태에 따라 다르게 복사한다. 또 자동 채우기는 '자동 채우기 상태에서 더블클릭=왼쪽이나 오른쪽 기준으로 데이터 입력 높이만큼 복사'라는 강력한 무기를 갖고 있다.

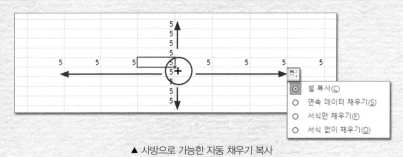

▲ 사방으로 가능한 자동 채우기 복사

≫ 수식

경기도민 13,000,000명을 하나의 시트에서 관리하기 역시 쉽지 않다. 관리하기 편한 모양인 행 단위로 입력하려면 대략 13개의 시트로 분리 입력해야 한다. 때로는 데이터를 합계하기 위해 13개의 시트에 분리 입력된 자료를 하나로 통합해야 하기도 한다. 이러한 수용의 한계를 극복하기 위해 새로운 엑셀은 파워 쿼리와 파워 피벗을 제공한다. 데이터 저장에 대한 구체적인 방법은 2부에서 자세히 살펴볼 것이다.

그림은 ❶ 파워 피벗에 저장된 데이터이고, ❷는 [계산 영역]에 생성한 '총판매금액'이란 이름을 가진 측정값이다. 이 테이블과 측정값 '총판매금액:=SUM([판매금액])'은 피벗 테이블의 원본이 된다. 그리고 ❸ [피벗 테이블 필드] 목록에 테이블의 필드 이름과 더불어 [총판매금액]도 나타난다. 필터에 [지점명], 행에 [제조사], [고객] 필드를 옮기고, 값 영역에 측정값 [총판매금액]을 옮겼다. 필터에 옮긴 [지점명]은 '서대문'만 선택해 놓은 상태다. 측정값 [총판매금액]은 피벗 좌표와 상호작용하면서 자신의 값을 바꾸는 놀라운 능력을 보인다.

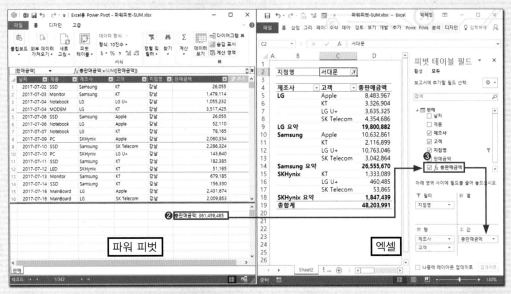

▲ 파워 피벗에서 만든 측정값을 피벗 테이블에서 사용한 예

≫ 작업

/동영상 참고 자료/
필터자동화_옛.xlsx/필터자동화_옛_결과.xlsx

데이터를 추출 즉, 필터링하는 작업은 엑셀에서 흔한 임무 중 하나이다. 주로 그림처럼 데이터 범위의 첫 번째 머리글에 필터 버튼을 만들어 사용하는 자동 필터를 사용한다.

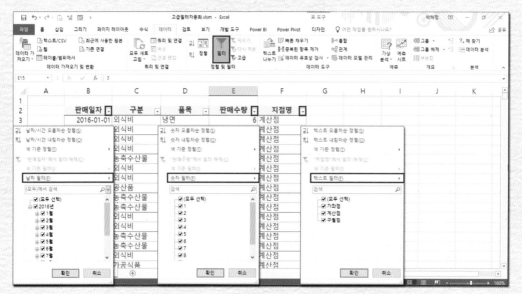

▲ 파워 피벗에서 만든 측정값을 피벗 테이블에서 사용한 예

그런데, 필터 작업이 빈번한 사용자들은 매번 필터를 적용하고, 다른 조건으로 수정하고 하는 간단한 작업에서도 불필요함, 불편함을 토로하곤 한다. 이런 이유로 '필터링 과정을 좀 축소할 수 없냐?, 자동화할 순 없냐?'는 요구는 늘 있어 왔다.

필터 과정에서의 반복 작업은 매크로로 기록, 일부 수정돼 다양한 방법으로 여전히 활발히 사용되고 있다. 필자는 엑셀의 [고급 필터] 기능으로 데이터를 추출하는 과정을 매크로로 기록하고 필요한 부분을 VBA로 수정하여 작업을 재사용하는 사례를 들어보려 한다. 사용하려는 [고급 필터] 기능은 필터 기준이 되는 조건을 임의의 셀에 입력한 다음 [고급] 기능을 실행해야 한다.

매크로로 기록해야 하는 과정은 매우 간단하다. 메뉴를 클릭해 [필터] 기능을 실행하고, 나타난 [고급 필터] 대화상자에서 매번 동일하게 지정하는 [데이터 범위], [조건 범위], [복사 위치]에 관련한 사항을 기록하는 것이다.

기록에 앞서 필터 조건을 만든다. 조건은 변할 수 있는 값이므로 특정 조건을 기록하는 것은 의미가 없다. 그래서 값 변경을 쉽게 할 수 있도록 [데이터 유효성 검사]의 [목록] 기능을 이용하려 한다. 조건 범위 [B2:D3]의 첫 줄에는 필요한 필드명을 입력했다. 해당 '구분' 다음 셀(B3)에 해당 정보가 목록으로 표시될 수 있도록 [데이터 유효성]에 '목록'을 선택하고 원본 [O7:O10]을 참조했다. '품목'과 '지점명'도 같은 방법으로 [목록]을 만든다. [고급 필터]의 기준이 되는 조건 범위를 만들었다.

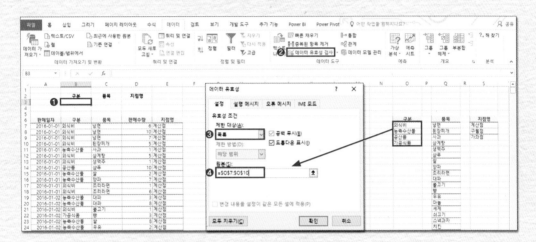

기록을 위해 [매크로 기록] 실행, [매크로 이름]에 '고급필터'를 입력하고 [매크로 저장 위치]를 '현재 통합 문서'를 지정한다. 이 매크로는 현재 문서 내에서만 사용할 수 있다.

중복값 제거

목록을 요약하는 작업. '구분', '품목', '지점명' 전체를 복사하고 빈 곳에 붙여넣는다. 각각을 선택하고 '중복 값 제거' 기능을 실행하면, 요약해서 하나씩만 남길 수 있다.

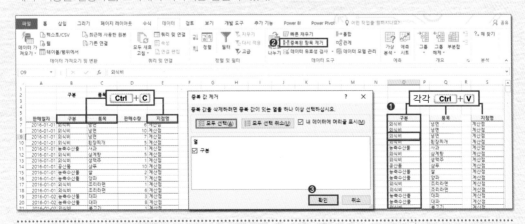

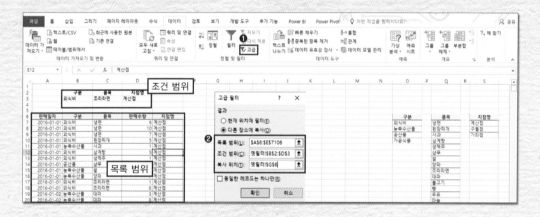

지금부터가 단순 반복 작업 구간으로 매크로로 기록할 내용이다. [고급 필터] 실행, [고급 필터] 대화상자에서 [목록 범위], [조건 범위], [복사 위치]를 지정하고 [확인]을 클릭한다. 기록이 끝나면 [개발 도구] 탭에 [기록 중지]를 클릭하여 기록을 중단한다.

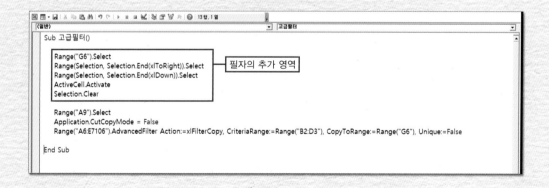

기록한 내용은 [코드 보기]를 실행하면 확인할 수 있다. 필자는 필터를 실행하는 문장 전에 복사 위치의 필터 결과를 초기화하기 위해 몇 줄 문장을 추가해 놓았다.

```
Sub 고급필터()

    Range("G6").Select
    Range(Selection, Selection.End(xlToRight)).Select
    Range(Selection, Selection.End(xlDown)).Select
    ActiveCell.Activate
    Selection.Clear

    Range("A9").Select
    Application.CutCopyMode = False
    Range("A6:E7106").AdvancedFilter Action:=xlFilterCopy, CriteriaRange:=Range("B2:D3"), CopyToRange:=Range("G6"), Unique:=False

End Sub
```

이번 작업은 기록한 [고급 필터] 과정을 빠르게 실행할 수 있도록, 도형과 연결하는 과정이다. 도형을 삽입하고 선택한 다음 [매크로 지정]을 실행, [고급 필터]를 선택한다. 이제 이 도형은 해당 작업을 실행하는 '실행 버튼'이 된다.

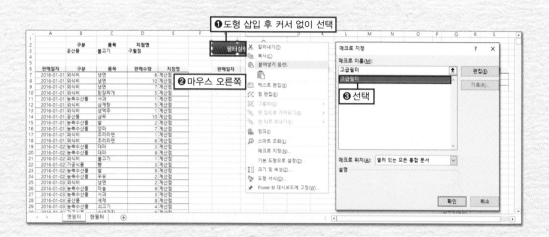

잘 연결됐는지 조건 범위에 조건을 변경하고 '필터 실행' 버튼을 클릭해 보자. 매크로로 기록한 고급 필터 실행 과정이 재사용 된다. 엑셀 사용자는 반복되는 작업을 열거하고 그중에 사용자의 손이 반드시 필요한 작업과 그렇지 않은 작업으로 구분하고, [고급 필터]를 실행하는 과정처럼 단순한 반복 작업을 매크로로 기록하여 자동화했다.

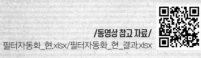

/동영상 참고 자료/
필터자동화_현.xlsx/필터자동화_현_결과.xlsx

≫ 작업

앞선 작업 과정을 파워 쿼리로도 만들어 기존 방식과는 어떻게 다르며, 어떤 점이 좋은지 비교해 보자. 파워 쿼리에서의 작업은 굳이 기록할 필요 없다. 같은 작업을 파워 쿼리로 실행함과 동시에 작업은 기록된다. 필자는 ❶ 테이블 폼 하나의 셀을 선택하고, ❷ [테이블/범위에서]를 클릭해 엑셀의 필터 원본을 쿼리 편집기로 가져갔다. ❸ 가져간 원본을 참조하여 추가로 세 개의 쿼리 테이블을 만들었다.

▼ 엑셀

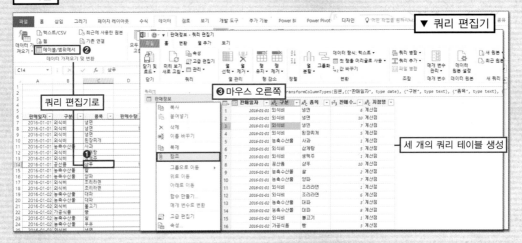

각각 이름을 '구분목록', '품목목록', '지점목록'으로 변경, 각 쿼리에 필요한 열만 남기고 엑셀에서처럼 '중복된 항목을 제거'했다. 각각의 결과는 데이터 유효성의 조건 목록으로 사용할 것이다.

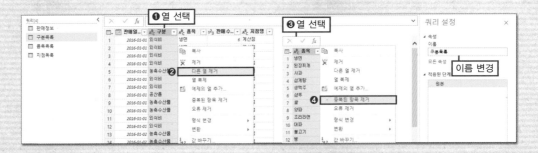

같은 방법으로 '품목목록'과 '지점목록'도 중복을 제거한다. [홈] 탭-[닫기 및 다음 로드]를 실행해서 생성된 네 개의 쿼리 중에서 '판매정보'는 엑셀로 가져가지 않고 '연결만 만들기'했고, 나머지 '구분목록', '품목목록', '지점목록'은 엑셀로 가져간다.

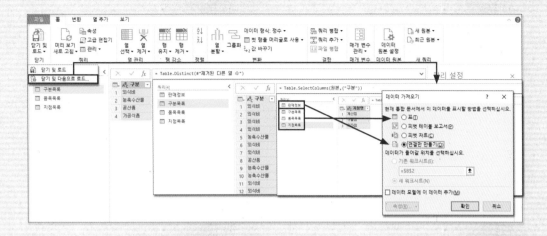

엑셀로 돌아왔다. 매번 달라지는 '구분', '품목', '지점명'을 파워 쿼리에서 필터 조건으로 사용하기 위해 [B2:B3], [C2:C3], [E2:E3]을 각각 쿼리 편집기로 가져간다.

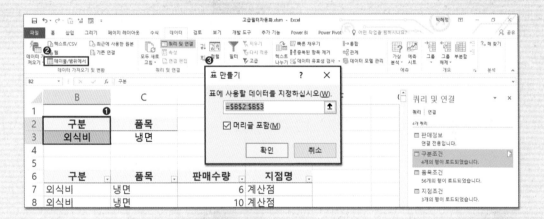

가져간 쿼리를 [드릴다운]하여 하나의 값을 갖는 값 쿼리로 변경한다. 나머지도 같은 작업을 반복하고 쿼리 이름을 '구분조건', '품목조건', '지점조건'으로 수정한다.

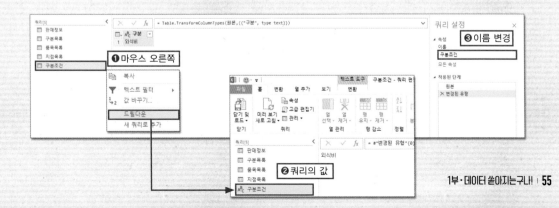

드디어 필터링 과정이다. '판매정보' 쿼리를 선택하고 [구분]의 필터링 버튼에서는 '가공식품', [품목]은 '고추장', [지점명]에서는 '가좌점'을 체크하여 필터링한다.

[고급 편집기]를 실행하면 내용을 확인하고 내용을 수정할 수 있다. 입력한 조건에 따라 필터의 기준이 달라져야 하므로 '고추장'을 '구분조건', '가공식품'을 '품목조건', '가좌점'을 '지점조건'으로 변경한다.

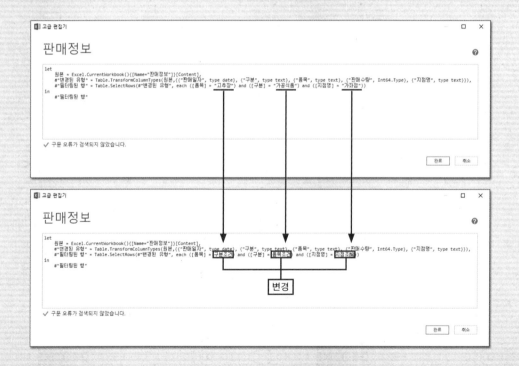

엑셀로 돌아와 필터링을 기록한 '판매정보' 쿼리를 엑셀로 로드한다. 그림처럼 조건을 변경하고
[표 도구] 탭에서 [새로 고침]을 실행한다. [파워 쿼리]는 변경한 내용을 적용하여 새로운 결과를
생산해낸다.

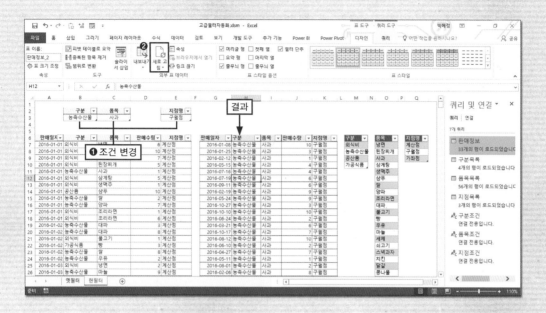

필자가 무리수를 쓴 것은 아닌가? 살짝 걱정된다. 옛 방식보다 새로운 방법이 좋다는 말을 해야
하는데, 예를 잘못 든 것이 아닌가? 싶기도 하고. 분명 절차상 기존 엑셀 방식보다 어쩌면 더 복
잡했다. 그러나, 아래 상황적 변수를 추가하면 이 둘의 차이는 분명하게 드러날 것이다. 사용자는
상황에 따라 두 방식 중 적절한 것을 선택해 사용하면 된다.

✔ 필터링 원본인 엑셀이 하나의 집합으로 수용할 수 없을 만큼 크고 여러 곳에 있다.

✔ 원본 '구분, 품목, 지점명'에 새로운 요소가 추가될 가능성이 있으며, 데이터 정돈의 과정이 필요하다.

상황적 변수

분석인 듯 분석 아닌 분석하는 것 같은!

엑셀이 데이터를 수집하고 기존 값을 참조하여 새로운 값을 수식으로 만드는 과정은 데이터 분석에 필요한 재료를 준비하는 작업이었다. 데이터가 준비되면 비로소 분석이 시작된다. 그림은 7100건의 데이터를 원본으로 하여 피벗 테이블 실행, 요약 및 집계한 것이다. 원본은 '6번의 클릭, 3번의 드래그만'에 보고서가 되었다. 분석 데이터를 준비하는 과정은 지루하고 힘들었는데, 더 어려울 것만 같은 다차원 분석은 오히려 간단했다.

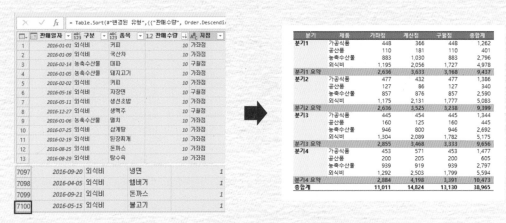

▲ 왼쪽 Raw Data, 오른쪽 원본으로 피벗 테이블로 만든 보고서

피벗 테이블을 사용해 왔던 사람들은 '그룹' 기능을 모르는 이들이 많다. 날짜 형식의 필드는 [선택 항목 그룹화] 기능으로 그림과 같은 기준으로 데이터를 그룹 지을 수 있다. 엑셀을 비롯하여 데이터를 다루는 프로그램에서 특별하게 취급받는 날짜 형식의 필드는 월, 분기 외에도 요일, 상/하반기 등을 기준으로 데이터를 요약 및 집계할 수 있다.

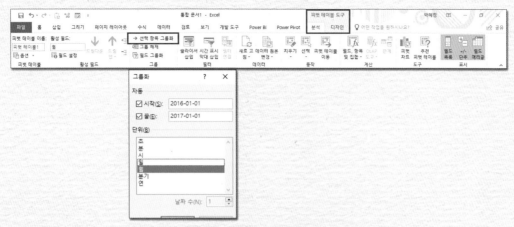

▲ 피벗 테이블 도구 [선택 항목 그룹화] 메뉴 실행

날짜 데이터 형식

이때 [판매일자]는 날짜 값이다. 엑셀은 연월일을 하이픈이나 슬래시로 구분하여 입력한 데이터를 날짜로 인식한다. **Ctrl** + **;** 를 누르면 컴퓨터 시스템의 오늘 날짜를 입력할 수 있다.

이제껏 우리는 엑셀 작업의 상당 시간을 '품질 좋은 원본'을 만들기 위해 힘써 왔던 것이 사실이다. 품질 좋은 원본을 요구하는 피벗 테이블을 사용하기 위해, 월별로 분리하여 관리하던 자료를 모으고 지점별로 분리된 자료를 또 한곳에 모았다. 그 과정에서 담보되지 않은 데이터 품질 때문에 여러 가지 편집 과정을 거쳐야 했다. 그렇게 결산의 날에 우리는 자료를 수집하고 오합지졸인 데이터를 정리하고 드디어 분석하기 직전까지 오랜 시간과 공을 들여왔던 것이다.

엑셀로 대놓고 분석하다!

더는 피벗 테이블을 사용하기 위해 데이터를 하나의 엑셀 시트에 집합시킬 필요가 없다. 새로운 방식 파워 쿼리, 파워 피벗은 '폴더든 파일이든' 데이터가 '어디에 있든지' 그대로 두고 데이터를 수집한다. 엑셀이 직접 수용할 수 없는 데이터양과 형식을 처리하고 심지어 분석을 위한 관계형 데이터 구조를 설계할 수 있도록 한다.

이 모든 것을 우리의 오랜 벗 엑셀을 통해 부족함 없이 가능하게 한다. 그림에서처럼 데이터 분석의 모든 프로세스 '수집 ➔ 가공 ➔ 전달'을 엑셀 안에서 가능하게 했다. 거기에 엑셀에게 부족한 부분 '실시간 상호 작용과 시각화'는 위해 파워 BI라는 새로운 데이터 분석 프로그램으로 보완할 수 있다.

▲ 엑셀의 셀프 서비스 BI 플랫폼

엑셀과 파워 BI는 파워 쿼리와 파워 피벗이라는 공통분모를 갖고 있다. 엑셀로 하든, 파워 BI를 사용하든, 이 둘을 병행하든 상관없다. 이 둘을 호환성은 더할 나위 없이 좋다. 그러므로 사용자는 편하게 작업하고, 필요하다면 내용을 서로 주고받으면서 작업하면 된다.

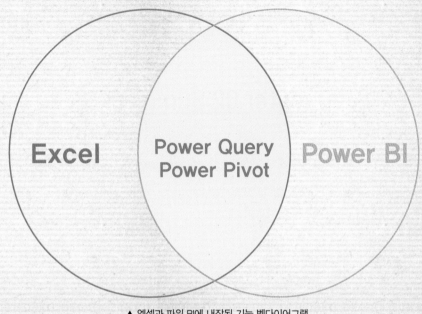

▲ 엑셀과 파워 BI에 내장된 기능 벤다이어그램

파워 BI는 엑셀과는 분리된 독립적인 프로그램으로 그림처럼 파워 BI 데스크톱은 보고서를 생산, 웹 서비스의 대시보드에서 공유, 모바일에서 소비되는 형태로 작업 되는 시스템이다.

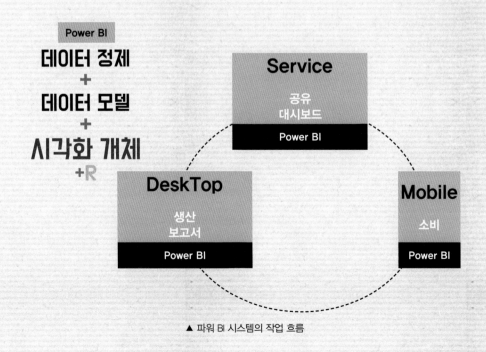

▲ 파워 BI 시스템의 작업 흐름

Chapter 02 Summary

<u>1</u>. [Ctrl]+[C] & [Ctrl]+[V], VLOOKUP 함수를 이용하여 데이터 수집을 해왔는가? 그대는 데이터 분석을 위한 원본 데이터를 마련했다. 그러나 엑셀은 다량의 데이터를 수집하고 처리하기에는 공간적, 처리 속도에 문제가 있다. 그러기에 엑셀의 부족함을 보완할 대안으로 파워 쿼리와 파워 피벗이 추가 장착되었다.

<u>2</u>. 피벗 테이블과 수식을 사용하여 요약 및 집계를 하는 과정에서 틀린 결과를 본 적이 있는가? 또한 데이터를 관리하는 과정에서 난감한 상황을 겪은 적이 있는가? 그것은 데이터의 형식과 틀의 문제이다. 다량의 데이터를 처리하기 위해서 우리는 관련된 값을 '표'로 구조화해야 하고, 참조의 최소 단위를 셀이 아닌 열로 바꿀 필요가 있다. 반복되는 작업을 재사용할 수 있는 새로운 방법이 필요하다.

<u>3</u>. 이 모든 과정이 '분석'임을 인지하고 있는가? 그렇다면 그대는 데이터를 수집하는 일을 하는가? 정리 및 정돈을 하는가? 아니면, 식을 설계하고 요약 및 집계하여 새로운 결과값을 만드는가? 아니면, 결과를 의사 결정에 사용하여 최종 결정을 하는가? 어떤 과정에 참여하든 그대는 분석의 과정 중에 있는 것이다.

<u>4</u>. 기존에 엑셀을 이용하여 데이터 분석을 해왔던 우리는,

• 데이터 재사용 : 데이터를 쉽게 재사용할 수 있도록 다양한 유입 경로와 과정을 메뉴화했다.

• 작업 자동화 : 유입한 데이터를 원하는 형식과 형태로 만드는 과정을 메뉴화했다.

• <u>스스로 분석</u> : 데이터의 유입 경로 지정을 통해 다양한 형식의 데이터를 재사용, 거기에 데이터를 클리닝하는 작업 과정의 자동화는 품질 좋은 데이터와 정보의 대량 생산 시대를 열었으며, 이 모든 과정을 한 사람이 가능하도록 한다.

Memo

PART 2 데이터 '프레임'을 입다!

품질 좋은 데이터 생산 공정– 테이블 프레임

── 추출.Extraction ── ── 변형.Transfor

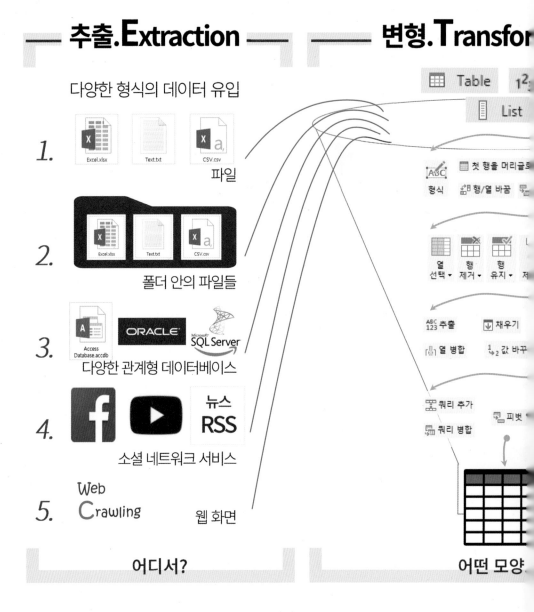

다양한 형식의 데이터 유입

1.
Excel.xlsx   Text.txt   CSV.csv
파일

2.
Excel.xlsx   Text.txt   CSV.csv
폴더 안의 파일들

3.
Access
Database.accdb   ORACLE   Microsoft SQL Server
다양한 관계형 데이터베이스

4.
뉴스 RSS
소셜 네트워크 서비스

5. Web Crawling
웹 화면

어디서?

Table   1²
List

ABC 형식   첫 행을 머리글로
행/열 바꿈

열 선택▾   행 제거▾   행 유지▾

ABC 123 추출   채우기
열 병합   1,2 값 바꾸

쿼리 추가   피벗
쿼리 병합

어떤 모양

fx Function

rameter (6)

1. 엑셀의 **표**

① **전달된 테이블들은**
② **각 프로그램에서**
③ **관계 설정 과정을 거쳐**
④ **관계형 데이터 모델로 탄생**
⑤ **피벗 테이블과 시각화 개체의**
   원본으로

2. 파워 피벗의 **테이블**

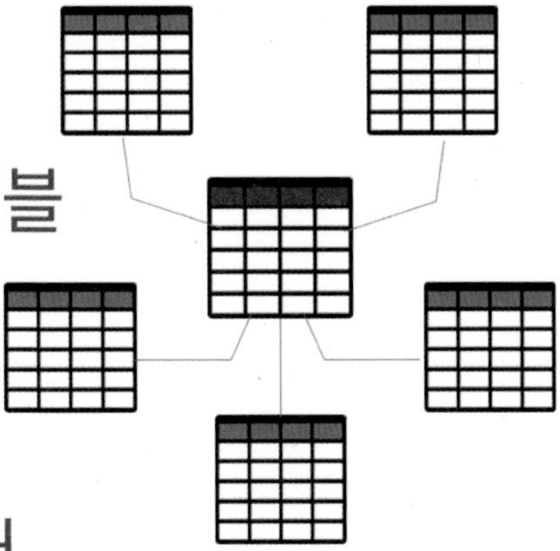

3. 파워 BI의 **데이터**

데이터 모델: **OLAP 큐브**

데이터 '프레임'을 입다!

데이터 프레임은 데이터를 조직화하는 시스템

'나를 옷에?, 옷에 나를?' 옷을 사면서 한 번쯤 고민한다. 필자처럼 애매한 몸매의 소유자라면 더더욱 옷에 기댈 수밖에 없다. 정돈되지 않은 살들을 정돈해줬으면 하는 바람으로 신중하게 옷을 고른다.

'생각을 틀에?, 틀에 생각을?' 20대의 필자는 생각이 너무 많았던 것 같다. 지금 보면, 생각의 틀이 없었던 시절에 여러 갈래로 뻗을 수밖에 없는 생각 가지들, 그랬어야 하는 시절이었던 것 같다. 그때 만난 최복이의 시 '정지선을 지켜라, 정지선이 자유선이 될 때까지' 한 편은 필자의 맘을 어느 정도 진정시키는 역할을 했다. 시는 필자에게 지금은 무엇을 할 수 있는 '자유선'이 네게 없고, 무언가를 할 때 기준이 되는 정신 '정지선'을 만들어야 할 때라고 말하는 것 같았다. 그 후에 진정한 자유선을 만날 수 있다고.

프레임(Frame)의 사전적 의미는 테두리, 창틀, 액자의 테두리이지만, 건축물 등에서는 기본 구조를 의미한다. 또 프레임은 인간이 성장하면서 생각을 더 효율적으로 하기 위해 생각의 처리 방식을 공식화한 것을 뜻한다. 인지 과학자 George Lakeoff는 프레임은 '생각의 구조'라 했다. 우리가 무엇을 이해한다고 했을 때 뇌에 있는 어떤 특정한 프레임인 구조물 속으로 그 용어가 딱 들어온 상황이라고 설명하고 있다. 만약 뇌에 그 용어에 대한 프레임이 없다면 이해할 수 없다고 말한다.

'좋은 데이터 프레임'이란?

데이터 역시 좋은 프레임이 필요하다. 데이터 프레임 중에 오랜 세월 동안 사용자들에게 '이해도 쉽고, 사용도 쉽다'라고 평가된 것이 '표(Table)'이다. 통계 분석 언어인 R도 표를 data.frame 함수로 정의하여 사용한다. 참고로 R은 일반인이 사용하기 쉽게 만든 무료 함수형 통계 프로그램으로 이 책에서 다뤄질 파워 BI 데스크톱에 포함, 마치 하나의 프로그램처럼 활용할 수 있다. 최근에 확 떠버린 R, R이 취급하는 여러 데이터 타입의 특징을 열거하는 것으로 좋은 데이터 프레임을 이해하는데 도움이 되지 않을까 한다. '벡터(Vector), 행렬(Matrix), 데이터 프레임(Data Frame), 리스트(List), 배열(Array)'는 R의 데이터 타입이다. 벡터는 같은 종류의 데이터가 1차원(한 줄 또는 열) 모양으로 가장 기본이 되는 자료형이다. 행렬은 벡터를 2차원(행 또는 열) 표 모양으로 확장한 것이다. 리스트는 벡터나 행렬의 집합을 원소(값)로 갖는 목록 형태이며, 리스트에 포함된 벡터의 길이가 모두 같다면, 이를 데이터 프레임(data frame)으로 취급할 수 있다. 마지막으로 배열은 데이터를 3차원(입체)로 만든 것으로 R에서 변수를 3차원의 배열까지 쓸 상황이 흔치는 않다고 한다. 벡터와 행렬은 '같은 종류의 데이터만 수납'이 가능하고, 나머지는 '모든 종류의 데이터를 수납'할 수 있다. 데이터 프레임 = 표는 모든 종류의 데이터를 수납 가능하다는 강점이 있다. 또 같은 길이의 벡터의 집합으로 각각의 벡터를 열 원소로 간주하기 때문에 행 또는 열 단위의 데이터의 삽입, 삭제, 추출 등의 조작이 쉽다고 한다. 결론적으로 좋은 데이터 프레임은 여러 종류의 데이터를 수납할 수 있어야 하고 삽입, 삭제 등의 데이터 조작을 쉽게 할 수 있어야 하며 다른 데이터 프로그램과의 호환이 가능해야 한다는 것이다.

테이블 프레임

쏟아지는 데이터는 좋은 프레임을 입어야 하며, 데이터에 어떤 프레임을 장착하느냐에 따라 '무엇을 할 수 있을지' 그 역할이 결정된다. 또 관련 프로그램 안에서 인간과 데이터와의 소통 문제를 해결할 수 있는 키가 된다. 결국 좋은 프레임 안의 데이터는, 먼저 사용자에게 가치를 인정받고, 그로 인해 얻어진 새로운 결과치 역시 좋은 것임을 보증하는 잣대가 된다. 그렇다면 좋은 테이블 프레임이 구체적으로 어떤 것을 의미할까? 필자는 다섯 가지 키워드로 요약하여 그 특징을 설명하려 한다.

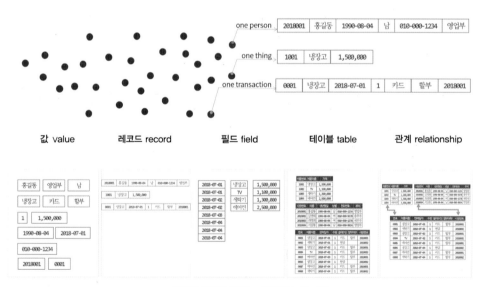

▲ 어떻게 세상의 자료는 데이터가 되는가?

✓ 값 : 한 가지의 정보를 담은 '하나의 값'은 '셀'에 정확하게 입력되어야 한다.

✓ 레코드 : 한 사람, 한 제품, 한 건의 판매에 대한 다양한 시각을 담은 여러 가지 정보는 하나의 '레코드'로 기록된다. 레코드는 데이터 처리의 기본 단위이기도 하다.

✓ 필드 : 여러 사람, 여러 제품, 여러 건의 판매를 기록하면 같은 속성이 여러 가지값으로 생성되며 이는 '하나의 필드'로 구성된다. 하나의 필드는 같은 데이터 형식을 갖는다.

✓ 테이블 : 사람, 제품, 판매 정보는 각각 '하나의 테이블'을 형성한다. 테이블의 첫 줄에는 필드의 속성을 설명하는 필드 이름이 있는 것이 특징이다.

✓ 관계 : 서로 다른 주제로 만들어진 테이블이더라도 서로 관련성이 있을 수 있다. 이 관련성은 '같은 속성'으로 설명된다. 같은 속성을 기준으로 '테이블과 테이블이 연결'된다. 이를 '관계 설정한다'고 한다.

'값'의 자격

'하나의 값'으로 온전히 인정되기 위한 여러가지 유의 사항이 있다. 데이터를 다루는 우리는 '하나의 값은 하나의 셀에 담겨야 한다'를 비롯한 값의 7가지 자격을 기억해야 한다.

1. 하나의 저장소(cell)에는 하나의 값을 담는다.
   추출, 열 분할

2. 하나의 값에 불필요한 공백은 제거되어야 한다.
   값 바꾸기

3. 숫자, 문자, 논리 값을 구분 한다.
   데이터 타입

4. 귀찮아서 입력하지 않는 빈 셀은 없어야 한다.
   아래서, 위로

5. '줄 바꿈과 같은 유령 문자'가 존재할 수 있다는 것을 인지한다.
   데이터 타입

6. 서울, 서울시, 서울 특별시, 서울특별시 다 다른정보로 인식한다.
   값바꾸기

7. 오류 값은 원인을 찾아 적절한 조치를 취해야 한다.
   오류 바꾸기

주황색 표시 : 문제를 해결하기 위해 개발된 파워 쿼리의 메뉴 이름

▲ 올바른 값이 되기 위한 7대 자격 요건

✔ 하나의 저장소에는 하나의 값을 담는다.

✔ 하나의 값에 불필요한 공백은 없어야 한다.

✔ 숫자, 문자, 논리 값을 구분하여 정확하게 입력한다.

✔ 빈 셀이 없어야 한다.

✔ 줄 바꿈과 같은 보이지 않는 특수 문자가 존재할 수 있다는 것을 알아야 한다.

✔ '서울, 서울시, 서울 특별시, 서울특별시'는 다 다른 정보이다.

✔ 오류 값은 원인을 찾아 적절한 조치를 해야 한다.

'레코드'는 한 점

입력한 값의 가로 모임인 '행(레코드)'은 하나의 사건에 대한 기록이다. 레코드가 켜켜이 쌓이고 이 정표가 추가되면 하나의 주제로 모인 테이블이 되며, 이 레코드는 테이블을 구성 및 처리하는 데 있어 최소 단위가 된다.

한 사람에 대한 기록(Recording)이다.
홍길동은 어떤 회사의 영업부 남자 직원이다. 그는 1990년 8월 4일에 태어났다. 회사로부터 부여받은 사번이 2018004인 것으로 보아 2018년도에 입사한 것으로 보인다. 그리고 010-000-1234로 전화하면 그와 통화할 수 있다.

2018004	홍길동	1990-08-04	남	010-0000-1234	영업부

한 제품에 대한 기록(Recording)이다.
제품번호 1001에 해당하는 냉장고의 가격은 1,500,000원이다.

1001	냉장고	1,500,000

하나의 거래에 대한 기록(Recording)이다.
2018년 7월 1일 판매된 첫 상품은 냉장고로 한 대 팔았다. 냉장고를 판매한 사람의 사원번호는 20180030이며 카드로 할부 결제했다.

0001	냉장고	2018-07-01	1	카드	할부	2018004

'필드'의 자격

켜켜이 쌓인 레코드는 데이터의 세로 모임인 '열(필드)'이 된다. 열은 또 '날짜', '제품', '지점명' 등과 같은 하나의 열 이름(필드명)과 데이터 형식을 공유한다. 만약에 하나의 열에 여러 종류의 데이터 형식이 존재하면, 작업 시 여러 가지 문제의 원인이 될 수 있다. 예를 들어 '수익' 열에 특정 값이 '82,710원'처럼 숫자와 문자를 같이 입력한 형태라면, 결국 해당 값은 계산 결과에 포함되지 않을 것이며, 당연히 결과값은 정확하지 않을 것이다.

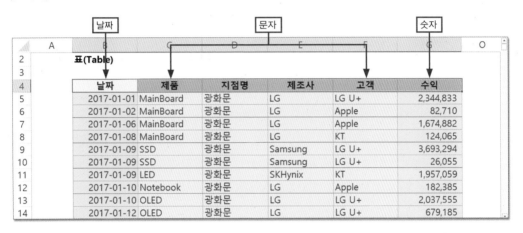

그림은 다음 페이지의 엑셀 편집 기능 중 셀의 값을 구분하여 셀을 선택할 수 있는 [이동 옵션] 대화상자 이다. 셀에 값은 직접 입력(상수)하거나 수식의 결과로 생성되며, 그렇게 얻어진 결과는 '숫자, 텍스트, 논리값, 오류' 네 가지로 구분한다. 엑셀은 이를 '데이터 형식'이라 부르고 서로 다르게 인식, 처리한다. 그렇기 때문에 '엑셀이 값을 어떤 형식으로 인식하고 있는가?'는 매우 중요한 문제이다. 이런 사용자와 엑셀의 인식의 차이는 작업 가능 여부를 결정하며, 당연히 사용자의 인식보다 작업 당사자인 엑셀의 인식이 앞선다.

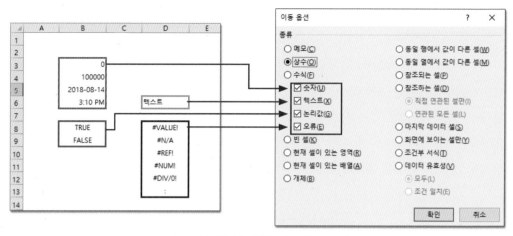

▲ 이동 옵션으로 보는 엑셀의 취급 데이터 종류

이동 옵션은 입력한 데이터에 대한 엑셀의 인식을 확인할 수 있는 기능이다. 데이터 형식을 지정하거나 변경하려면, [셀 서식] 대화상자의 [표시 형식]을 이용하면 된다. 물론 셀에 입력한 '82,710원'을 [표시 형식]에서 '숫자'로 지정하더라도 숫자가 되지 않으며, 사용자가 [셀 서식]에 '숫자'로 설정하더라도 엑셀이 '숫자'로 인식하지 않으면 아무 소용이 없다. 엑셀이 어떻게 인식하고 있는지 확인하는 방법 중에 하나가 [이동 옵션]인 것이다.

▲ 엑셀의 데이터 형식을 변경하는 [셀 서식] 대화상자

'테이블'은 데이터의 표준 프레임

엑셀에 데이터를 입력하고 금을 긋는다고 해서 '프레임'이 씌워진 건 아니다. 여러 사람의 기록이 켜켜이 쌓여 있는 데이터 범위 맨 첫 줄 이정표의 역할을 하는 필드명을 추가한다. 그러면 일단 테이블의 모양새는 갖춰진다. 그러나, 모양새를 갖춰 데이터에 테두리를 적용했다고 명시적으로 '테이블'이 되는 것은 아니다. 엑셀은 '표'라는 '데이터 프레임'을 제공하는데, 관련 데이터 범위가 표로 지정될 때야 비로소 제대로 데이터 프레임을 갖추게 된다.

데이터 범위를 표로 만드는 방법은 [삽입] 탭–[표] 그룹–[표]를 클릭하는 것으로 끝이지만, 그 전에 사용자는 4가지 사항을 반드시 점검해야 한다.

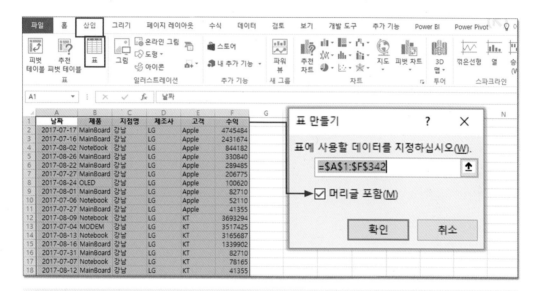

1. 표 첫 줄에 머리글이 있는가?

2. 요약 및 집계된 곳은 없는가?

3. 병합은 없는가?

4. 기본키는 있는가?

≫ 표는 첫 줄에 머리글이 있어야 한다

엑셀에 데이터를 입력하고 범위를 표로 만들어 보았다. 머리글이 없이 숫자로 이루어진 범위는 머리글을 인식하지 못했고, 첫 줄에 문자가 있는 범위는 머리글을 자동으로 인식했다. 물론 첫 줄이 숫자더라도 머리글이라고 우길 수도 있다. 또 머리글 없이 [표 만들기] 대화상자를 실행할 수도 있지만, 머리글 없는 표는 표가 아니므로 엑셀은 임의로 머리글을 만들어 준다.

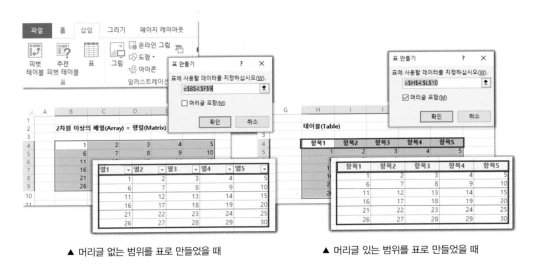

▲ 머리글 없는 범위를 표로 만들었을 때   ▲ 머리글 있는 범위를 표로 만들었을 때

같은 이름의 머리글은 존재할 수 없다. 만약 같은 이름의 열이 있다면, 엑셀은 또 머리글 이름을 임의로 변경할 것이다.

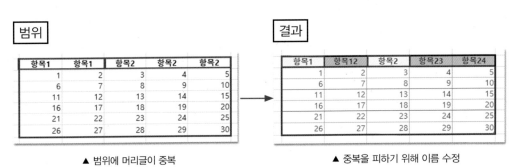

▲ 범위에 머리글이 중복   ▲ 중복을 피하기 위해 이름 수정

머리글로 지정한 행에 두 개 이상을 합친 병합된 셀이 있다면 엑셀은 병합을 풀고 또 머리글 이름을 임의로 변경할 것이다.

범위

항목1		항목2		
1	2	3	4	5
6	7	8	9	10
11	12	13	14	15
16	17	18	19	20
21	22	23	24	25
26	27	28	29	30

▲ 머리글이 병합된 상대

결과

항목1	열1	항목2	열2	열3
1	2	3	4	5
6	7	8	9	10
11	12	13	14	15
16	17	18	19	20
21	22	23	24	25
26	27	28	29	30

▲ 병합 결과 머리글 이름 재지정

>> 테이블과 피벗 테이블을 구분할 줄 알아야 한다

테이블은 'Raw Data'로 불린다. '날 자료' 즉, 가공되지 않은 날 것을 의미한다. 반면, 피벗 테이블은 '보고서'라 부른다. Raw Data를 원본으로 요약 및 집계하여 분석한 결과로 본다. 테이블은 관리와 조작을 목적으로 생성되고, 피벗은 테이블을 다면 검토하는 분석을 목적으로 재가공한 결과물로 볼 수 있다.

그림의 오른쪽 피벗 테이블은 왼쪽 표의 '지점명, 제조사, 고객, 수익'을 필드로 재사용했다. 숫자 값 '9,123,235'는 제조사가 'LG'이면서 지점명이 '강남', 그리고 고객이 'Apple'에 해당하는 10개 수익의 합을 낸 것이다. 날짜와 제품이라는 측면은 반영하지 않은 기존에 없는 새로운 측정값이다. 반면 왼쪽 표는 그 어떤 요약도 없다. 하루하루 발행한 '수익' 데이터 관련 정보를 각각의 행에 그대로 기록한 것임을 확인할 수 있다.

'고객' 열이 항목의 요소별로 열거됨

>> 표는 정신적인 병합을 불허한다

Raw Data의 특징은 '요약 및 집계'라는 가공 과정을 배제한 것이라 했다. 앞의 그림 오른쪽 표에서 고객 열의 요소(KT, Apple, LG U+, SK Telecom)을 여러 열에 펼쳐 표현한 것은 데이터를 이미 병합한 것이다. 또 하나의 필드 속성을 여러 열로 분리함으로 '해당 고객별로 값'을 '묶어 표현했음'을 의미한다. 엑셀에서 병합 기능을 실행했든 의식적으로 했든 '병합'은 '날 것'으로 보기 어렵다!

>> 테이블은 하나 이상의 기본키가 있어야 한다

한국 사람의 기본 인적 사항을 관리하는 테이블(이하 한국 사람 관리)이 있다. 같은 이름, 나이를 가진 사람이 수없이 존재한다. 이들을 무엇으로 구분할까? 그런 이유로 만든 것이 주민등록번호다. 주민등록번호로 자신을 증명한다. 한국 사람 관리의 주민등록번호는 테이블의 행을 식별할 수 있는 식별자(identifier)이며, 데이터베이스에서는 이를 기본키라고 부른다.

아래 그림의 각 테이블에서처럼 동사무소는 '주민등록번호'로 주민을 식별하고, 기업의 인사팀에서는 '사원번호', 제품을 관리하는 테이블은 '제품번호', 판매를 관리하는 테이블은 '판매번호'가 식별자가 된다. 이들 식별자는 데이터베이스에서 '기본키'라는 이름으로 활동할 가능성이 높다.

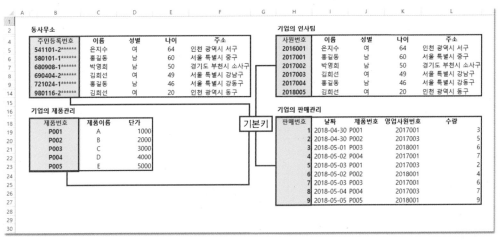

▲ 테이블에 생성한 다양한 기본키

기본키가 있는 테이블은 특정 데이터를 찾을 때 '중복됨으로 인한' 혼란을 줄이고, 정확한 정보를 찾을 수 있도록 한다. 또, 테이블과 테이블 간의 연관성을 증명하는 과정에서 주도권을 갖고 있으면서, 테이블 간의 상호 작용에 있어서 오류를 없애는 중요한 역할을 담당한다.

밥솥, 냉장고, 텔레비전, 컴퓨터 등 고유번호 없는 제품을 찾아보기 어렵고 요새는 돼지고기, 소고기, 농수산물에도 고유 번호를 달아 생산 이력을 확인하는 세상이 아닌가?

'관계 설정'으로 테이블과 테이블 링크하기

여러 목적으로 생성한 테이블 간에는 물리적인 거리가 존재한다. 이어지지 않았기 때문에 엑셀은 이들의 연관성을 알 수가 없지만, 분명 긴밀한 관련이 있다. 2018년 07월 01일에 처음 판매한 냉장고의 판매가격은 1,500,000원이며, 냉장고를 판 사람은 '홍길동'이다. 이들의 관계를 증명하는 방법이 '관계 설정'인 것이다.

사원번호	이름	생년월일	성별	핸드폰번호	부서
2018004	홍길동	1990-08-04	남	010-0000-1234	영업부

제품번호	제품이름	판매가격
1001	냉장고	1,500,000

판매번호	제품이름	판매날짜	수량	결재수단	할부여부	판매사원번호
0001	냉장고	2018-07-01	1	카드	할부	2018004

▲ 세 개의 테이블 관계

테이블과 테이블이 서로가 관계있음을 증명하기 위해서는 '공통분모' 즉, 동일한 정보를 갖는 '열'이 있어야 한다. '공통분모'가 없으면 관계 설정은 불가능하다. 그림을 보면 두 테이블 간에는 '제품번호'와 '분류번호' 두 개의 공통분모가 있기 때문에 설정할 수 있다.

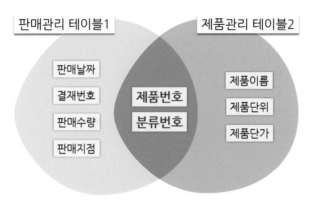

▲ 공통분모 열로 관계를 증명받다!

그런데, 공통분모 임에도 관계 설정이 불가능한 경우가 있다. 예를 들면, '제품번호'로는 관계 설정이 가능하지만, '분류번호'로는 불가능하다.

'분류번호'로 관계를 설정할 수 없는 이유는 양쪽의 '분류번호' 모두에 중복된 값이 있기 때문이다. 관계 설정의 두 번째 전제는 한 쪽은 '중복되지 않아야 한다'는 것이다. 관계 설정에서 중복되지 않은 값을 가진 테이블이 주도권을 갖게 되며, 그 열을 특별히 기본키라고 부른다.

▲ '제품번호'는 가능, '분류번호'는 불가능

만약 둘 다 기본키의 자격을 갖지 못한 상태에서 관계 설정을 시도하면, 그림과 같은 경고 메시지가 나타날 것이다.

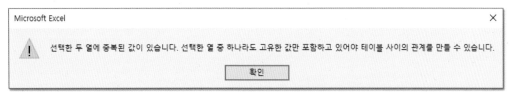

▲ 중복된 값은 관계를 방해한다

✔ 엑셀에서 관계 설정은?

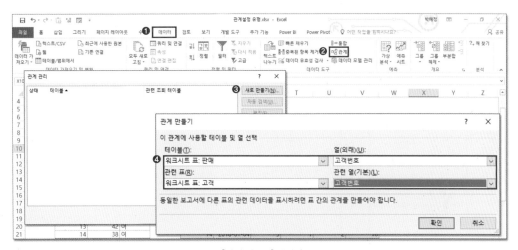

▲ [관계 만들기] 대화상자

실행

[데이터] 탭-[데이터 도구] 그룹-[관계] 실행, [새로 만들기], [관계 만들기]

✔ 파워 피벗에서 관계 설정은?

실제로 관계 설정은 새롭게 추가된 ❶ '파워 피벗'이 주도한다. 서로 떨어져 있는 테이블 간의 관계를 설정하여, 서로 유기적인 작용을 할 수 있도록 분석을 위한 '관계형 데이터 모델' 생성하기 위한 것이다. 파워 피벗의 관계 설정 기능을 사용하려면, 엑셀의 테이블을 ❷ 파워 피벗에 추가해야 한다.

범위를 선택하거나 표를 선택하고 추가된 [Power Pivot] 탭-[테이블] 그룹의 [데이터 모델에 추가]를 실행한다.

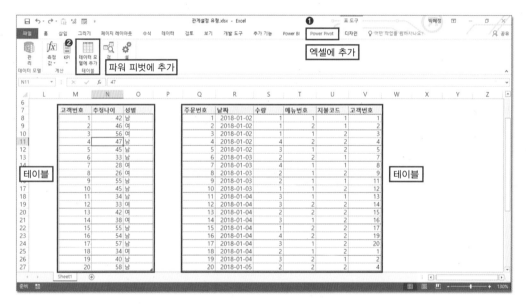

▲파워 피벗이 추가된 엑셀

실행

테이블을 선택하고 [Power Pivot] 탭에서 [데이터 모델에 추가], 이때 [표]로 지정되지 않은 범위는 자동으로 표로 전환된다.

추가 후에 [Power Pivot]–[관리]를 실행, 파워 피벗으로 간다. [홈] 탭–[뷰] 그룹–[다이어그램 뷰]
상태에서 관계를 설정한다. 테이블 간의 공통분모를 한쪽에서 다른 한쪽으로 마우스 드래그한다.
자동으로 1과 *이 표시되는데, 1은 '중복되지 않음'을 의미하며, '다'는 중복이 있음을 의미한다. 이
때 [판매] 테이블의 [날짜]에서 [시간] 테이블의 [날짜]로 드래그해도 결과는 같다.

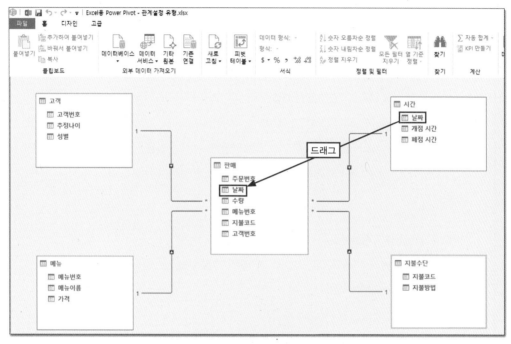

▲테이블 간의 관계가 설정된 모양

실행 ···

[홈] 탭–[뷰] 그룹–[다이어그램 뷰] 클릭, 해당 열 속성을 마우스로 드래그

Chapter 01 Summary

<u>1.</u> 쏟아지는 정보는 데이터로 잘 전환되어야 한다.

엑셀은 데이터베이스 관리 프로그램도, 분석을 위한 전문 프로그램도 아니다. 그러나 엑셀에서 우리는 데이터를 관리해 왔고, 그 양은 점점 늘고 있다. 마이크로소프트는 엑셀 사용자의 사용 경험(UX)을 연구해 왔으며, 다수의 엑셀 사용자가 엑셀에서 데이터를 관리하고 분석하기를 원한다는 것을 알았다. 그래서 엑셀은 데이터를 잘 컨트롤할 수 있는 다양한 프로그램들을 적극적으로 개발하여 제공하기 시작했다. 그 데이터 분석을 함에 있어 가장 먼저 해야 할 일이 소유한 정보를 데이터로 바꾸는 일이다.

<u>2.</u> 데이터가 '테이블 프레임'을 만나야 하는 이유는?

결론적으로 데이터는 '테이블 프레임' 안에 있어야 한다. 그렇게 된다면 우리의 데이터는,

- 조작이 빠르고 쉬워진다.
- 그것으로 만든 결과의 질을 보장받을 수 있다.
- 제공된 데이터 관련 기능을 100% 사용할 수 있게 된다.

<u>3.</u> 잘 만든 테이블은?

- 주제별로 테이블이 나뉘어 있어 확장성이 좋다.
- 하나의 셀에는 하나의 정보만 담겨 있다.
- 같은 데이터의 반복을 최소화했다.
- 각 테이블에는 중복되지 않아 각 행을 구별할 수 있는 기본키 역할을 하는 열이 있다.

테이블 자동 생산 공정-파워 쿼리

✔ **전처리 시간을 '80% → 20%' 확 줄일 파워 쿼리의 주목할 20대 기술**

파워 쿼리를 ETL, Built-in, Update, Refresh 네 가지 키워드로 소개하고, 주목해야 할 파워 쿼리의 기술을 상세히 설명한다.

✔ **파워 쿼리는 'ETL'**

엑셀 사용자는 '데이터 전처리', '데이터 클리닝', 'ETL'이라는 용어가 좀 생소할 수도 있겠다. 사실 말이 낯설어 그렇지 우리가 엑셀에서 늘 하는 작업이 복사, 붙이기, 삭제, 채우기, 값 바꾸기 등이이고 열거한 것들이 '데이터 전처리'에 해당한다. 파워 쿼리는 데이터를 추출(Extraction)하고, 변형(Transaction)하여, 필요한 곳으로 보내는(Loading) 역할을 한다.

✔ **엑셀 2016의 파워 쿼리는 'Built-in'**

엑셀 2010 버전부터 제공된 COM(Component Object Model) 추가 기능 중의 하나로 설치하고 추가하는 과정을 실행해야 한다. 엑셀 2016버전부터는 [데이터] 탭에 붙박이장처럼 내장되어 있어 설치할 필요가 없어졌다.

✔ **지속적인 'Update'**

초기에 엑셀을 활발하게 사용했다가 최근에 엑셀을 다시 접한 분들은 '격세지감'을 느낄지도 모르겠다. 마이크로소프트의 프로그램 업데이트에 대한 기조는 '사용자들의 어제의 불편함은 어제로 족하다. 오늘은 달라져 있을 것이다'라고 말하는 것 같다. 특히 엑셀의 파워 쿼리는 마치 살아 있는 것처럼 어제의 불편함이 자고 나니 편함으로 바뀌어 있는 것을 수시로 목격할 수 있을 것이다. 변화 속도는 실시간에 가깝고, 변화 시기는 [업데이트] 버튼을 누르는 그 시점이 된다.

✔ 한 번 실행한 작업은 원본을 추적하여 'Refresh'

파워 쿼리를 업데이트보다 더 칭찬하고 싶은 것은 [새로 고침]이다. 파워 쿼리가 데이터를 '수집 →
변형 → 로드'하는 과정은 파워 쿼리의 언어인 M-Script로 낱낱이 기록된다. 수집 원본의 경로
(웹이라면 URL)와 데이터를 원하는 모양으로 변형하는 과정에서 실행한 과정이 기록된다. [새로
고침]을 누르는 순간 원본의 변화는 결과의 변화로 연결된다. [새로 고침]의 순간은 파워 쿼리가
스스로 한 번 더 작업하는 '작업 자동화 시스템이 작동'하는 본인의 능력을 증명하는 순간이다!

[새로 고침]은 곳곳에서 우리의 명령을 기다린다.

** [데이터] 탭 : 생성된 모든 쿼리의 작업 과정을 모두 업데이트한다.

** 표의 [디자인] 탭 : 선택한 표가 파워 쿼리에 의해 로드된 것이라면 과정을 다시 실행한다.

** [쿼리] 탭 : 엑셀에 로드되어 현재 선택 중인 표(쿼리)의 과정을 업데이트한다.

** 파워 쿼리의 [홈] 탭 : 추출한 데이터에서의 변화를 반영한다.

엑셀 2010, 2013 버전 파워 쿼리 설치

다운로드 사이트 : https://www.microsoft.com/en-us/download/details.aspx?id=39379&WT.
mc_id=Blog_PBI_Announce_DI

데이터 추출

파워 쿼리는 '어디선가 데이터를 가져오는 것'으로 작업을 시작한다. 파워 쿼리가 제공하는 경로와 데이터 형식은 매우 다양하다. 하나의 파일, 폴더의 여러 파일, 관계형 데이터베이스, 웹 화면, Facebook으로 대표되는 SNS 등에서 데이터를 가져온다.

>> 파일에서 데이터 추출

'파일에서'는 엑셀 통합 문서는 물론이고, 콤마와 탭으로 구분한 텍스트, 인터넷 문서 저장 형식인 XML을 가져올 수 있다. 그리고 '폴더에서'로 여러 파일을 한 번에 수집, 하나의 데이터 집합으로 만든다.

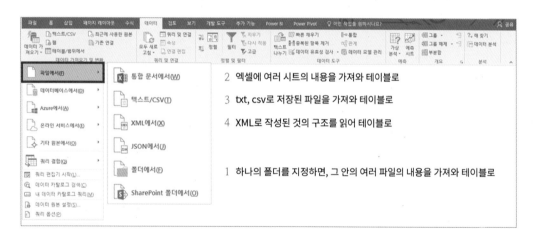

실행

엑셀 2016을 기준으로 기능을 실행하는 경로는 [데이터] 탭-[데이터 가져오기 및 변환] 그룹-[데이터 가져오기] 목록-[파일에서]

실행

엑셀 2016 이전 버전은 [파워 쿼리] 탭-[외부 데이터 가져오기] 그룹-[데이터 가져오기] 목록-[파일에서]

1 폴더에서 데이터 추출

[전체업무] 폴더/전체업무_결과.xlsx

❶ '폴더에서'는 ❷ 지정한 폴더 안 모든 폴더 및 파일 정보를 ❸ 그림처럼 테이블로 만든다. 실제 내용은 [Content]에 있고, 외에도 파일명(Name)과 확장자(Extension), 생성 날짜(Date created), 저장된 폴더 경로(Folder Path) 등을 수집한다.

[Content] 열을 제외한 정보는 보이는 그대로 데이터화하여 사용할 수 있다. [Content] 열에 'Binary'[1]로 표시 및 표현된 정보는 각 파일 안의 실제 내용으로 사용하기 위해서는 파워 쿼리의 'Table' 형식으로 전환하는 과정이 필요하다.

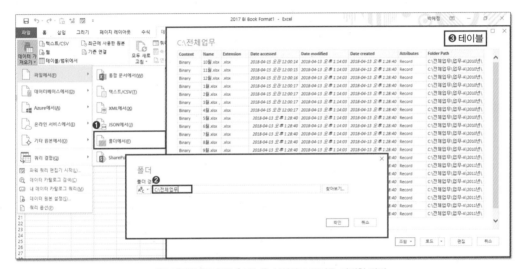

▲ 파워 쿼리의 [폴더에서] 기능을 실행하고 폴더를 지정한 화면

▲ 전체 업무 〉 업무-A 〉 2017년 폴더의 파일 확인

---

1 Binary : 두 조각이란 뜻을 가진 Binary는 0과 1, 두 숫자로만 이루어진 이진법(二進法) 수체계를 의미이기도 한다. 컴퓨터에 저장된 모든 정보는 0과 1로 표현 및 저장된다.

. 필자의 제안 1 : 폴더 정보로 만드는 '업무 관리 테이블'

필자는 앞선 과정에서 추출한 폴더의 정보를 활용하고 싶어졌다. 이를 이용해 폴더와 파일을 한 곳에서 관리하는 테이블을 엑셀에 만들고, 원하는 파일은 클릭하여 바로 열리도록!

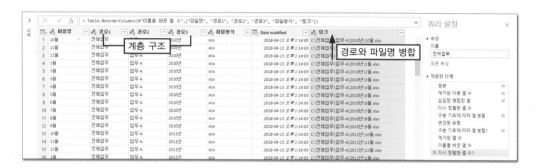

실행

❶ 일단. 필요 없는 열은 선택하고 마우스 오른쪽 버튼을 눌러 [열 제거]를 선택했다.

❷ [Folder Path]를 선택하고 '₩'를 기준으로 [열 분할]을 했다. 새로운 필드가 여럿 생성됐다. 자동으로 계층 구조가 만들어졌다.

❸ 링크 경로로 사용할 [Name]과 [Folder Path]를 [열 병합]했다.

최종 결과는 엑셀로 가져왔다(Loading). 마지막 [머리글 클릭] 열을 추가했고, 실제 링크는 엑셀 함수 'HYPERLINK'에 시켰다. HYPERLINK를 사용한 열을 클릭하면, 바로 해당 경로의 파일이 열린다.

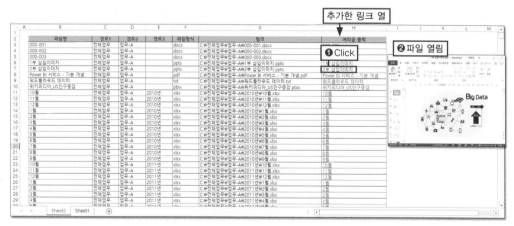

▲ 필자가 만들어 엑셀로 관리하는 [파일 관리 테이블]

실행

엑셀 하이퍼링크 함수 =HYPERLINK([@링크],[@파일명]) 생성 테이블로 보니, 뭔가 잘 파악이 안 되는 느낌이라 만든 테이블을 원본으로 하여 피벗 테이블로 요약했다. 필터 슬라이스로 '경로2', '경로3'을 선택할 수 있도록 했다. 이로써 해당 업무 폴더와 연도에 따라 저장된 파일을 한눈에 확인할 수 있게 됐다.

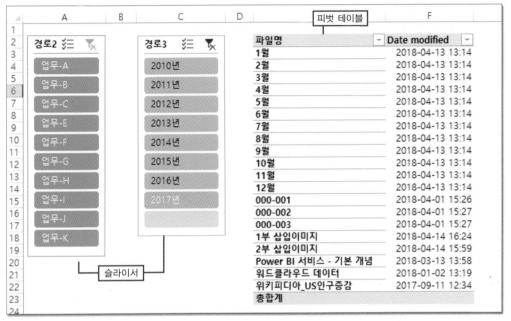

▲ 업무 파일 관리 테이블을 피벗 테이블로 요약하여 원하는 자료만 표시

실행

❶ 생성한 테이블을 선택하고 [삽입] 탭–[표] 그룹–[피벗 테이블] 클릭
❷ 생성한 피벗 테이블을 선택하고 [삽입] 탭–[필터] 그룹–[슬라이서]

⁂ 필자의 제안 2 : 폴더에 여러 '엑셀' 파일을 하나의 데이터

집합으로 만드는 경우

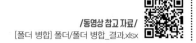
/동영상 참고 자료/
[폴더 병합] 폴더/폴더 병합_결과.xlsx

[폴더에서]는 파일을 여닫는 수고와 셀 수 없는 창 전환, 복사와 붙여넣기의 '쫑'을 선언할 것이다. 상황은 이러하다. ❶ 폴더에는 3개의 지점(구월점, 계산점, 가좌점)에서 받은 파일이 있다. ❷ 각각 파일에는 1월부터 12월까지 12개의 시트가 있다. ❷ 각각의 시트 첫 행에는 같은 필드(판매일자, 구분, 품복, 판매수량)가 있다. 3 * 12=36개의 시트 내용이 하나로 통합된다.

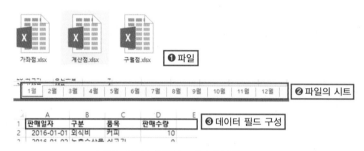

▲ 3개의 파일 36개의 시트 데이터 통합

[폴더에서]를 실행하면 [폴더] 지정 대화상자가 나타난다. [찾아보기]를 클릭하여 해당 경로를 지정해도 되지만, 필자는 탐색기에서 경로를 복사해 붙여넣기로 했다.

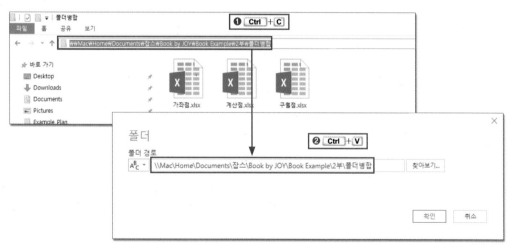

▲ 탐색기에서 폴더 경로를 복사해서 붙여넣기로 [폴더 경로] 지정

[결합] 목록에서 [결합 및 편집]을 선택한다. [로드]는 그림에 표시된 내용 그대로 엑셀 표로 생성한다.

▲ 3개의 파일 36개의 시트의 데이터 통합

조합 기능은 새롭게(대략 2017년 3월) 업데이트된 것이다.

[데이터 결합 및 편집]하여 추출하면 3개 파일의 36개 시트 정보와 데이터가 테이블로 생성된다. [Data] 열에 입력한 내용이 있다. 각각의 'Table' 옆 빈 곳을 마우스로 클릭하면 아래 내용을 확인할 수 있다. 근데, 각 행의 머리글은 읽지 못한다. 36개 'Table' 첫 행을 머리글로 만들기 위한 필자의 '추가 열'이다.

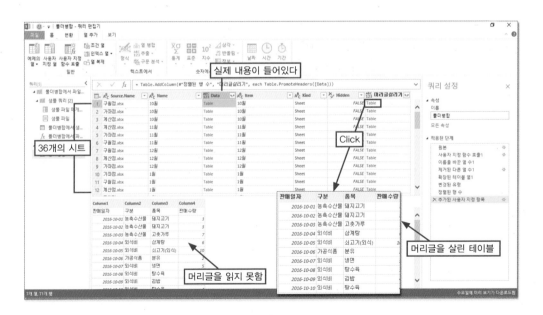

필자는 [열 추가] 탭-[일반] 그룹-[사용자 지정 열]을 실행했다. 새 열의 이름을 새로 입력하고 Table의 첫 줄을 머리글행으로 만드는 M-Script를 직접 작성했다. [Data] 열의 Table을 Pro-moteHeaders하라 했다. P와 H는 반.드.시 대문자!!

=Table.PromoteHeaders([Data])

▲ [사용자 지정 열] 대화상자에서 M-Script를 작성

실행

[열 추가] 탭-[사용자 지정 열]

가져올 파일이 하나라면 [사용자 지정 열]을 추가해 직접 M-Script를 작성하는 대신 편집기가 제공하는 [첫 행을 머리글로 사용] 기능을 클릭하면 된다.

모든 내용을 하나로 만드는 키, [Data] 열의 [확장] 버튼에 대해서는 이후에 설명한다.

2 엑셀 문서에서 데이터 추출

파일 하나인데 여러 시트에 데이터가 있을 때 [통합 문서에서]를 사용한다. 우리는 데이터가 있는 엑셀 파일에 마지막 시트에 모든 내용을 통합하려 한다.

'1월' 시트 데이터는 '월1'이란 이름의 표(Table)로 생성되어 있다. 통합하려는 데이터 외에 [G1:G5] 범위에 다른 내용이 입력되어 있고, 또 '구분'이란 이름으로 정의한 상태이다.

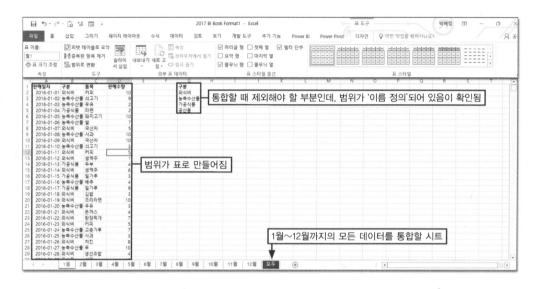

[통합 문서에서]를 실행, 해당 엑셀 문서를 지정했다. [탐색 창]에는 표 '월1'의 해당 범위만, 시트 '1월'은 옆에 입력한 구분까지 추출했다. 결과적으로 같은 범위가 두 번 추출됐다. 정의된 이름 '구분'도 별도로 추출됐음을 확인할 수 있었다.

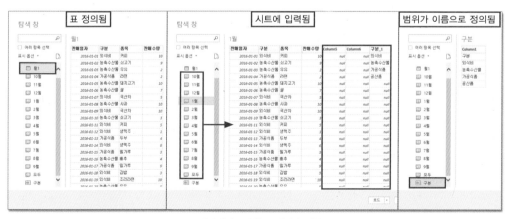

▲ 파일에서 – 통합 문서에서 실행

편집기에서 확인해 보니 역시 'Kind' 열이 'Sheet, Table, DefinedName'로 구분되어 모두 추출됨을 확인할 수 있었다. 결론적으로 엑셀 파일을 추출하면 데이터가 3가지 종류로 같은 내용이 3번 반복해 추출될 가능성이 있다. 이 문제를 해결하기 위해 ❶ 'Kind' 열에서 'Sheet'만 선택하는 과정을 삽입하여 추출 종류를 하나로 제한한다. 앗! 통합한 '모두' 시트 내용도 또다시 추출될 수 있으니 제외하는 과정도 추가 적용한다. ❷ 'Name' 열 또는 'Item' 열에 통합할 시트인 [모두] 체크 해제.

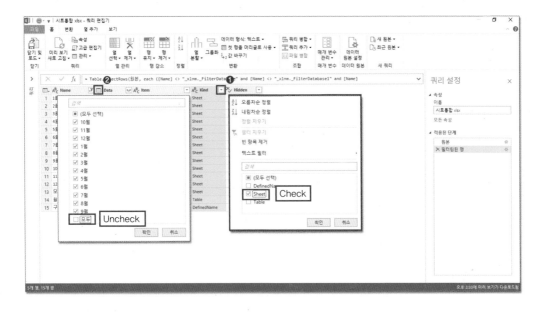

데이터 'Sheet'나 'DefinedName'로 추출되면 테이블이 첫 줄이 머리글로 인식되지 않는다. 첫 줄을 머리글로 만드는 [사용자 지정 열]을 추가한다. 이제, 드디어 통합이다. 확장 버튼을 클릭해 필요한 열만 선택한다. 이름을 그대로 사용하기 위해 이 과정의 핵심, [원래 열 이름을 접두사로 사용]을 체크 해제한다.

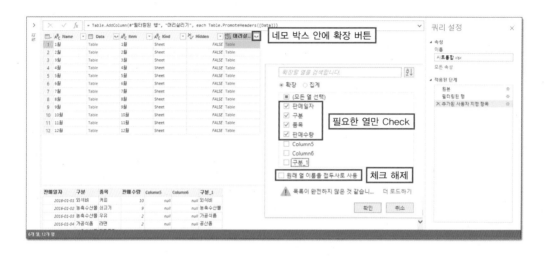

[열 추가] 탭-[일반] 그룹-[사용자 지정 열]을 실행하고 식 = Table.PromoteHeaders([Data])를 입력

1월부터 12월까지 모든 시트의 데이터 통합됐다. 확인하고 필요한 열만 남기고 삭제한다.

엑셀이나, 액세스(데이터베이스)에서 작업한 내용이 '텍스트/CSV'로 저장 가능함을 알고 있는가? 엑셀에서는 [다른 이름으로 저장]의 [파일 형식]에서 'CSV(쉼표로 분리)'나 '텍스트(탭으로 분리)' 등을 선택하고 저장하면 된다. 텍스트/CSV로 저장된 파일은 저장 공간을 줄이고, 다른 프로그램과 데이터를 쉽게 주고받을 수 있도록 할 수 있다.

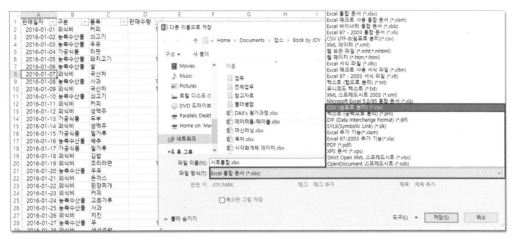

▲ 엑셀에서 [다른 이름으로 저장]을 실행한 다음 [파일 형식]을 바꿔 저장

텍스트/CSV 파일로 저장된 데이터를 추출하려면 [텍스트/CSV에서]를 실행한다. [파일 원본]의 언어나 [구분 기호]는 파워 쿼리가 자동으로 인식한다. 사용자는 [로드] 또는 [편집](또는, [데이터 변환])을 결정한다. [로드]는 추출 결과를 바로 엑셀의 표로, [편집](또는, [데이터 변환])은 쿼리 편집기로 가져간다.

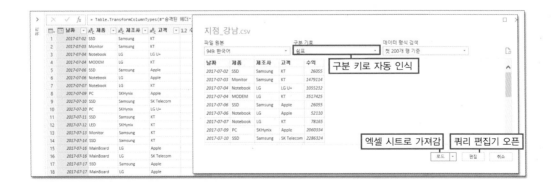

텍스트/CSV 파일은 엑셀처럼 하나의 파일에 여러 시트를 담을 수 없다.

폴더에 여러 텍스트/CSV 파일을 추출할 때 엑셀 파일처럼 [폴더에서]를 이용할 수 있다. 마찬가지로 경로를 지정하고, [조합](또는, [결합])–[결합 및 로드]를 클릭한다. 사용자는 [파일 병합] 대화상자에서 [파일 원본]의 언어와 [구분 기호(쉼표, 탭 등)]가 잘 인식됐는지 확인한다.

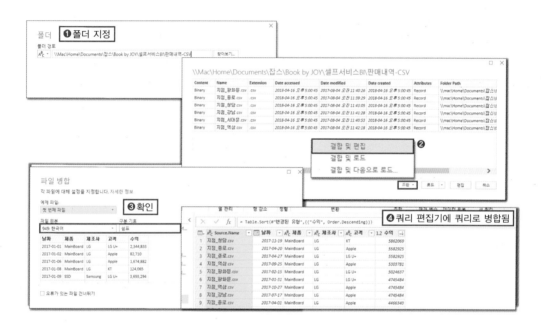

편집할 내용이 있으면 [결합 및 편집] 그대로 엑셀로 가져가고 싶다면 [결합 및 로드]를 그 외 다른 지시 사항이 있으면 [결합 및 다음으로 로드]를 선택한다.

4 XML에서 데이터 추출

/동영상 참고 자료/
인천광역시_인구추이_현황_2015.xml/xml_결과.xlsx

파워 쿼리는 웹 페이지 작성 언어 XML 문서에서도 데이터를 추출할 수 있다. 또, 엑셀에서 작업한 내용을 XML 데이터(*.xml) 형식으로 저장하기도 한다. HTML(Hyper Text Markup Language)은 가장 단순한 형태의 인터넷 웹 페이지를 만드는 언어이고, XML(eXtensible Markup Language)은 HTML을 획기적으로 개선한 것이다. 인터넷 홈페이지는 구조 언어(HTML or XML), 표현 언어(CSS), 동작 언어(JavaScript)로 만들어진다.

엑셀에서 작업한 내용 역시 XML 형식으로 저장할 수 있다.

[XML에서]를 실행하고 파일을 지정한다. 실제 내용이 있는 테이블을 찾아 선택하고 [로드]나 [편집](또는, [데이터 변환])한다.

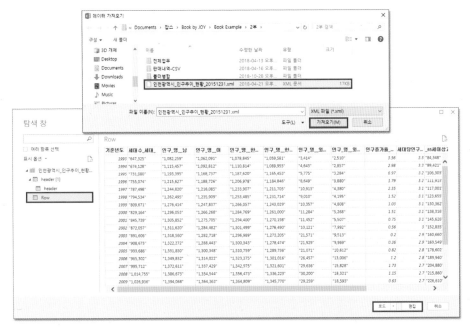

▲ XML 문서 Row 가져오기

≫ 데이터베이스에서 데이터 추출

/동영상 참고 자료/
contososales.accdb/액세스_결과.xlsx

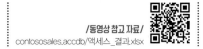

[데이터베이스에서]에는 다양한 종류의 구조화된 관계형 데이터베이스(RDB)에서 데이터를 추출할 수 있도록 했다.

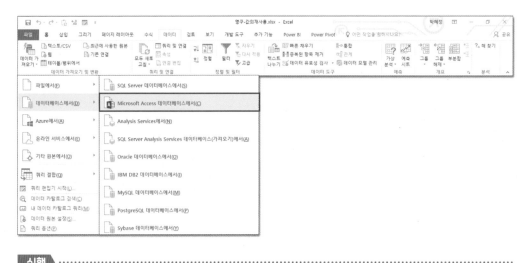

실행 ●●●

[데이터] 탭–[데이터 가져오기 및 변환] 그룹–[데이터 가져오기] 목록–[데이터베이스에서]

필자는 개인 사용자를 위한 대표적인 RDB 프로그램인 액세스에서 파일을 가져오는 실행해 보려한다. 기업 DB를 가져오는 과정과 100% 같지는 않지만, 데이터의 구조는 비슷하기 때문에 액세스를 가져와 보는 것만으로도 큰 도움이 될 것이다. [Microsoft Access 데이터베이스에서]를 실행하고 파일을 지정한다. DB에는 여러 테이블, 쿼리가 있다. [여러 항목 선택]을 체크한 다음 필요한 테이블만 선택해 가져올 수 있다.

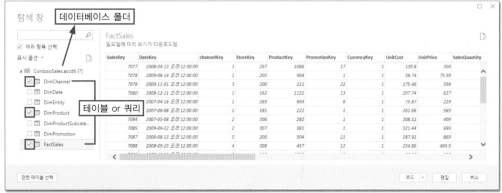

이때 테이블을 지정하지 않고, 데이터베이스 폴더에서 'ContosoSales.accdb'를 선택해 전체 DB 를 편집한다면 [폴더에서]를 실행할 것 같이 각각 테이블의 정보를 테이블로 만들고 실제 값은 'Data' 열에 'Table'로 추출할 것이다.

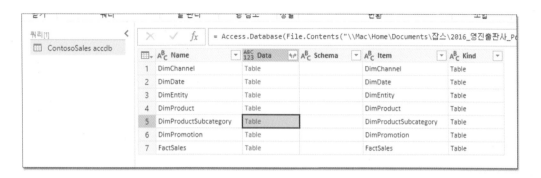

또 다른 경우 [탐색 창]에서 중 하나의 테이블 [FactSales]를 체크하고 [관련 테이블 선택]을 클 릭하면, DB에 설정된 관계를 읽어 관련된 모든 테이블이 선택되어 추출된다.

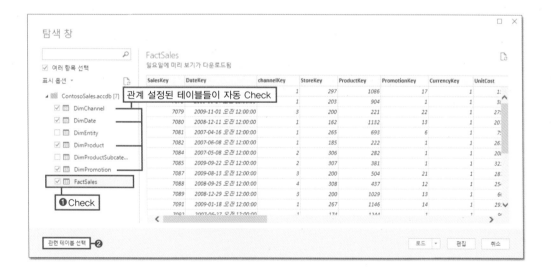

관련 테이블만 선택한 상태에서 [편집]을 클릭해 편집기로 내용을 추출하니, 각각의 쿼리로 생성됐다.

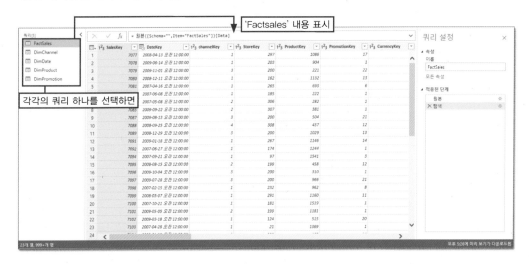

추출한 테이블로 다시 필요한 자료만으로 새롭게 구성하는 과정을 편집기에서 실행할 수도 있다.

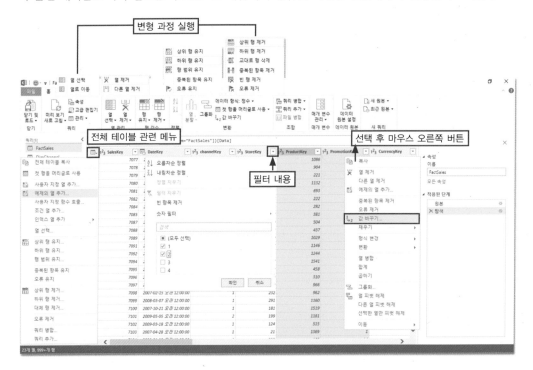

≫ 온라인 서비스에서 데이터 추출

'온라인 서비스에서'는 마이크로소프트의 온라인을 기반으로 한 서비스 프로그램에서 데이터를 가져올 수 있도록 했다. 추가적으로 페이스북 정보를 추출할 수도 있다.

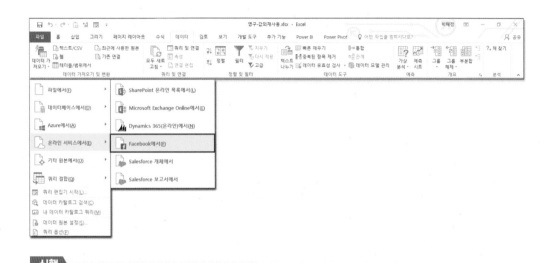

실행

[데이터] 탭–[데이터 가져오기 및 변환] 그룹–[데이터 가져오기] 목록–[온라인 서비스에서]–[Facebook에서]

페이스북에서 실행하기를 누르면, '타사 서비스에 연결' 메세지가 나타날 것이다. [계속]을 클릭한다. 사용자의 페이스북 아이디나 me를 입력하고 [연결]에서 원하는 일부 항목을 선택한다. '–없음–'을 선택하면 제공하는 모든 정보가 추출된다.

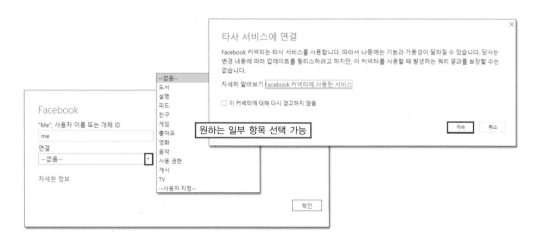

쿼리 편집기로 추출된다. 'Record'를 클릭해 내용을 확인하고, 제공된 실제 내용이 들어 있는 'Table'을 클릭해 확인해본 결과 'posts'와 'feed'에만 그림과 같은 정보가 제공됐고, 나머지는 비어 있는 상태였다.

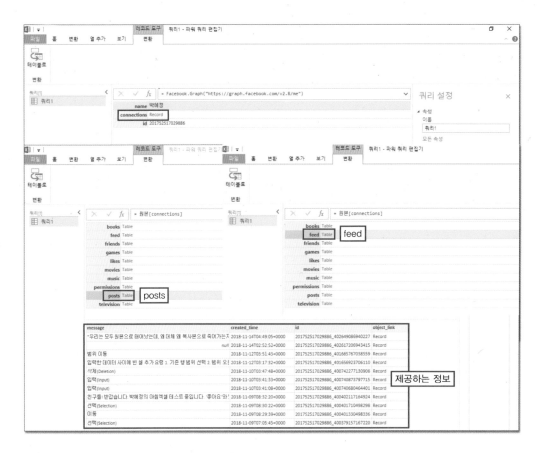

필자가 이 책을 시작할 무렵(2017년 4월경)에는 페이스북의 '좋아요, 글, 이미지' 등의 정보를 데이터 테이블로 제공받을 수 있었는데, 막바지 작업 중인 현재(2018년 11월 23일) 기준으로 그때와는 차이가 있다. 1년 전 유튜버들이 제작한 동영상을 참고하면, 활발하게 페이스북의 데이터를 수집했음을 알 수 있다. 제공하지 않는 이유는 해당 업체의 정책 때문이라고 하니, 언젠간 또 바뀔 수도 있을 것이다. 그때를 대비하여 과정을 그대로 남기기로 한다.

https://www.youtube.com/watch?v=-irPBkM4KUk

>> 기타 원본에서 - 웹에서

'웹에서'를 이용한 추출과 'XML에서'의 차이는 실시간 연결성이다. 웹에서 가져오기는 웹 사이트
의 URL을 원본으로 하므로 사이트의 변화를 원하는 시간에 [새로 고침]을 함으로써 바로 반영
할 수 있다. [웹에서]는 인터넷에 표시된 화면을 그대로 추출(crawling 혹은, scraping)하거나
제공된 뉴스 RSS를 추출해 뉴스 기사를 모니터링할 수 있도록 했다.

실행

[데이터] 탭–[데이터 가져오기 및 변환] 그룹–[파일에서] 목록–[웹에서] 또는, [데이터] 탭–[데이터 가져오기 및 변환]
그룹–[웹에서]

/동영상 참고 자료/
빈 파일에서 시작/웹_결과.xlsx

1 기사를 실시간으로 모니터링 - 뉴스 RSS

RSS(Really Simple Syndicator, Rich Site Summery)는 업데이트가 빈번한 웹 사이트의
정보를 사용자에게 더욱더 쉽게 제공하기 위하여 만들어진 XML 기반의 온라인 콘텐츠 배급 포
맷을 말한다. RSS를 이용하면 WWW를 매개로 한 애플리케이션들이 데이터를 교환할 수 있다.
일반적으로는 웹 사이트(블로그 갱신 정보, 배포, 뉴스 사이트, TV 프로그램)의 제목, URL, 기
사의 제목, 기사의 요약, 갱신일 등을 저장한다.

네이버에 접속한 후, 검색 창에 '영진닷컴'을 입력하고 [뉴스]를 클릭한다. 오른쪽 위에 제공된 [뉴

스검색 RSS 보기]를 클릭한다.

제공된 URL을 복사한다. [웹에서]를 실행하고 붙여넣기를 한다.

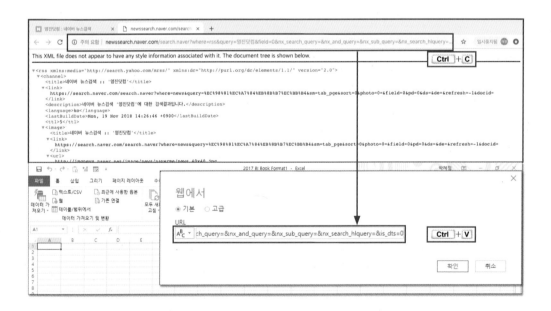

[편집](또는, [데이터 변환])하겠다고 하고, [channel]에 추출할 'Table' 클릭, 쭉 오른쪽으로 가서 [item]에 'Table'을 클릭하면 드디어 우리가 원하는 알맹이가 등장한다. 이 정도로 '왜 이렇게 복잡해?'라고 생각하면 땡! 쿼리를 엑셀로 로드하고 내일 [새로 고침] 한 번만 눌러 주면 내일은 내일의 기사가 뜰 텐데...!!!

2 주가 모니터링

야후가 제공하는 실시간 주가 정보를 그대로 데이터 테이블로 추출하고 필요한 자료만으로 변형한다. 그리고 그 결과를 이용해 주가 그래프를 만들면 실시간으로 변경된 주가 정보를 이용하여 그래프가 변경될 것이다.

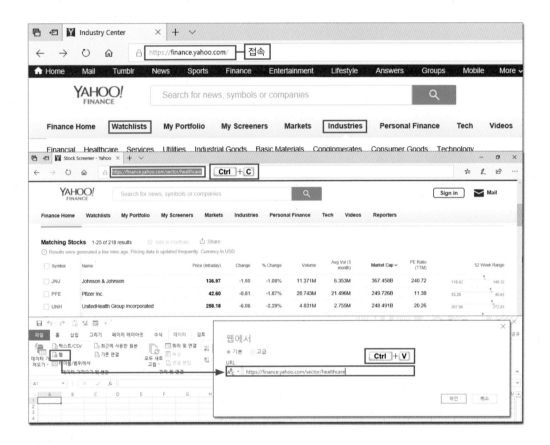

실행

❶ 야후 파이낸스에 접속, [Industries]-[Healthcare]를 클릭하여 URL 복사

❷ 엑셀을 실행하고 [데이터] 탭-[웹] 클릭 후 URL 붙여넣기

[탐색 창]에서 필요한 내용이 어디 있는지 확인하고, 선택 후 [편집](또는, [데이터 변환])을 클릭해 쿼리 편집기에서 작업한다.

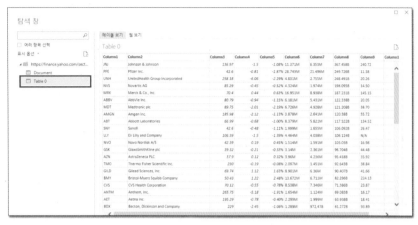

▲탐색 창

▲쿼리 편집기

크롤링한 내용을 다양한 변형 과정을 거친 후 엑셀에 로드하고, 다음 날 우리는 [새로 고침]만 한 번 클릭해 내일의 주가 정보를 확인할 수 있다.

/동영상 참고 자료/
빈 파일에서 시작/웹_결과.xlsx

3 위키피디아의 자료 크롤링

크롤링(Crawling)은 웹 페이지에 화면에 내용을 그대로 추출하는 기술이라 했다. 그림은 위키피디아에 등록된 우리나라 도시 정보를 설명하는 웹 페이지, URL을 복사하고 [웹에서]를 실행하고 붙여 넣었다.

https://en.wikipedia.org/wiki/List_of_cities_in_South_Korea

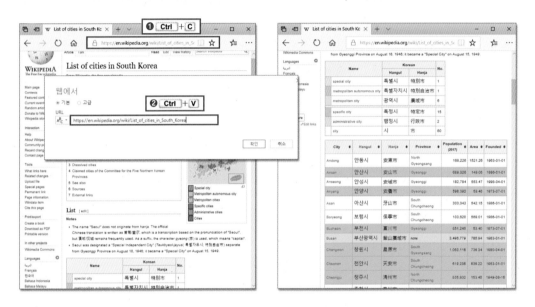

[탐색 창]에 해당 URL을 크롤링한 결과가 나타난다. 한 페이지에 다양한 정보가 있어 그런지 테이블도 많다. 하나하나 눌러 확인해 본다. 웹 페이지 제작 프로그램에도 표 만들기가 있다. 표 기능으로 생성된 데이터는 쿼리의 'Table' 값이 된다.

》 파일 통합과 추가

[폴더에서]와 [통합 문서에서]를 이용하여, 여러 곳에 있는 엑셀 데이터를 추출하고 하나로 통합할 수 있었다. 이번에는 이미 쿼리 편집기로 추출된 쿼리를 하나로 결합하는 쿼리 병합과 쿼리 추가 기능을 소개한다.

/동영상 참고 자료/
쿼리병합.xlsx/쿼리병합_결과.xlsx

1 쿼리 병합

두 개의 데이터를 병합해 하나로 만들려고 한다. 쿼리 병합에는 6가지 방법이 있다. 아래 두 테이블은 같은 속성의 열 A를 갖고 있다.

A	B	C
1	가	10
1	나	20
2	다	30
3	라	40
5	마	50
5	마	50

A	D
1	aa
2	bb
3	cc
4	dd
6	ee

▲ 병합할 두 개의 테이블, A가 병합 및 추가의 기준

먼저 병합할 데이터를 쿼리로 생성한다. [B2:D8] 범위 선택 후 [테이블/범위에서]를 클릭, 추출 전에 [표 만들기]할 것인지 묻는다. [확인]을 클릭한다.

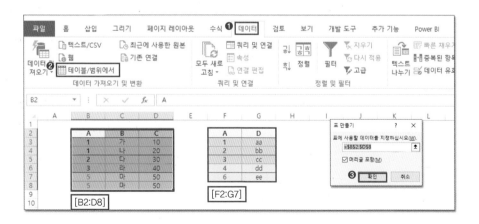

쿼리 편집기로 추출한 쿼리는 [닫기 및 다음으로 로드]를 실행, [연결만 만들기]한다. 엑셀로 돌아가 범위 [F2:G7]도 같은 방법을 이용하여 쿼리로 생성한다.

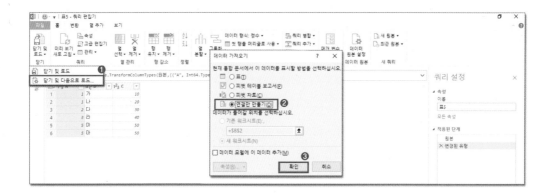

두 개의 범위를 두 개의 쿼리로 만들고 다시 엑셀이다. [쿼리 결합]에 [병합]을 실행하고 두 개의 쿼리를 선택한다. 병합 시 기준이 되는 같은 정보 열 [A]를 선택한다. 그리고 원하는 [조인 종류]를 선택하면 된다.

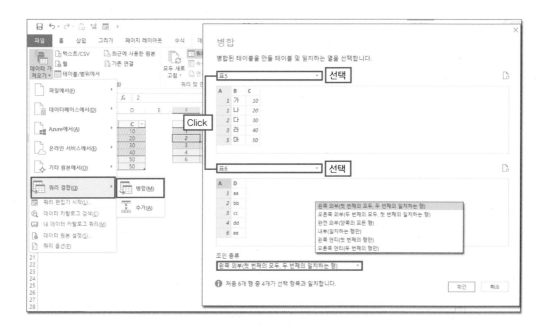

병합에서 가장 중요한 것은 병합하려는 두 테이블에 '같은 정보 열이 있는가?'이다. 기준이 되는 열을 기준으로 선택한 [조인 종류]에 따라 다른 결과를 보여준다.

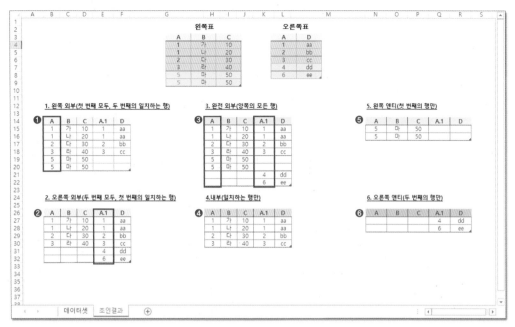

▲6가지 조인 종류를 적용한 결과

NO	간단 설명
❶	왼쪽 테이블에서는 모든 값을 가져오고, 오른쪽 테이블에서는 왼쪽 A 열에 있는 1, 2, 3에 해당하는 값만 가져온다.
❷	오른쪽 테이블에서는 모든 값을 가져오고, 왼쪽 테이블에서는 오른쪽 A 열에 없는 5는 제외하고 가져온다.
❸	왼쪽과 오른쪽의 모든 값을 가져오되, A 열을 기준으로 접점이 없는 행은 값을 비워두는 방식을 취한다.
❹	A 열을 기준으로 왼쪽에도 있고, 오른쪽에도 있는 1, 2, 3에 해당하는 데이터를 가져온다.
❺	A 열을 기준으로 왼쪽에는 있는데 오른쪽에는 없는 데이터를 가져온다.
❻	A 열을 기준으로 오른쪽에는 있는데, 왼쪽에는 없는 데이터를 가져온다.

/동영상 참고 자료/
쿼리추가.xlsx/쿼리추가_결과.xlsx

2 쿼리 추가

쿼리 추가가 쿼리 병합과 다른 점은 2개 이상의 쿼리를 하나로 결합한다는 점이다. 영업자별 제품 판매금액을 요약해 놓은 1월, 2월, 3월, 4월 보고서를 쿼리 추가로 하나의 집합으로 만들어 보자. 쿼리 추가는 테이블의 첫 줄인 머리글을 기준으로 데이터를 결합한다. 필드(열1, A, B, C, D)의 순서와 필드 수, 필드 이름은 달라도 된다. 먼저 엑셀 네 개의 테이블을 쿼리로 추출하여 [연결만 만들기]한다.

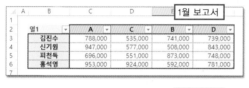

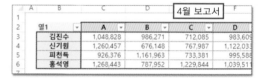

[쿼리 결합]-[추가]를 실행하고 '3개 이상의 테이블'을 선택할 수 있는 옵션을 선택한다. 해당하는 모든 쿼리를 추가하고 [확인]을 클릭한다.

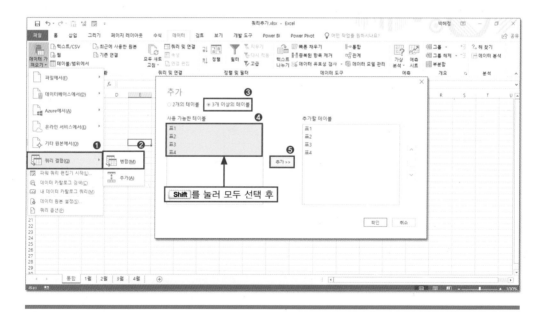

첫 번째 '표 1' 선택 후 마지막 '표 4' 클릭

쿼리 편집기로 추출된다. 만약, 결과를 '이름과 머리글'을 기준으로 요약 및 집계하려면, ❶ [A:D] 열을 모두 선택하고 [열 피벗 해제]를 실행한다. 하나의 열([특성])로 재구성된 [A:D]를 확인한다. ❷ '특성' 열을 선택하고 [변환]에서 [피벗 열]을 실행, [값 열]을 '값'으로 지정 후 [확인]을 클릭하여 요약 및 집계한다.

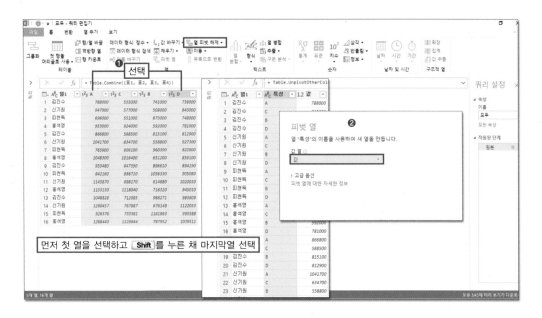

결론적으로 [열1]에 이름과 [특성] 열의 A, B, C, D가 피벗되고 이 둘을 기준으로 값이 합계되어 통합된다.

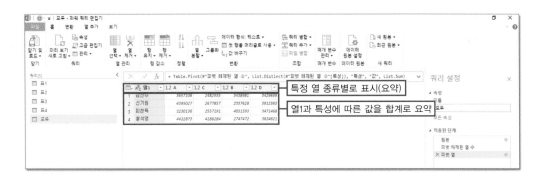

데이터 변형

추출한 데이터는 최종 결과물을 '테이블 구조'로 만들기 위해 다양한 변형을 거친다. 변형 과정은 데이터 형식, 형태, 값 정돈으로 크게 구분할 수 있다. 이 책에서는 데이터를 변형하는 기능을 10가지 주제로 구분하여 살펴본다. 작업에 사용하는 원본은 대부분 기존 엑셀 문서에서 데이터를 추출해서 실행할 것이다.

추출할 데이터 범위를 선택하고 [데이터] 탭-[데이터 가져오기 및 변환] 그룹-[테이블/범위에서]를 실행하면 [표 만들기] 대화상자가 나타난다. 범위와 [머리글 포함]의 체크 상태를 확인한다.

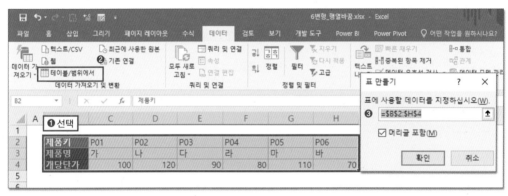

▲ 엑셀

내용이 쿼리 편집기로 추출되며, 하나의 쿼리로 생성된다.

▲ 쿼리 편집기

≫ 머리글이 첫 번째 열에 있는 경우 – 행/열 바꿈

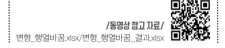

/동영상 참고 자료/
변형_행열바꿈.xlsx/변형_행열바꿈_결과.xlsx

✔ 테이블 첫 줄엔 머리글 있어야 한다! 머리글이 왼쪽 첫 열에 있다면, 바꿔야 한다.

기존 엑셀에서는 주로 VLOOKUP(Vertical Lookup) 사용을 가능하게 하기 위해 두 번째 인수인 조회 테이블(lookup_table)의 조성 과정에서 행열 바꾸기가 실행됐다.

그림의 첫 테이블을 보자. 왼쪽은 머리글이 첫 열에, 오른쪽 첫 행에 있다. 쿼리 편집기 [행/열 바꿈]은 왼쪽을 오른쪽으로, 오른쪽을 왼쪽으로 변형하다. ❶을 쿼리 편집기로 가져가면, ❷와 같은 모양으로 추출된다. [행/열 바꿈]을 실행하면 ❸처럼 만들어지고, [첫 행을 머리글로 사용]을 실행하면 ❹가 된다.

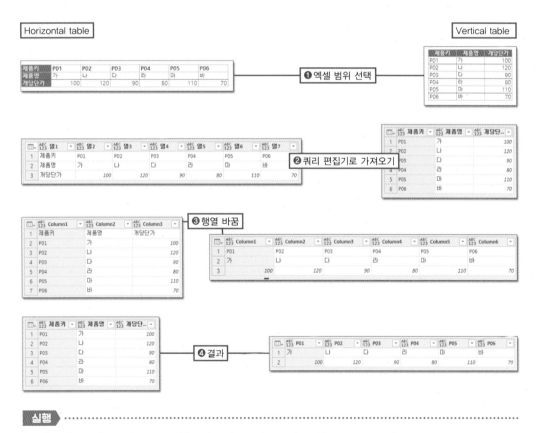

실행 ••

[변환] 탭–[테이블] 그룹–[행/열 바꿈]/[변환] 탭–[테이블] 그룹–[첫 행을 머리글로 사용]

≫ 추출한 테이블에 빈 곳이 있는 경우 – 채우기, 값 바꾸기, 필터로 없애기

/동영상 참고 자료/
변형_빈곳처리.xlsx/변형_빈곳처리_결과.xlsx

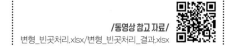

✔ 쿼리 편집기는 빈 셀을 'null'로 읽는다!

통계에서는 값을 '측정치', 없는 것을 '결측치'라 한다. 만약 사람들의 키 분포를 파악하기 위해 키를 척도(cm)로 측정했는데, '비어 있다'는 것은 '측정하지 못했거나 안 한 값'이다. 그런 값들은 통계치 즉, 우리가 만들려는 숫자(가치)에 영향을 미칠 수밖에 없다. 그 문제를 해결하기 위해, 값이 없는 셀은 표본에서 아예 제외하거나 평균(mean)값을 구해 그 값으로 대체하는 방법을 취한다.

1 채우기

데이터를 쿼리 편집기로 추출했을 때 빈 셀은 'null'이 된다. 양쪽 두 개의 그림은 테이블의 'null'은 값이 '위와 같다', '아래와 같다'이므로 비워둔 것인데, 이러면 곤란하다. 같은(")이란 표현을 컴퓨터가 이해해 줄 것으로 생각하면 안 된다. '빈 곳은 반드시 메워라!' 제발!

> **실행**
>
> 해당 열 '분류', '단가'를 선택하고 [변환] 탭–[열] 그룹–[아래로] 또는 [위로]

2 값 바꾸기 : null → 0으로

엑셀은 평균을 구하는 함수로 AVERAGE를 제공한다. AVERAGE는 지정한 범위의 모든 숫자를 일단 더하고, 그 값을 범위의 셀 수로 나눈다. 이때 입력한 값이 빈 셀이거나 문자이면 나누는 수에 포함시키지 않는다. 없는 셈 친다는 것이다. 만약 '빈 셀'이 이 0점을 의미한다면? 그때는 꼭 0 값을 입력해야 한다.

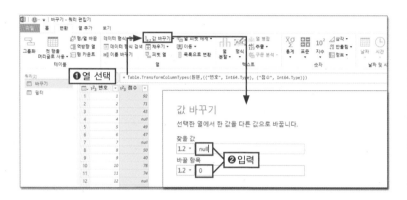

실행

[변환] 탭-[열] 그룹-[값 바꾸기]

3 필터로 아예 없애기

미응시자라면 필터를 이용해 아예 없애는 것이 맞다.

실행

해당 열의 필터 버튼을 눌러 '(null)'을 체크 해제

오류 바꾸기

데이터를 추출해 왔는데, 일부 값이 오류 'Error'로 인식될 수 있다. 여러 가지 이유가 있을 것인데, 단순히 오류 값을 다른 값을 대해야 할 때는 [값 바꾸기]가 아닌 [오류 바꾸기] 기능을 사용한다. [값 바꾸기]에서 'Error'를 입력해 실행해 봤으나 되지 않았다.

▲ [변환] 탭─[열] 그룹─[값 바꾸기]

≫ 하나의 열의 값을 분리하거나 두 개 이상의 열을 합치는 경우 – 열 분할, 열 병합

/동영상 참고 자료/
변형_열분할.xlsx/변형_열분할_결과.xlsx

✔ '하나의 정보는 하나의 저장소에 넣는다!'

하나의 열에 여러 가지 정보가 입력된 경우 [텍스트 나누기], [빠른 채우기], 함수 LEFT, MID, RIGHT 함수를 등 엑셀 기능과 함수를 사용해 왔다. 쿼리 편집기에서 일들을 대신에 할 수 있는 기능이 차고 넘치며 게다가 더 쉽기까지 하다.

1 열 분할 – 구분 기호 (/)

하나의 셀에 입력한 여러 정보를 구분 기호로 나눠 입력한 경우에는 [구분 기호 기준] 기능을 사용할 수 있다. 사용하려는 구분 기호가 목록에 없는 경우에는 '――사용자 지정――'을 선택하고 직접 입력할 수 있다. [열 분할]은 해당 열을 기준으로 구분 기호 개수의 +1만큼 열이 만들어진다.

실행

[홈] 탭-[변환] 그룹-[열 분할] 목록-[구분 기호 기준]

2 열 분할 - 구분 기호 줄 바꿈 (Alt + Enter)

셀에서 Alt + Enter 를 눌러 줄 바꿈 해 입력하는 경우가 있다. 이런 경우 '줄 바꿈'을 기준으로 열을 분할하는 방법이다. '--사용자 지정--'을 선택하고 구분 기호 입력란에 커서을 위치시킨다. '고급 옵션'을 선택하고 '특수 문자 삽입' 목록을 눌러 '줄 바꿈'을 선택하면 '#(If)'가 입력된다. 이는 '줄 바꿈'을 의미하는 키값이다.

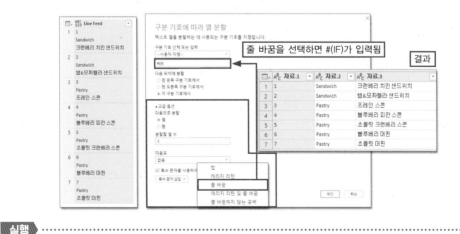

실행

[홈] 탭-[변환] 그룹-[열 분할] 목록-[구분 기호 기준]

줄 바꿈 바꾸기

단순히 줄 바꿈(**Alt** + **Enter**)을 없애거나 다른 값을 바꿔 하는 경우에는 [값 바꾸기] 기능을 사용한다. 마찬가지로 고급 옵션에 '특수 문자를 사용하여 분할'에서 특수 문자인 '줄 바꿈'을 선택하여 값 바꾸기를 실행한다.

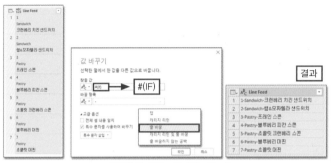

▲ [변환] 탭-[열] 그룹-[값 바꾸기]

/동영상 참고 자료/
변형_열병합.xlsx/변형_열병합_결과.xlsx

3 열 병합

반대로 여러 열에 분리되어 입력한 값을 합쳐 하나의 값으로 만들어야 할 때가 있다. 이때는 [열 병합]이란 기능을 사용하면 되는데 두 개 이상의 열을 합쳐 하나의 값으로 만든다. 이때, 기존 열을 없애고 합친 하나의 열만 만들려면 '실행', 기존 열은 두고 합친 열을 새롭게 추가하려면 '실행2'를 한다.

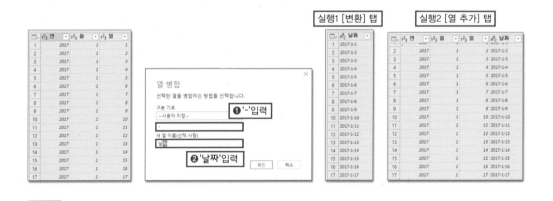

실행

❶ [변환] 탭-[열 병합]
❷ [열 추가] 탭-[열 병합]

≫ 테이블이 아닌 피벗 테이블인 경우 – 열 피벗 해제, 피벗 열

테이블과 피벗 테이블을 구별해야 한다. 쿼리 편집기는 피벗 테이블을 테이블로 변환하는 것을
UnPivot이라 한다. 반대의 경우는 Pivot이다.

1 열 피벗 해제 – 1차원

/동영상 참고 자료/
변형_열피벗해제.xlsx/변형_열피벗해제_결과.xlsx

다차원 분석 도구인 피벗 테이블을 이용하면 쉽게 여러 차원을 적용해 값을 요약 및 집계할 수 있
다. '국내사', '수입사' 둘은 '실 종류'라는 이름으로 UnPivot해야 한다. 이 작업은 매우 간단하다.

두 개의 열을 선택

	ABC 123 열1	ABC 123 국내사	ABC 123 수입사
1	CM 16/1	0	450
2	CM 20/1	460	460
3	CM 24/1	480	470
4	CM 26/1	490	470
5	CM 30/1	500	480
6	CM 32/1	520	0
7	CM 34/1	540	0
8	CM 36/1	560	0
9	CM 40/1	590	590
10	CM 50/1	0	740
11	CM 60/1	0	940
12	CM 20/1 (S)	0	0
13	CM 30/1 (S)	0	0
14	CM 40/1 (S)	0	0

→

결과

	ABC 123 열1	AB C 특성	ABC 123 값
1	CM 16/1	국내사	0
2	CM 16/1	수입사	450
3	CM 20/1	국내사	460
4	CM 20/1	수입사	460
5	CM 24/1	국내사	480
6	CM 24/1	수입사	470
7	CM 26/1	국내사	490
8	CM 26/1	수입사	470
9	CM 30/1	국내사	500
10	CM 30/1	수입사	480
11	CM 32/1	국내사	520
12	CM 32/1	수입사	0
13	CM 34/1	국내사	540
14	CM 34/1	수입사	0
15	CM 36/1	국내사	560
16	CM 36/1	수입사	0
17	CM 40/1	국내사	590
18	CM 40/1	수입사	590
19	CM 50/1	국내사	0
20	CM 50/1	수입사	740

실행

두 열 '국내사', '수입사'를 선택하고 [변환] 탭–[열] 그룹–[열 피벗 해제]

2 열 피벗 해제 – 2차원

'A COMPANY', 'B COMPANY'라는 실 판매 회사와 그들이 판매하는 '국내사', '수입사'를 구분하여 '판매 회사와 실 종류'라는 2차원으로 요약 및 분석된 결과를 Unpivot해야 한다. 필자는 이렇게 해결했다. 1행은 삭제하고 그 정보를 머리글에 직접 입력한다. 이때 나중을 위해 구분 기호 (–)를 사용한다. 그리고 1열을 제외한 나머지를 선택 후 [열 피벗 해제]한다. 그리고 머리글로 만들어진 새로운 '특성' 열을 [열 분할]하여 각각의 항목으로 만든다.

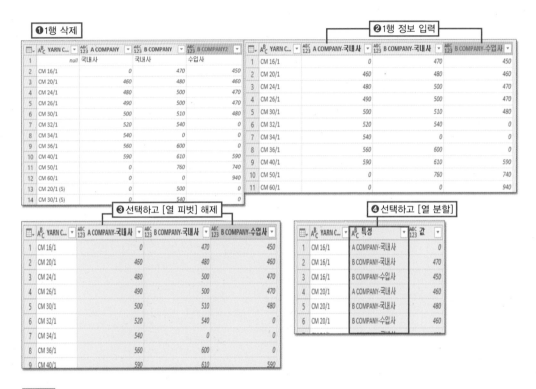

실행

❶ [홈] 탭–[행 감소] 그룹–[행 제거] 목록–[상위 행 제거]

❷ 머리글 더블클릭하여, 삭제한 항목을 구분 기호를 넣어 추가 입력

❸ 1열을 제외하고 선택한 후 [변환] 탭–[열] 그룹–[열 피벗 해제]

❹ 특성 열 선택하고 [홈] 탭–[변환] 그룹–[열 분할] 실행하여 나눔

	A^B_C YARN COUNT	A^B_C Company	A^B_C 구분	$\begin{array}{c}ABC\\123\end{array}$ 가격
1	CM 16/1	B COMPANY	국내사	470
2	CM 16/1	B COMPANY	수입사	450
3	CM 20/1	A COMPANY	국내사	460
4	CM 20/1	B COMPANY	국내사	480
5	CM 20/1	B COMPANY	수입사	460
6	CM 24/1	A COMPANY	국내사	480
7	CM 24/1	B COMPANY	국내사	500
8	CM 24/1	B COMPANY	수입사	470
9	CM 26/1	A COMPANY	국내사	490

▲ 결과 : 이름을 변경하고 필요한 작업을 추가하여 얻은 결과

차원이 더 늘어나거나 항목의 종류가 많다면, 항목 이름을 직접 입력하는 방법보다는 엑셀의 시트에서 값을 합치는 작업을 실행해서 가져오는 것이 바람직할 것으로 본다.

≫ 쿼리 편집기에서 데이터를 요약 및 집계하고 싶은 경우 - 피벗 열, 그룹화

파워 쿼리의 작업 공간인 쿼리 편집기에서 이루어지는 일은 데이터에 제대로 된 '테이블 프레임'을 적용하는 것이지만, 때론 테이블 데이터를 요약 및 집계 즉, 피벗 테이블 보고서로 만들어 최종 결과를 필요한 곳으로 로드하기도 한다.

/동영상 참고 자료/
변형_그룹화.xlsx/변형_그룹화_결과.xlsx

1 그룹화

'그룹화'로 부분합을 할 때 기준의 되는 열이 하나면, ❶ [기본]을 선택하고 그룹화할 열을 선택한다. 두 개 이상이라면 ❷ [고급]을 선택하고 [그룹화 추가]로 또 다른 그룹화 대상 열을 선택한다. 순서는 변경 가능하며, 우선순위는 위에서 아래 순서대로 적용된다. ❸ 새 열 이름과 연산 방법, 연산을 실행할 숫자 형식의 열(여기서는 [수량]을 선택한다).

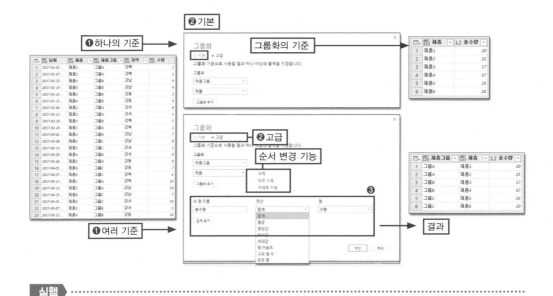

실행 ▶ ·

[홈] 탭-[변환] 그룹-[그룹화] 또는, [변환] 탭-[테이블] 그룹-[그룹화]

2 피벗 열

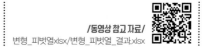

/동영상 참고 자료/
변형_피벗열.xlsx/변형_피벗열_결과.xlsx

'피벗 열' 기능으로도 데이터를 요약 및 집계할 수 있다. 이때 중요한 것은 열 선택이다. '항목2'를 선택하고 [피벗 열]을 실행, 요약할 [값 열]을 지정한다. 선택한 열 '항목2'와 '항목1'에 모두 해당하는 [항목3]이 있다면 집계된다.

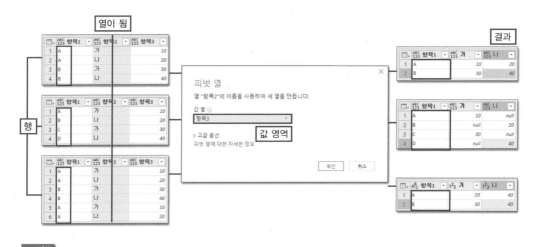

실행 ▶ ·

[변환] 탭-[열] 그룹-[피벗 열]

'항목1'과 '항목2'를 기준으로 항목3의 값을 활용하며 집계하거나 표시한다.

만약, [피벗 열]에서 선택한 [값 열]이 숫자가 아니라면, [고급 옵션]을 사용하고, '집계 안 함'을 지정해야 한다. 그러면, '항목1'과 '항목2'에 해당하는 값을 표시한다.

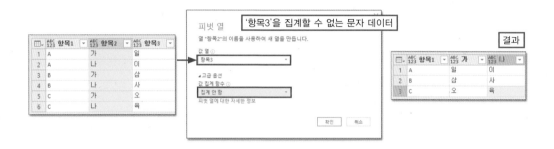

≫ 데이터 형식의 빠른 변경

쿼리 편집기는 외부에서 데이터를 추출해 올 때 사용자가 데이터 형식을 변경하기 전에 스스로 데이터를 분석해 적절한 데이터 형식을 찾아 바꾼다.

물론, 사용자가 원한다면 얼마든지 다른 원하는 형식으로 변경할 수 있다. 쿼리 편집기는 엑셀보다는 더 다양한 데이터 형식을 지원하고 있다. 이유는 외부에서 데이터를 추출하는 과정에서 이진(Binary)과 같은 엑셀이 셀에 저장하지 못하는 것을 읽을 수 있어야 하기 때문이다. 그리고 단순히 숫자가 아니라 소수점 없는 '정수'와 모두를 포함하는 '10진수'와 늘 구분 제공함으로써 데이터 저장 공간을 더 효율적으로 사용할 수 있도록 한다.

실행

[홈] 탭–[열] 그룹–[데이터 형식]

≫ 중복된 항목 제거

/동영상 참고 자료/
변형_중복항목 처리.xlsx/변형_중복항목 처리_결과.xlsx

파워 쿼리가 판단하는 '중복'을 판단하는 기준은? '행'이다. '하나의 행은 한 몸이다!'

1 중복된 항목 제거

중복된 항목을 제거할 때 특정 열을 선택하지 않아도 된다. 전체 쿼리 데이터를 비교하되 행의 모든 값이 같은 경우에 중복이라고 판한하고 하나만 남기고 모두 삭제한다.

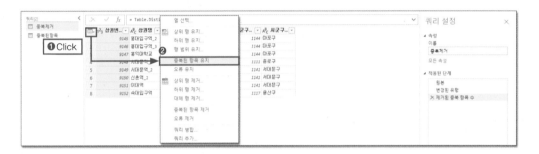

▶ **실행**

테이블 왼쪽 아이콘 클릭하면 나타나는 [중복된 항목 제거]

2 중복된 항목 유지

그림의 왼쪽 테이블로 [중복된 항목 유지] 기능을 실행하면 오른쪽 테이블처럼 중복된 행 모두를 남긴다.

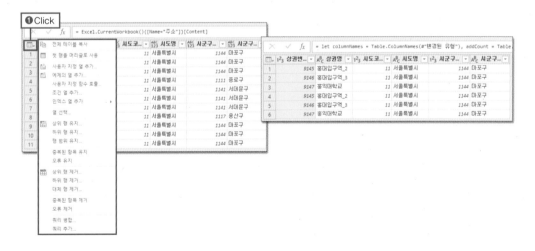

필자가 원하는 것은 모든 값이 나오는 게 아니고, 중복된 값이 종류별로 하나씩 남길 바란다. 이 경우에는 두 번의 작업 필요하다. 선 [중복된 항목 유지], 후 [중복된 항목 제거]!

테이블 왼쪽 아이콘 클릭하면 나타나는 [중복된 항목 유지] & [···제거]

≫ 날짜에서 데이터 추출

/동영상 참고 자료/
변형_데이터에서 추출.xlsx/변형_데이터에서 추출_결과.xlsx

엑셀에서 날짜는 연월일이 하이픈(–)이나 슬래시(/)로 구분하여 입력된 값을 뜻한다. 날짜는 '숫자'이면서 날짜라는 독특한 형식을 부여받는다. 그런 이유로 사용자도 '날짜'라는 형식을 부여받은 값을 다른 숫자와는 다르게 취급해야 한다. 엑셀에서 '날짜'는 쿼리에서도 '날짜'다.

1 날짜에서 년, 월, 일 추출하기

날짜 형식의 값은 년, 월, 일, 요일 등의 의미를 포함하고 있다. [열 추가] 탭을 이용하여 기존 날짜 값을 유치한 채로 그 값을 기반으로 새로운 열을 생성할 수 있다. [열 추가] 탭과는 다르게 [변환] 탭에 기능을 사용하면 기존 값에 대체된다.

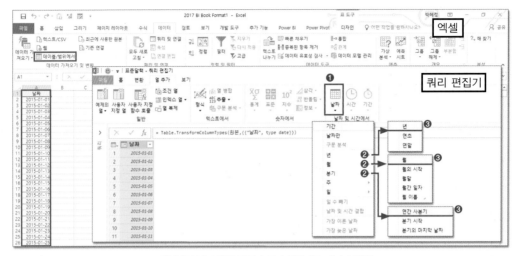

▲ 엑셀에서 날짜 열을 만들어 쿼리 편집기로 가져가 작업

실행

❶ [열 추가] 탭–[날짜 및 시간에서] 그룹–[날짜] 목록–[년]–[년]

❷ [열 추가] 탭–[날짜 및 시간에서] 그룹–[날짜] 목록–[월]–[월]

❸ [열 추가] 탭–[날짜 및 시간에서] 그룹–[날짜] 목록–[분기]–[연간 사분기]

날짜 형식의 데이터는 ❶, ❷, ❸ 세 번의 클릭만으로 새로운 데이터 열로 추가된다.

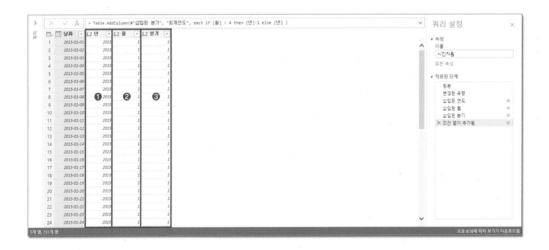

≫ 조건문으로 새로운 열을 만들어야 하는 경우 조건 열

파워 쿼리의 '조건 열'은 엑셀에서 IF 함수의 사용과 비교할 수 있다. 기존 열을 기반으로 비교 연산을 실행하여 참과 거짓을 구분하고 서로 다른 값을 넣어 새로운 값 열을 생성한다.

1 회계 연도[2] 만들기

/동영상 참고 자료/
변형_조건열.xlsx/변형_조건열_결과.xlsx

[월]을 기준으로 4보다 작으면 즉, 1~3월이면 현재 [년]을 그대로, 아니면 현재 [년]에서 −1 한다. 조건 열에서 [열 이름]으로 지정했을 때 산술 연산을 적용할 수 없다.

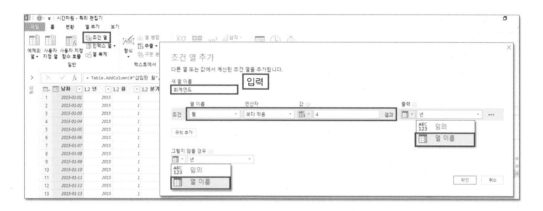

그래서 일단 적용하고 후에 단계를 선택하고 수식 입력줄에서 M-Script를 변경하는 방법을 사용했다.

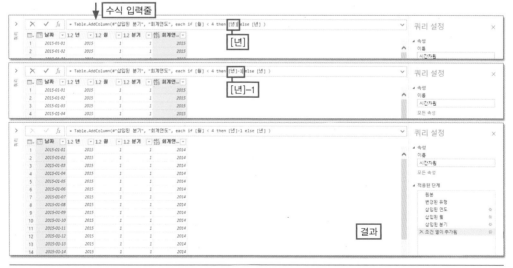

---

2   회계 연도(會計年度, fiscal year, FY)는 전 세계의 사업 및 기타 단체들의 한 해의 재무제표를 계산하는 데 사용되는 기간이다.

2 사용자 지정 함수 호출

/동영상 참고 자료/
사용자함수.xlsx/사용자함수_결과.xlsx

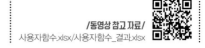

파워 쿼리를 사용자 지정 함수를 만들고 호출해 사용할 수 있다. 회계연도를 만드는 간단한 IF문을 함수로 만들어 필요할 때 호출해 사용할 수 있도록 한다. 사용자 지정 함수는 VBA로 COLORCOUNT 함수를 생성한 것과 같은 맥락이다.

빈 쿼리를 실행하고 [고급 편집기]에서 회계 연도를 만드는 사용자 지정 함수를 만든다.

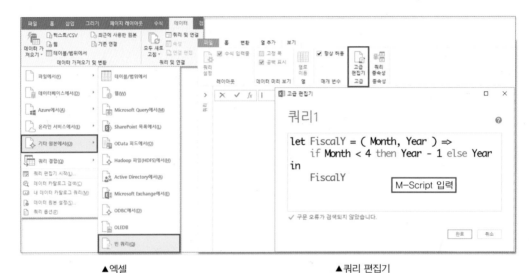

▲엑셀   ▲쿼리 편집기

실행

❶ 엑셀에서 [데이터] 탭–[가져오기 및 변환] 그룹–[데이터 가져오기] 목록–[기타 원본에서]–[빈 쿼리]를 선택한다.

❷ 쿼리 편집기에서 [보기] 탭–[고급] 그룹–[고급 편집기]를 실행하고 내용 입력

만든 함수 쿼리 이름을 '회계연도' 로 수정한다.

생성된 함수는 [사용자 지정 함수 호출]을 클릭하여 재사용할 수 있다. 함수를 호출하여 만들 [새 열 이름]과 [함수 쿼리]를 선택하고 인수를 지정한다.

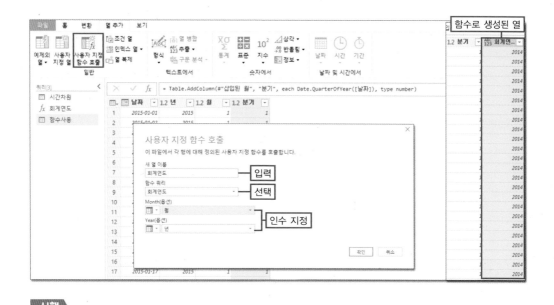

실행

[열 추가] 탭–[일반] 그룹–[사용자 지정 함수 호출]

›› 매개변수 만들기

/동영상 참고 자료/
[상가업소_201703] 폴더/상가업소_201703_01.cvs/매개변수 생성_결과.xlsx

매개변수의 '변할 수 있다'는 특징을 갖고, '둘 사이에서 양편의 관계를 맺는' 역할을 하는 쿼리로 정의할 수 있다. 매개변수를 잘 활용하면 사용자의 개입을 최소화하여 작업과 작업 사이를 연결할 수 있다. 우리는 CSV 파일을 기본값으로 하되, 상황에 따라 내용을 바꿔 담는 매개변수를 만들 것이다.

먼저 CSV 파일을 가져오는 과정을 기록하고, 기록된 M-Script 구문에서 파일을 가져오는 구문을 복사하여 그것을 담은 새로운 매개변수를 만든다.

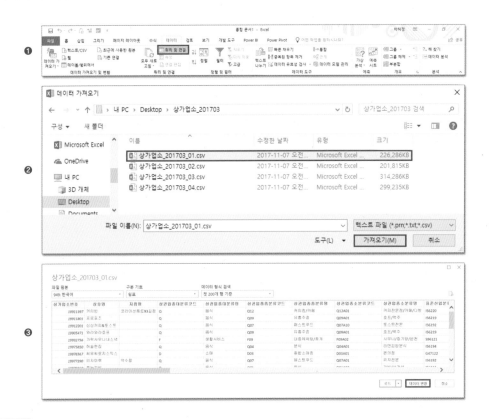

실행

❶ 엑셀 새 통합 문서를 실행하고 [데이터] 탭–[텍스트/csv]

❷ 경로 찾아 csv 파일 선택, [가져오기]

❸ 내용 확인 후 [편집] 또는, [데이터 변환]을 클릭하여 쿼리 편집기 실행

쿼리 편집기에 적용 단계 – 원본을 선택한 다음 File.Contents 구문을 복사한다. 그리고 [빈 쿼리]를 실행한다.

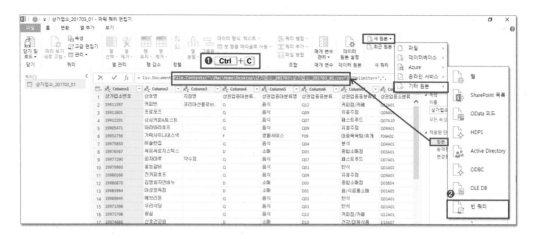

실행 ●

❶ [적용된 단계] 창에서 [원본] 선택 후 수식 편집기에서 복사
❷ 쿼리 편집기 [홈] 탭-[새 쿼리] 그룹-[새 원본]-[기타 원본]-[빈 쿼리]

빈 쿼리 실행에 이어 고급 편집기를 실행하고 원본 부분에 복사한 내용을 그림과 같이 붙여 넣는다. 이진 파일은 외부에서 데이터를 가져올 때 지정한 경로의 내용이 저장되는 것으로 'File. Contents' M-Script 함수를 사용하고 인수로 파일 이름과 확장자를 포함한 파일 경로를 지정한다. 그리고 쿼리 이름을 'CSVFileContentDefault'로 변경한다.

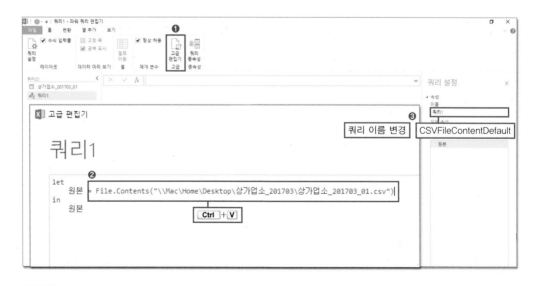

실행 ●

[보기] 탭-[고급 편집기]에서 원본에 CSV 파일에서 파일 내용을 취하여 넣는 과정을 입력

여기까지는 파일의 실제 내용을 '0과 1' 두 값으로 저장하는 이진(Binary) 형식의 매개변수를 생성하기 위한 준비 작업이었다. [새 매개변수]를 실행하고 매개변수 이름은 'CSV 파일의 내용을 담고 있다'는 의미로 'CSVFileContent'로, [기본값]과 [현재 값]에 이전에 만든 이진 파일 'CSV-FileContentDefault'를 선택한다.

이진 형식의 매개변수는 숫자나 문자가 아니기 때문에 [기본값]과 [현재 값]을 직접 입력할 수 없다. 그런 이유로 필자가 기본값과 현재 값으로 지정할 '이진' 형식의 값을 이전 작업에서 만든 것이다.

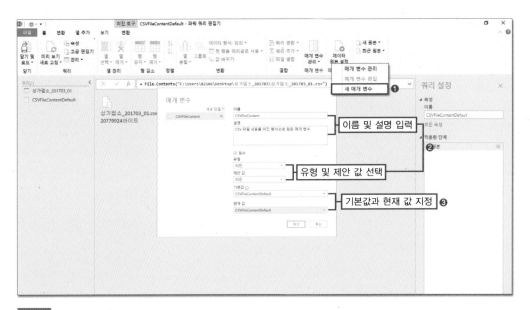

실행

➊ 쿼리 편집기에서 [홈] 탭-[매개변수] 그룹-[새 매개변수]
➋ [매개변수] 대화상자에서 사용할 [이름]을 입력. 형식과 제안 값을 '이진'으로 지정
➌ [기본 값]과 [현재 값]에 이전 과정에서 만든 쿼리 지정

현재 값을 CSVFileContentDefalt로 한 CSVFileContent란 이름의 매개변수가 만들어졌다.

≫ 매개변수 쿼리를 함수로 변환하여 재사용

/동영상 참고 자료/
쿼리를 함수로.xlsx/쿼리를 함수로_결과.xlsx

파워 쿼리의 장점은 뭐니 뭐니 해도 '쉽게 작업을 다시 사용할 수 있다'는 점이다. 추출한 데이터는 여러 가지 변형 과정을 거쳐야 사용자가 원하는 모양이 될 것이다. 만약 그런 일련의 과정이 하나의 함수로 생성되어 있어서 필요할 때 호출하여 사용할 수 있다면, 사용자는 작업 단계를 줄여 시간을 아낄 수 있을 것이다.

쿼리 편집기의 오른쪽 쿼리 설정 창에는 작업 과정이 기록되어 있다. 1단계 CSV 파일을 외부에서 가져와 2단계 첫 줄을 머리글로 지정하고 3단계 데이터의 형식을 변경했다. 4단계 필요 없는 열을 없애고 5단계에서 열 순서를 조정했다.

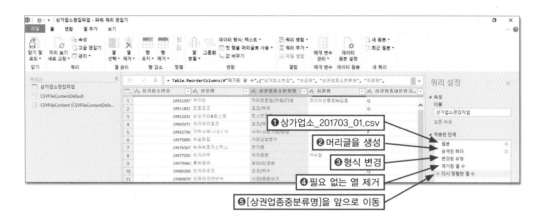

원본을 선택하고 수식 입력줄에서 원본의 경로를 지우고 전 과정에서 만든 매개변수 'CSVFile-Content'로 수정했다.

그리고 쿼리를 함수로 변환한다. 함수로 변환된 쿼리의 이름은 'CSVFileTable'로 한다.

실행

❶ [상가업소편집]에서 쿼리 선택
❷ [상가업소편집작업]에서 마우스 오른쪽 버튼 [함수 만들기]
❸ [함수 만들기] 대화상자에서 이름 입력

함수를 적용할 다수의 CSV 파일이 있는 [폴더]를 지정하여 가져온다.

실행

❶ 쿼리 편집기에서 [홈] 탭–[새 쿼리] 그룹–[새 원본]–[파일]–[폴더]
❷ 경로 지정 후 [확인]

[데이터 결합 및 편집]하면 함수로 생성한 변형 과정을 각 파일에 적용할 수 없으므로 ❶ [데이터 변화] 클릭, 그대로 가져간다. ❷ 실제 내용이 있는 'Content' 열만 남기고 삭제한다. ❸ 'Binary' 형식을 'Table'로 변환하는 함수를 호출하여 모든 파일에 적용하기 위해 [사용자 지정 함수 호출]을 실행하고, 생성한 함수 쿼리 'CSVFileTable'과 매개변수의 값 Binary가 있는 'Content' 열로 지정한다.

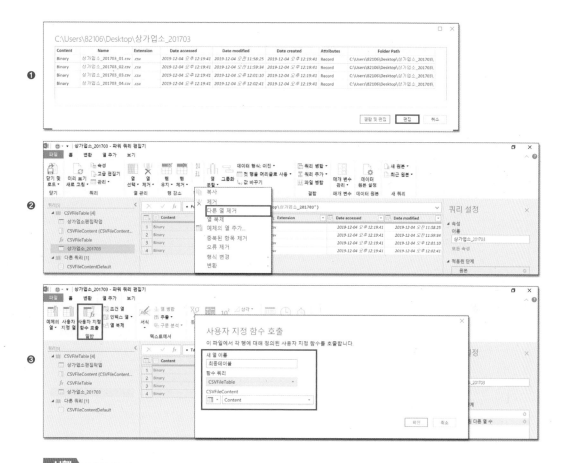

실행

❸ [열 추가] 탭-[일반] 그룹-[사용자 지정 함수 호출], 새 열 이름 '최종테이블'을 입력하고 함수 쿼리' CSVFileTable' 선택, CSVFileContent는 'Content' 열 지정한 후 [확인]

새롭게 생성된 [최종테이블] 열의 값은 'Table'이 됐고, 내용을 확인해 보면 CSV 원본과는 달리 함수로 지정한 과정이 모두 적용되어 있음이 확인된다.

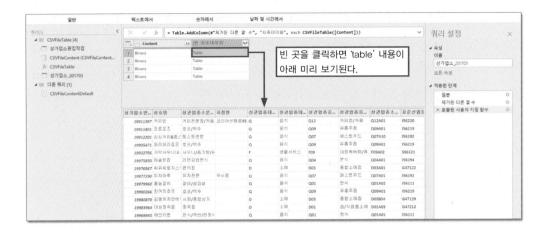

> 빈 곳을 클릭하면 'table' 내용이 아래 미리 보기된다.

더 놀라운 것은 새로운 변형 과정의 추가가 필요하다면, 함수의 근간인 [상가업소편집] 작업을 선택하고 작업을 추가하면 된다. 예를들어 [상가업소편집작업] 쿼리의 '상권업종중분류명' 열을 '부동산중개'로 필터하고, [상가업소_201703] 쿼리를 눌러 내용을 확인하면 작업이 반영된 결과를 확인할 수 있다.

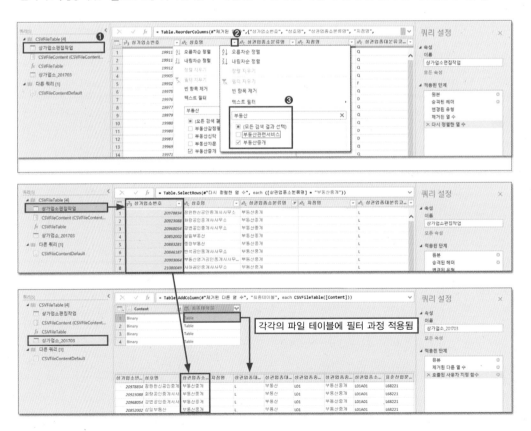

> 각각의 파일 테이블에 필터 과정 적용됨

최종적으로 확장 버튼을 클릭하고 [원래 열 이름을 접두사로 사용]을 체크하지 않은 상태에서 [확인]을 클릭하여 폴더의 모든 내용을 하나의 테이블로 집합하는 쿼리를 만든다. 쿼리의 이름은 '상가업소_2007_부동산'으로 변경한다.

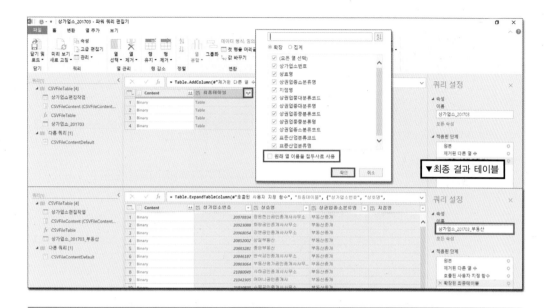

[원래 열 이름을 접두사로 사용]을 체크하면, 추가한 모든 열 머리글에 '최종 테이블'이 표시된다.

≫ 쿼리 복제, 참조

왼쪽에 쿼리 창에서는 이런 일을 할 수 있다. 이 중에 '복사'나 '복제'는 하나 더 만든다는 개념이다. 그런데 참조는 다르다. 참조로 만든 쿼리는 기존 쿼리의 영향권에 계속 있기 때문에 상황에 따라 잘 선택해 써야 한다.

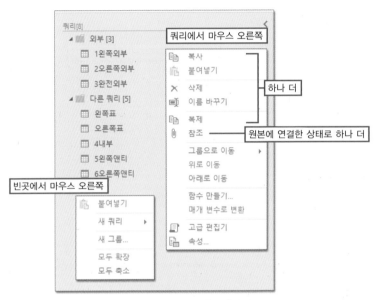

▲ 쿼리 편집기 왼쪽 [쿼리] 영역

데이터 로드

엑셀 2016은 [데이터] 탭의 [데이터 가져오기 및 변환]과 [쿼리 및 연결] 두 기능 그룹을 만들 파워 쿼리를 고정 메뉴로 만들었다. 완성된 쿼리는 [닫기 및 로드]된다. 쿼리는 작업한 엑셀 파일에 포함되어 있다.

[쿼리 및 연결]은 이 문서에서 만든 쿼리를 확인하고 편집할 수 있는 메뉴를 제공한다. 해당 쿼리를 더블클릭하거나, 마우스 오른쪽 버튼을 눌러 원하는 작업을 선택하면 된다. [모두 새로 고침]은 데이터의 수정 반영할 수 있도록 한다.

[다음으로 로드]를 클릭하면 [데이터 가져오기] 대화상자를 불러와 작업을 수정할 수 있다.

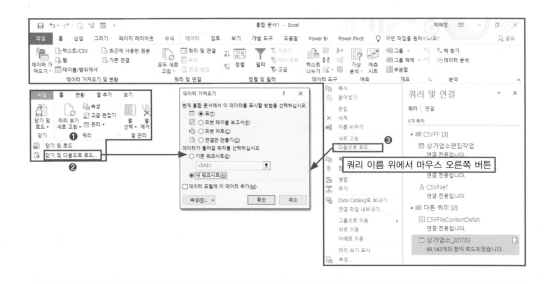

❶ 그대로 가져가 표로 만듦

❷ 다양한 옵션을 선택할 수 있음

❸ 이미 로드한 것이라면, 엑셀의 [쿼리 및 연결] 창에서 해당 쿼리의 [다음으로 로드]를 실행

≫ 그대로 엑셀로 가져가 테이블로 사용

[닫기 및 로드]를 클릭하면 쿼리 편집기의 최종 결과를 바로 엑셀의 표로 가져갈 수 있다.

실행

[홈] 탭–[닫기] 그룹–[닫기 및 로드] 클릭. 끝!

[닫기 및 로드]는 '새 시트 삽입하고 A1부터'라고 딱 정해져 있다. 위치를 지정하려면 쿼리 편집기나 쿼리 및 연결 창에서 [닫기 및 다음으로 로드]를 실행하여 위치를 지정한다.

» 엑셀로 가져가지 않고, 연결만 만들기

완성된 결과가 엑셀 하나의 시트가 제공하는 행보다 많을 때, 혹은 결과를 현재 엑셀 파일에 가져올 필요가 없는 경우는 [연결만 만들기]를 실행한다.

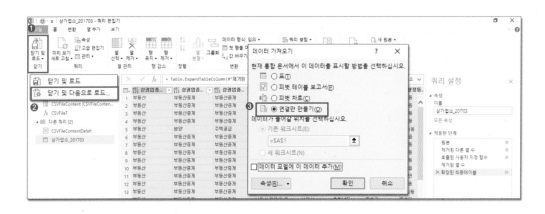

실행

[홈] 탭-[닫기 및 로드]-[닫기 및 다음으로 로드]를 클릭. [데이터 가져오기] 대화상자에서 [연결만 만들기] 선택 후 [확인]

이미 [닫기 및 로드]하여 쿼리를 가져온 경우에는 엑셀 [쿼리 및 연결] 창에서 해당 쿼리를 선택하고 [데이터 가져오기] 대화상자를 불러와야 한다.

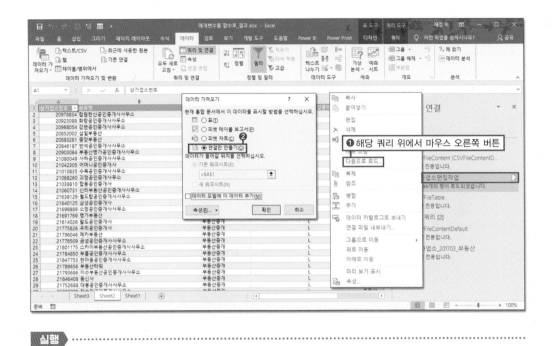

마우스 오른쪽 버튼 클릭 [다음으로 로드] 선택, [데이터 가져오기] 대화상자에서 [연결만 만들기] 선택 후 [확인]

≫ 파워 피벗으로 보내 후일을 도모하기

[데이터 가져오기] 대화상자에서 [데이터 모델에 이 데이터 추가]를 체크하면, 쿼리에서 생성된 테이블이 파워 피벗에 추가된다.

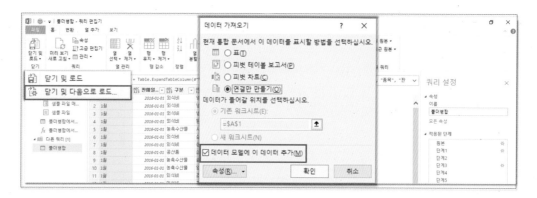

실행 ....

[홈] 탭–[닫기 및 로드] 그룹–[닫기 및 다음으로 로드]–[데이터 가져오기] 대화상자에서 [데이터 모델에 이 데이터 추가] 체크 후 [확인]

파워 피벗에서의 작업을 '데이터를 모델링 한다'고 하며, 파워 피벗의 작업 결과는 '데이터 모델'이 된다.

▲ 파워 피벗 화면, 시트로 추가된 테이블

Chapter 02 Summary

1. 데이터 클리닝 = 데이터 정제 = 데이터 편집

크라우드플라워(CrowdFlower)의 데이터 과학자 그룹을 대상으로 한 설문 조사에 따르면 데이터 분석의 여러 과정 중 가장 많은 시간이 탐색적 데이터 분석(Exploratory Data Analysis) 단계에 사용된다고 한다. 데이터 분석 단계란 데이터 수집하고 전처리하는 과정인데, 이 과정에 업무 시간 중 80% 정도를 사용한다고 답했다. 재밌는 건 동일 설문에서 57%가 데이터 분석 업무 중 가장 싫은 단계가 이 과정이라고 답했다.

2. 파워 쿼리의 수집(Extraction)

컴퓨터에 존재하는 다양한 프로그램과 형식에서 데이터를 추출할 수 있는 메뉴를 제공하고 있다. 파워 쿼리의 데이터 수집 과정은 데이터가 있는 곳 즉, 원본의 경로를 지정하는 방식이다. 원본의 위치가 변하지 않는 한 유기적으로 연결되어 있으며, 원본의 변화는 그것을 가져와 작업한 과정 전반에 영향을 미친다.

3. 파워 쿼리의 변형(Transaction)

수집한 데이터는 품질 좋은 데이터가 되기 위해 데이터 프레임에 맞춰진다. 그간에 우리는 다양한 엑셀 데이터 편집 기술을 배우고 익혀 적용해왔다. 파워 쿼리는 필요한 편집 기술을 메뉴화하여 편집 과정을 획기적으로 줄였다.

4. 파워 쿼리의 로드(Loading)

그 결과는 필요한 곳으로 선달된다. ❶ 엑셀의 표로 전달된다. ❷ 엑셀 피벗 테이블의 원본으로 지정한다. 관계형 데이터베이스를 설계하고 측정값을 개발하는 ❸ 파워 피벗에 테이블로 전달된다. 파워 쿼리의 작업 결과 '쿼리'와 파워 피벗의 작업 결과 '데이터 모델'은 모두 ❹ 파워 BI Service 프로그램의 데이터 모델이 되어 활용할 수 있다.

PART 3 데이터에서 금 캐기

문제를 발견하고 적절한 알고리즘을 개발

━━━ 데이터 탐색 ━━━

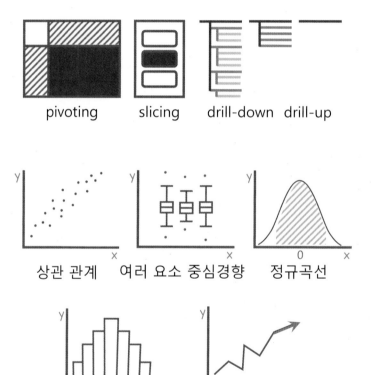

pivoting   slicing   drill-down   drill-up

상관 관계   여러 요소 중심경향   정규곡선

한 중심경향   추세

점선면입체론

적절한
척도적용론

데이터
씨줄날줄론

과학적방법론

– 데이터 검증 ====

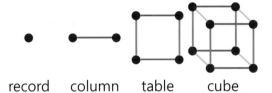

record   column   table   cube

scalar   vector

연속형   명목형

비율   백분율

B
종점

A
시점

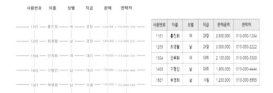

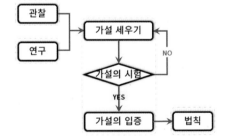

==== 데이터 분석 ==

1. 식 세우기
① 사칙연산
② 함수식 $y = f(x)$
③ 부등식 $y \geq x \times 3$

2. 해 찾기
① 목표값
② 시나리오

3. 통계기법 적용
① 중심경향
② 변동성
③ 공분산
④ 상관성
⑤ 회귀분석
⑥ 정규곡선

데이터 '금'을 캐다!

3부를 시작하는 필자의 심경은 매우 복잡하다. 책을 기획할 당시에 전달하려는 메시지는 아주 단순했다. '이 시대는 개인에게도 일정 수준의 분석력을 요구하는 시대로 그것을 우리에게 친근한 엑셀로 실현하는 데 기여하자!'였다. 근데, 그게……생각만큼 쉽지가 않았다. 난해한 주제를 논할 때는 '빼자! 그냥 아는 거 넣자!'라는 생각이 지속해서 필자를 흔들었다. 그런데도 포기 않고 수학, 통계 등의 광범위한 이론을 언급한 이유는 이런 내용을 모르고서는 분석 도구(프로그램)의 사용이 의미 없다고 판단했기 때문이다. 2부에서 우리는 엑셀을 사용하여 데이터를 분석하는 과정에서 엑셀과 컴퓨터의 재료가 되는 데이터에 대한 이해에 집중했고, '일상'이 어떤 모양으로 데이터로 전환되어야 하는지 보았다. 이제 우리는 전환된 데이터의 종류에 따라 적절한 '분석 기법'과 만날 수 있도록 해야 한다. 데이터는 적절한 분석 기법과 만날 때 특별한 결과물로 생산된다.

그래서 3부에서는 분석을 잘하기 위한 다양한 이론적인 기초가 등장한다. 먼저, 1. 준비된 데이터를 도표와 그래프로 그려 탐색해본다. 그리고 2. 문제를 발견하고 적절한 척도로 데이터가 만들어졌는지 살펴본다. 마지막으로 3. 새로운 '값'을 발견하는 알고리즘 즉, 분석 기법을 선택 및 개발한다. 너무 큰 산을 앞두고 독자에게 어느 초등 시인의 시와 그 시를 패러디한 필자의 시 한 수를 띄운다.

바다....... 어느 초등 시인의 시

비가 그렇게 내리고 눈이 그렇게 내리고

또, 강물이 그렇게 흘러가도

바다가 넘 치지 않는 건

물고기들이 먹어서 이겠지

데이터...... 필자의 시

데이터가 그렇게 내리고 내려도

또, 정보가 그렇게 빛의 속도로 흘러가도

우리가 미치지 않을 수 있는 건

온 삶으로 익혀온 분별력 때문이겠지

분석의 정교화(Elaboration)를 위한
실행 도구

e + labor = elaboration

밖, 밖으로   노동, 근로   정교한

우리는 데이터에 '테이블'이란 옷을 입혔다. 물리적 거리가 존재하는 테이블 간에는 '관계'라는 논리적 연결 고리를 만들었다. 특정 사항을 분석할 목적으로 일련의 데이터 모델링 과정을 거쳐서 하나가 된 데이터 집합을 우리는 '분석 데이터 모델'이라고 했다.

그런데도 현재의 데이터는 무언가를 말하지 못하는 날 것 그대로, '텍스트'에 불과하다. 데이터 모델의 각 필드(열)는 적절한 시각화 도구로 표현될 때에 좀 더 분명한 메시지가 된다. 데이터를 메시지로 만들기 위해 우리는 '도표와 그래프'를 사용해 왔다. 앞으로도 우리는 '도표와 그래프'를 대표적인 시각화 도구로 사용할 것이다. 도표는 텍스트를 멋진 표로 간략하게 요약 및 집계하고 그래프는 데이터 안에 숨겨진 메시지 '중심 경향, 관계, 추세' 등을 좌표 평면에 표현할 것이다.

실질적으로 이러한 작업을 가능하게 하는 기술이 '피벗 테이블, 그래프, 슬라이서'다. '피벗 테이블, 그래프, 슬라이서'로 '탐색적 데이터 분석'이라는 분석의 첫걸음을 뗄 수 있다.

✔ 엑셀의 피벗 테이블, 파워 BI 데스크톱의 시각화 개체 - 피벗

✔ 엑셀의 차트, 파워 BI 데스크톱의 시각화 개체 - 각종 그래프와 그림

✔ 엑셀의 슬라이서, 파워 BI 데스크톱의 시각화 개체 - 슬라이서

요리 보고 조리 보고 '피벗 테이블'

대표적인 다차원 분석 도구인 피벗 테이블은 품질 좋은 상태의 원본을 요구한다. 기존 엑셀에서의 피벗 테이블 원본은 하나로 뭉쳐진 데이터 집합만 원본으로 사용할 수 있었다. 그러나 새로워진 엑셀 시스템은 '관계 설정'으로 생성된 새로운 데이터 구조인 큐브를 피벗 테이블의 원본으로 사용하게 된다.

다차원 데이터 모델인 큐브는 그림처럼 필드(지역, 제품, 시간 등)의 요소를 구분하여 거기에 따른 필드(판매수량, 판매금액 등)의 수치를 요약 및 집계해 소유하고 있다. 이를테면 자신이 어디에 어떻게 활용될지 어느 정도 대비하고 있기 때문에 이 방식은 기존 방식보다 더 빠르게 데이터를 추출하고 계산할 수 있도록 지원한다.

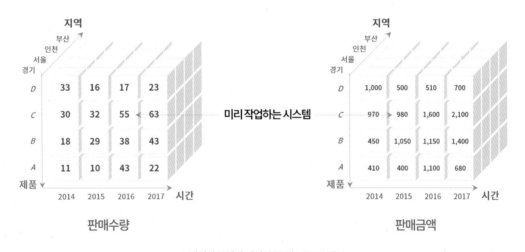

▲ 데이터 모델의 데이터 구조는 OLAP 큐브

≫ '드래그'가 다하는 분석!

피벗 테이블.xlsx

피벗 테이블을 실행하면 [피벗 테이블 필드] 영역에 원본의 모든 필드(이름)가 표시된다. 생성한 피벗 테이블 보고서 4개(필터, 행, 열, 값) 영역에 필드를 '마우스 드래그 & 드롭'하여 새로운 요약 및 집계를 만들어 낸다. 각 영역에 옮겨진 필드는 보고서 밖으로 '마우스 드래그 & 드롭'하면 쉽게 수정할 수 있다. 피벗 테이블은 마치 사용자와 대화하는 것 같이 쉽게 생성 및 변경할 수 있어서 인지 '대화형 테이블'이라 한다. 그림은 문자(질적 자료) 형식의 필드 '지역'을 [필터], '제품'을 [행], '연도'를 [열] 영역으로 옮겼고 숫자(양적 자료) 형식의 필드 '판매수량'을 [값] 영역으로 옮겼다. 그러면 피벗은 그에 해당하는 자료를 모아 [합계]를 만든다.

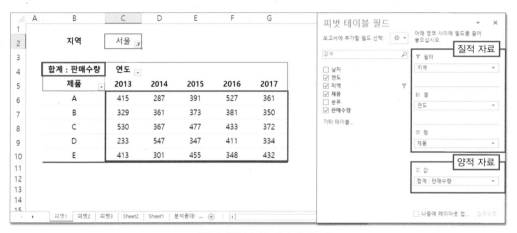

▲ 피벗 테이블의 구성–필터, 행, 열, 값

≫ 피벗 테이블 구성 요소는 분석의 '관점과 목표'로 구분할 수 있다

피벗 테이블은 문자 형식이면서 [필터], [행], [열]에 옮겨진 필드를 '피벗 좌표'로 인식하고 '분석의 관점 차원'으로 본다. 숫자 형식이면서 [값]에 옮겨진 필드는 '피벗 좌표'에 의해 생성된 '분석의 목적 = 사실'이 된다. 분석의 관점은 분석의 목적인 측정값을 생산해 내는 기준이다.

그림 왼쪽은 데이터 모델 큐브의 관계 다이어그램이다. 오른쪽은 그것을 원본으로 하여 만들어진 피벗 테이블이다. [피벗 테이블 필드]를 보면 '하나의 데이터 테이블'을 원본으로 한 것과는 원본의 표시에서 차이가 있다. 물리적으로는 다른 공간에 있지만, 관계 설정이 되었기 때문에 어떤 테이블에서든 필드를 사용해도 크게 문제 되지 않는다.

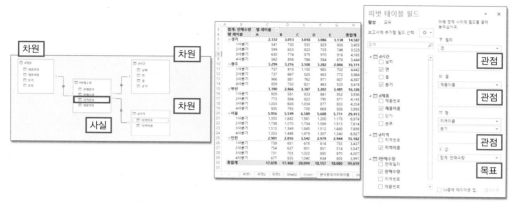

▲ 여러 테이블을 관계 설정하여 만든 원본의 필드들 '차원 → 관점', '사실 → 목표'

>> 피벗이 제공하는 다양한 측정 방법들

피벗 테이블의 [값] 영역에 등록한 필드는 '합계, 개수, 평균, 최대값, 최소값' 등 다양한 측정 방법을 적용할 수 있다. 이때 [값] 영역에 숫자가 아닌 형식이 옮겨진다면, 측정할 방법은 빈도를 구하는 '개수'로 제한된다.

그림은 피벗 테이블의 값에 옮겨진 데이터를 선택하고 마우스 오른쪽 버튼을 눌러 나타난 [값 요약 기준], [값 표시 형식]이라는 메뉴이다. 지원되는 요약 기준 및, 표시 형식이 나타난다. [기타 옵션]을 선택하면 더 많은 방법을 적용할 수 있다.

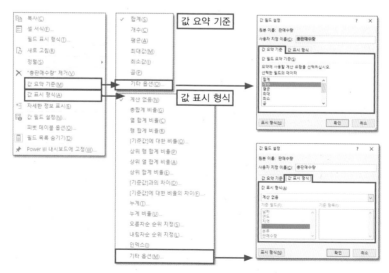

▲ 피벗 [값] 영역에 옮겨진 값은 적정한 기준과 형식으로 요약 및 표시됨

피벗 테이블에 옮겨진 '값'은 다양한 측정 방법을 적용받는다.

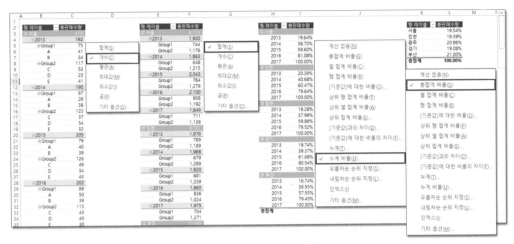

▲ 다양한 요약 기준과 표시 형식 적용

개수

COUNT 또는, COUNTA 함수를 적용하는 개수는 원본에서 '하나의 행'으로 보면된다. 위 첫 번째 테이블의 '975'는 서울에서 판매된 거래 건수란 말로 대신하기도 한다.

>> 피벗 테이블의 질의 패턴

피벗 테이블과 원본이 대화하는 방식을 '질의 패턴'이라 한다. 이 질의 패턴은 '피봇팅(Pivoting), 드릴 다운(Drill-Down), 롤 업(Roll-Up)' 세 가지로 요약할 수 있다. 피봇팅은 피벗 테이블 보고서의 행과 열 영역에 원하는 필드를 배치하는 행위 자체를 말한다. 드릴 다운은 행에 또 다른 필드를 추가해서 점점 더 세분화된 다운 스트림 질의를 하는 질의 패턴이다. 롤 업은 그와는 반대되는 개념으로 차원 수를 줄여가며 점점 요약된 형태의 정보를 얻어가는 업 스트림 질의 패턴이다. 피벗 테이블 보고서는 [+/−]로 두 작업 사이를 쉽게 오갈 수 있도록 했다.

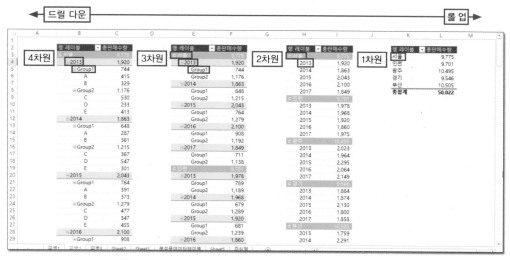

▲ 드릴 다운 & 롤 업

>> 피벗 테이블 생성

엑셀과 파워 BI 데스크톱에서 피벗 테이블을 만들어 본다. 피벗 테이블 원본을 엑셀은 파워 피벗에 준비했고, 파워 BI 데스크톱은 파워 피벗의 데이터를 가져와 작업한다.

1 엑셀에서 생성하기

파워 피벗 창에서 작업하고 있다면,

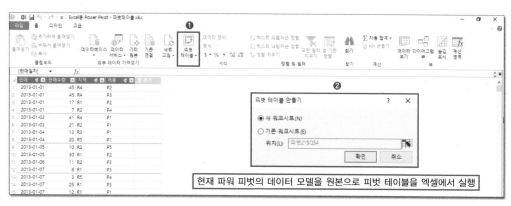

▲ 파워 피벗

실행

[홈] 탭-[피벗 테이블]을 클릭하고 피벗 테이블의 삽입 위치 지정

엑셀에서 실행한다면,

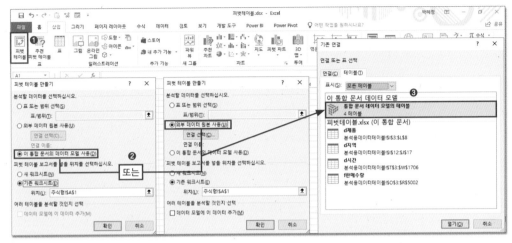

▲ 엑셀

실행

[삽입] 탭–[피벗 테이블]을 실행한 다음 원본을 [이 통합 문서의 데이터 모델 사용]으로 하거나, [외부 데이터 원본]을 선택하고 [연결 선택]을 눌러 원본을 찾아 지정

데이터모델.xlsx/가져오기.pbix

2 파워 BI 데스크톱에서 생성하기

파워 BI에서는 피벗 테이블의 역할을 하는 시각화 개체를 [행열]이라고 한다. 필자는 엑셀 파워 피벗에서 만든 데이터 모델을 파워 BI 데스크톱으로 가져와 내용을 확인하고 가져온 엑셀의 데이터 모델로 [행열]을 만들어 본다.

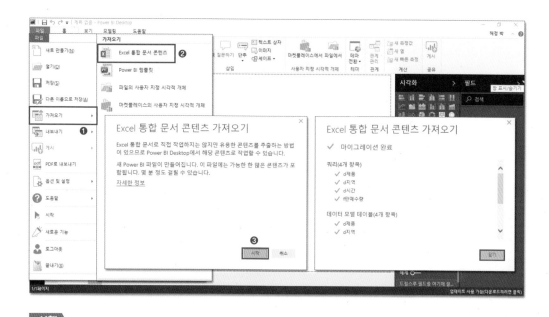

실행 ●●

[홈] 탭–[가져오기]–[Excel 통합 문서 콘텐츠], 엑셀 파일을 지정하고 [시작], [닫기]

그리고 [데이터]를 눌러 테이블마다 가져온 내용을 확인했다.

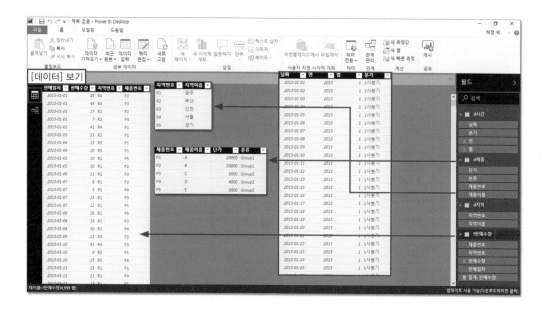

[보고서]에서 파워 BI의 피벗 테이블 역할을 하는 [행열]을 클릭하고 [필드]를 지정했다. 시각화 개체 [행열]을 생성하고 나니, [시각적 도구]–[데이터/드릴] 탭에 [드릴 다운]과 [롤 업]과 같은 기능인 [드릴 다운]과 [드릴 업]을 확인할 수 있다. 이때 자동으로 생성된 [데이터/드릴] 기능은 [행열]에 사용한 데이터(필드)가 계층 구조를 내포하고 있기 때문이다.

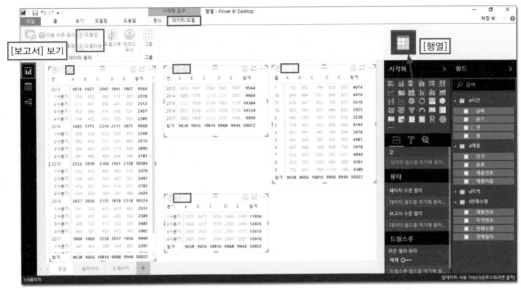

▲ 파워 BI 데스크톱에서 생성한 피벗 테이블=행열

골라 보고 '슬라이서'

슬라이서는 피벗 테이블의 '필터'와 같은 역할로 도표상에 전체가 아닌 그때그때 원하는 기준을 적용해 일부를 볼 수 있도록 돕는다. 피벗과 상호작용하는 슬라이서는 데이터를 쉬운 방법으로 필터링하고 넓은 관점으로부터 서서히 우리만의 기준으로 초점을 좁히는 작업을 한다.

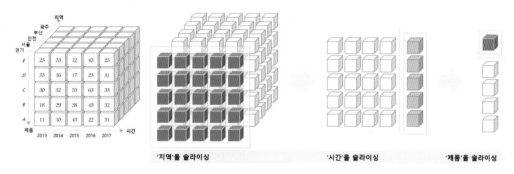

▲ 슬라이싱 & 다이싱

>> 엑셀 2010 피벗 테이블에서 슬라이서 삽입

엑셀 2010 버전에 파워 피벗을 설치하면 피벗 테이블에 [수직 슬라이서]와 [수평 슬라이서] 영역이 추가된다. 추가된 슬라이서 영역에 필드를 드래그하거나 [피벗 테이블 도구]–[옵션] 탭에서 [슬라이서 삽입]을 실행하여 원하는 필드를 지정한다.

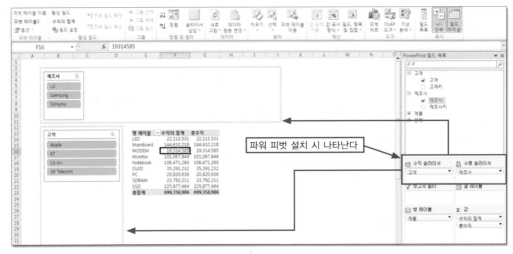

▲ 엑셀 2010 피벗 테이블에서 슬라이서를 활용한 장면

슬라이서-da테이블.xlsx/슬라이서-da테이블_결과.xlsx
슬라이서-one테이블.xlsx/슬라이서-one테이블_결과.xlsx

1 엑셀 2013 이상 버전의 [표]에서

피벗 테이블에서만 사용할 수 있었던 슬라이서는 엑셀 2013 버전부터는 '표'로 전환된 데이터 범위에서도 사용할 수 있다. 슬라이서는 엑셀의 [데이터] 탭-[필터] 기능을 대신한다.

▲ 슬라이서를 [표]에서 사용

> **실행**
>
> 범위를 선택하고 [삽입] 탭-[표], [삽입] 탭-[슬라이서 삽입]

2 엑셀 2010 이상 버전의 피벗 테이블에서

엑셀 2013부터는 날짜 데이터[1]로 생성하는 [시간 표시 막대]도 추가되어 사용할 수 있다.

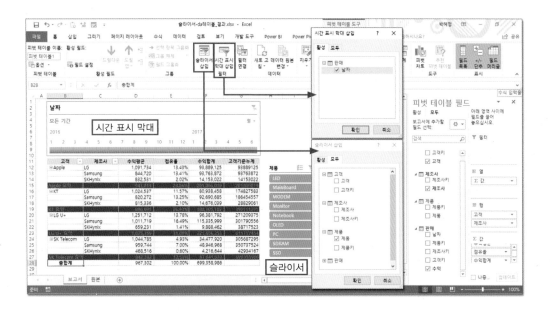

3 슬라이서와 피벗 테이블의 연결 끊기

[표]나 [피벗 테이블]에서 삽입된 슬라이서는 자연스럽게 해당 표나 피벗과 연결되며, 상호작용한다. 사용자는 연결을 끊을 수도 있고, 끊어진 연결을 다시 연결할 수도 있다.

---

1 날짜 데이터 : 연월일을 하이픈(-)이나 슬래시(/)로 구분하여 입력한 데이터를 말한다.

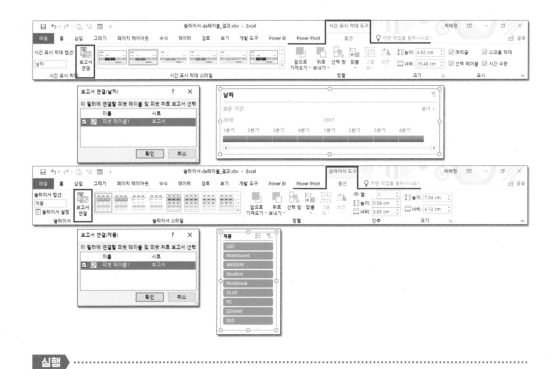

슬라이서를 선택했다면, [슬라이서 도구]-[옵션]-[보고서 연결]을 클릭

피벗 테이블의 입장에서 연결을 컨트롤할 수도 있다.

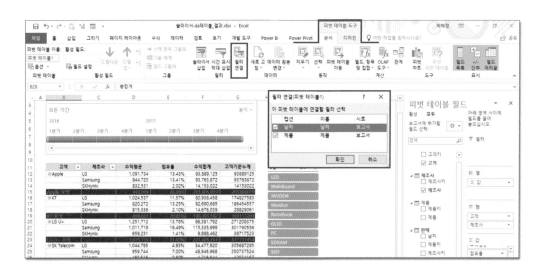

피벗 테이블을 선택했다면, [피벗 테이블]-[분석] 탭-[필터 연결] 클릭

4 파워 BI 데스크톱에서

슬라이서.pbix

파워 BI 데스크톱에 [슬라이서]는 보고서 영역에 삽입되어 [행열]과 같은 다른 시각화 개체와 상호작용한다. 하나의 [슬라이서]에 하나의 필드(원본)로 만들어진다.

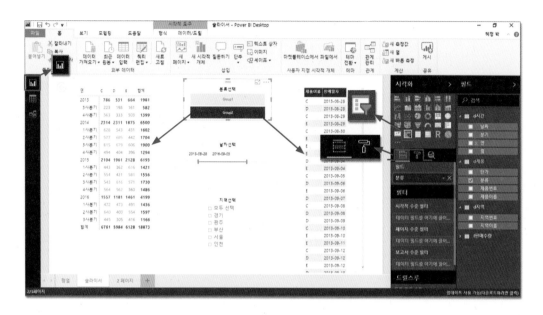

슬라이서는 [슬라이서]의 [서식] 메뉴를 이용하여 세 가지 유형으로 만들 수 있다. 유형 ❶은 [방향]을 '가로'로한 [반응형], 유형 ❷는 [반응형]을 해제, 유형 ❸은 [방향]을 '세로'로 한 [반응형]이다. [서식] 도구를 이용하면 텍스트 크기 및 색 등을 변경할 수 있다.

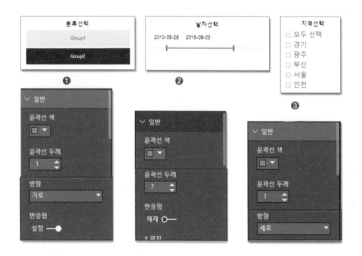

그려 보면 보여요 '차트'

데이터를 그리는 그래프(graph)[2]의 기본 요소는 점(point), 선(line), 면(plane, surface), 입체로 디자인의 구성 요소와 같다. 디자인의 점선면은 자유로운 백지 위에, 그래프는 좌표 평면상의 특정 데이터 위치와 크기를 이용하여 표현된다는 점이 다르다. 백지 위보다 자유롭지 않지만, 문자와 숫자가 점에 선, 면, 입체라는 극적인 요소로 표현되고, 그 결과 인간의 시각을 자극하여 다양한 감정을 끌어낼 수 있다는 것이 데이터가 그래프 됨의 목적이며 강점이다.

그림은 파워 BI 데스크톱이 제공하는 시각화 개체 R을 이용해 마이크로소프트의 2016년 1월 4일부터 12월 30일까지 1년 치 주가 변동 사항을 여러 종류의 그래프로 표현한 것이다. 필자는 주식을 몰라 그래프가 하는 말이 와닿지 않지만, 주식에 대한 배경지식을 갖춘 사람이라면 여러 가지를 빠르게 확인할 수 있을 것이다.

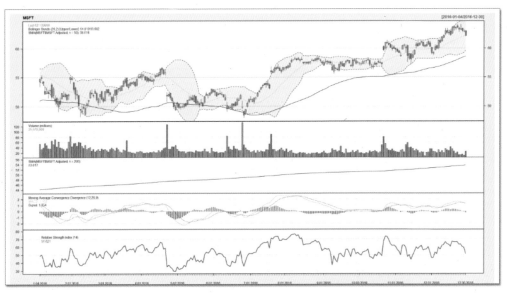

▲ 파워 BI의 시각화 개체 R로 만든 주가 그래프

---

2   Graph는 그리스어 graphein에서 온 것으로 '새기다, 긁다(carve, scratch)'를 의미한다

그래프상의 데이터는 무엇을 전달할 수 있을까? 아니 우리는 무엇을 전달하기 위해 그래프를 그리는 것일까? 그리고 선택한 그래프는 메시지를 전달하기에 적절한 것인가? 그림은 그래프로 전달할 수 있는 메시지를 키워드로 만들어 본 것이다.

상관관계

유독 튀는

크기   흐름

전체의 경향   상대적인 크기   변화

자신의 몫

치우침   중요성 강조

▲ 필자 생각에 그래프가 표현하는 것들

» 그래프를 그리기 전 준비 사항

그래프는 2차원 좌표계인 좌표 평면상에 그려진다. 사용자는 표현하려는 데이터 원본에 따라 적절한 그래프 종류를 선택하고 실행하면 엑셀의 그래프는 데이터를 기반으로 좌표 평면의 눈금을 생성하고 그에 따라 값의 해당 위치를 찾아 점, 선, 면으로 표현한다. 그리기 전 우리는 필요한 숫자와 이정표(레이블)를 구성해야 한다. 엑셀은 이를 데이터 원본이라고 부른다.

1 데이터 원본 준비

원본은 특별한 가공 없이 'Raw Data가 곧 그래프 원본'으로 사용되기도 하지만, 대부분은 특정 기준에 의해 요약 및 집계한 보고서 테이블을 원본으로 사용하기도 한다.

엑셀 차트 중에 분산형, 상자&수염의 경우는 데이터를 요약하지 않고 그대로 사용한다. 분산형을 제외한 대부분 그래프는 '부서별 점수의 평균, 점수 등급별로 해당하는 점수의 수' 등으로 간추려지는 작업을 거친다. 우리는 엑셀의 차트와 파워 BI 데스크톱의 시각화 개체로 데이터를 그릴 것인데, 파워 BI 데스크톱의 경우는 프로그램에서 대신에 해주기 때문에 요약 및 집계 과정을 '생략'할 수 있다.

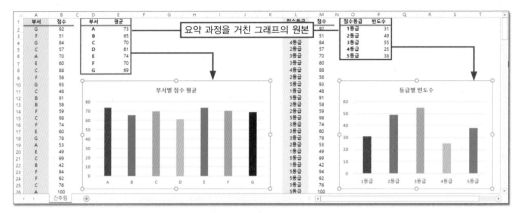

▲ 원본의 간추림 작업을 거쳐 생성된 엑셀의 막대그래프

2 구성 요소 파악

준비된 데이터 원본은 좌표 평면상에 점, 선, 면, 입체로 표현된다. 그 외에도 데이터를 더 잘 성명하기 위해서 제목, 눈금선, 범례 등의 구성 요소로 추가로 사용할 수 있다.

✔ 좌표(coordination) 평면

수학의 좌표(Coordination)는 평면이나 공간 안에 임의의 점 위치를 나타내는 수나 수의 짝으로 일상에서는 사물의 위치나 형편을 비유적으로 이르는 말이다.

✔ 1차원 좌표계

수직선은 1차원 좌표계로 본다. 수직선은 실수의 크기를 무한히 펼쳐진 직선 위에 나타낸 것이다. 그렇다면 이 수직선은 어떻게 그려지는가? 먼저 ❶ 가로 선을 그린다. ❷ 가운데 표시를 하고 '0'을 입력한다. ❸ '0'의 좌우에 일정하게 구간을 나눠 짧은 선을 긋고 숫자를 입력한다. 왼쪽은 마이너스(−)를 표시한다. 그린 수직선 위에 숫자를 그려 의미를 부여한다. 수직선 위에 '1'과 '−3'이 해당하는 곳에 점을 찍고 1이 이뤄야 할 목표, −3이 현재 상태라 간주한다. 수직선 위의 두 점으로 '현재 상태와 목표 간의 거리'를 가늠해 볼 수 있다.

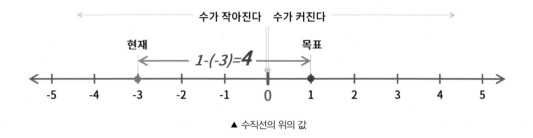

▲ 수직선의 위의 값

✔ **2차원 좌표계**

우리의 그래프는 좌표 평면(座標 平面, coordinate plane) 위에 그려진다. 두 개의 직선을 좌표축으로 하고, 그 교점을 원점으로 한다. 가로 선을 x축, 세로 선을 y축으로 한다. 그림 좌표 평면에 점 하나를 찍었다. 좌표 평면의 한 점은 X 입장에서는 3, Y 입장에서는 4에 해당한다. 이렇듯 좌표 평면은 한 점에 두 개의 값을 표현할 수 있게 한 것이다. 우리는 좌표 평면상의 각 점을 두 수의 순서쌍 (좌표) (x, y)로 나타낼 수 있다. 결론적으로 좌표는 값의 특정 위치를 지정을 의미하고, 좌표 평면은 그 '값을 나타내는 평면'으로 정의한다.

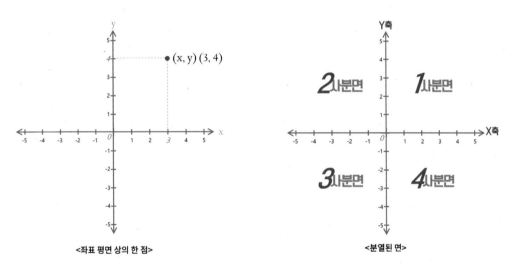

<좌표 평면 상의 한 점>   <분열된 면>

▲ 좌표 평면상에 x=3, y=4를 의미하는 좌표(한 점)

우리는 위의 오른쪽 그림처럼 원점(0, 0)을 기준으로 4개로 공간을 구분하고 분열된 2차원 공간 (면)을 '분열된 면'이라 해서 1사분면, 2사분면, 3사분면, 4사분면으로 이름을 지었다. 면마다 데이터가 보여주는 모양을 파악하여 다르게 해석하는 해석의 툴로 사용한다.

✔ 점·선·면·입체

좌표 평면상에 데이터를 표현하는 점·선·면·입체는 다양한 특징을 갖고 있다. 점은 더는 분리될 수 없는 최소의 기본 요소로 크기가 없으며 단지, 위치를 표시하는 것으로 끝이다. 선은 위치에 길이가 더해져, 시작과 끝으로 방향성과 길이를 나타낼 수 있다. 선과 선이 만나 움직인 자취가 면으로 면은 길이와 넓이가 있다. 면은 눈으로 더 많은 것을 확인할 수 있게 한다. 입체는 면과 면이 모이거나 확장되어 이루어지는 3차원으로 면이 이동한 자취가 넓이와 두께로 입체를 이루게 된다.

✔ 추가 그래프 구성 요소

엑셀은 축, 축 제목, 차트 제복, 데이터 레이블, 데이터 표, 오차 막대, 눈금선, 범례, 추세선을 사용하여 그래프를 더 잘 표현할 수 있도록 한다.

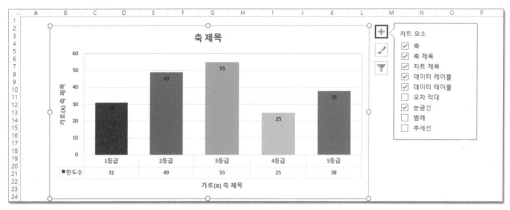

▲ 엑셀 2016 버전 차트 구성 요소

실행 ···

[차트 요소]는 그래프를 그리고 선택한 후 표시되는 오른쪽 + 표시를 클릭하면 나타남

∗∗ 그래프 디자인 요령

· 제목은 그래프 상단에 넣는다.

· 눈금, 숫자, 단위, 항목, 설명 문자를 반드시 기입한다.

· 그래프의 유효 숫자는 보통 세 글자이다.

· 데이터의 이력, 해설은 그래프의 공백 부분 또는 그래프란 이외의 밑부분에 기입한다.

· 막대의 수는 8–9개, 원의 분할은 5–6개로 제한한다.

마이크로소프트 시각화 개체 교육 사이트

https://docs.microsoft.com/ko-kr/power-bi/guided-learning/visualizations#step-1

>> 그래프 그리기

그래프는 그릴 때 엑셀의 차트는 추가 과정 없이 버전별 제공되는 그림의 차트를 선택하여 그리고, 파워 BI 데스크톱의 경우는 기본 제공되는 것과 '마켓플레이스'에서 추가 제공되는 것을 필요에 따라 사용한다.

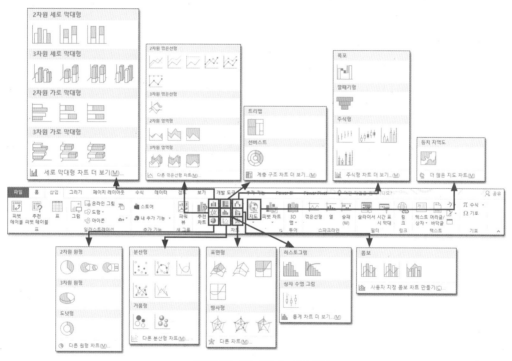

▲ 엑셀 2016 기준 제공되는 차트 종류

파워 BI 시각화 개체는 몇몇 기본 제공되는 것과 [마켓플레이스에서 가져오기]하여 사용하는 사용자 지정 시각적 개체로 구분된다. 사용자 지정 시각화 개체 가져오기 버튼(…)을 눌러 원하는 그래프를 추가하여 사용할 수 있다.

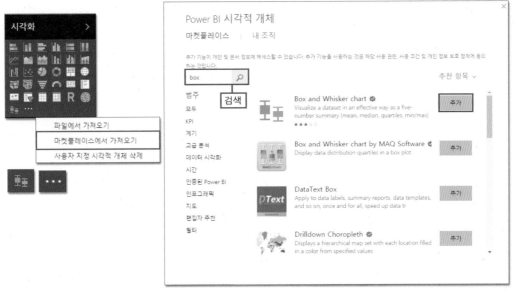

▲ 마켓플레이스에서 가져오기

1 상관 관계, 이상치 표현에 효과적인 산점도(Scatter Plot)

분산형.xlsx/분산형.pbix

• **표현 가능한 그래프** : (E)분산형, (E)거품형, (P)분산형, (P)Enhanced Scatter

• **원본 데이터 형식** : 요약 과정이 필요 없음. X = 연속형, Y = 연속형

• **그려보기** : 엑셀에서는 분산형과 거품형을 사용할 수 있다. 분산형은 숫자형 변수 X, Y를 범위로 선택하고 해당 그래프를 선택한다. 거품형을 거기에 거품의 크기(Size)까지 범위로 선택하고 그린다. 두 개의 숫자(X, Y)는 쌍을 이루고, 두 수에 해당하는 곳에 찍는다.

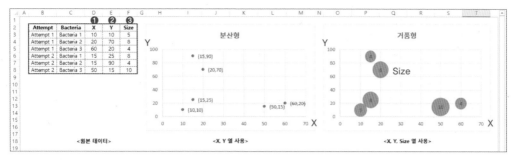

▲ 엑셀에서 원본을 분산형과 거품형으로 표현

파워 BI의 시각화 개체 'Enhanced Scatter'를 이용하면 동그라미를 다양한 기호와 이미지로 대체하여 사용할 수 있다.

- **역할** : 트렌드, 집중도 및 이상치를 효과적으로 파악할 수 있어 추후 분석 방향을 알 수 있게 도와주며 두 변수 사이에 비례(양수)와 반비례(음수) 여부를 파악하여 '상관성'을 알아낼 수 있다.

- **적용 사례** : 그림은 ❶[투자기간(x)과 역사점수(y)], ❷[투자시간(x)과 통계점수(y)]를 좌표 평면에 표시했다(다른 사례. 이익-매출, 투자시간-시험점수).

- **해석** : ❶의 경우 X, Y는 비례 '시간을 투자하면 할수록 점수가 높다'라고 해석하고 '양의 상관관계가 있다'고 말한다. ❷의 경우 X, Y는 반비례 '시간을 투자하면 할수록 점수가 낮다'라 해석하고 '음의 상관관계가 있다'고 말한다.

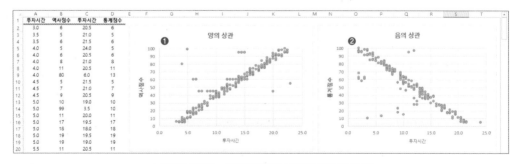

▲ 분산형 그래프 – 투자시간 대비 시험점수와의 상관 관계

2 전체의 경향, 이상치 표현에 효과적인 상자 & 수염(Box & Whisker) 그림

상자 & 수염.xlsx/Box & Whisker.pbix

• **표현 가능한 그래프** : 상자 수염,(P-Market)Box & Whisker Chart

• **원본 데이터 형식** : 요약 과정이 필요 없음. X = 명목형, Y = 연속형

• **그려보기** : 두 변수를 선택하고 상자 & 수염 그래프를 실행하면, X의 요소(A, B,...)별로 각각 통계량 '최소값, 최대값, 1사분위수, 3사분위수, 중앙값'을 자동으로 구한다. 그 결과를 이용해 X의 요소별로 각각 상자&수염을 그린다. 그림은 엑셀에서 점수와 부서 정보로 상자 & 수염 그림을 그린 것이다. x는 평균값 표시로 [평균 표식 표시]를 체크하면 나타난다. 하나의 그래프에 각 부서 점수의 분포를 볼 수 있었다.

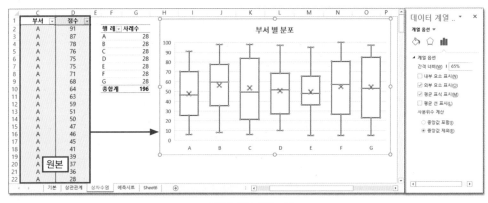

▲ 엑셀의 상자 수염 그림

• **적용 사례** : 그림은 파워 BI 마켓 플레이스에서 가져온 시각화 개체 'Box and Whisker chart'로 만든 상자 수염 그림이다. [Whisker type]을 각각 'Max/Min', '< 1.5 IQR', '= 1.5 IQR'로 다르게 지정해 보았다. [Whisker type]은 상자 수염의 수염 부분 즉, IQR(Inter Quartile Range)의 표시점을 어디에 표시할지를 결정하는 것이다.

엑셀 2016에 추가된 '상자 수염 그림'은 요약 과정을 필요로 하지 않는다. 그리고 요약 없이 원본을 가지고 그린 그래프의 가로축 순서는 원본의 정렬 상태에 따른다.

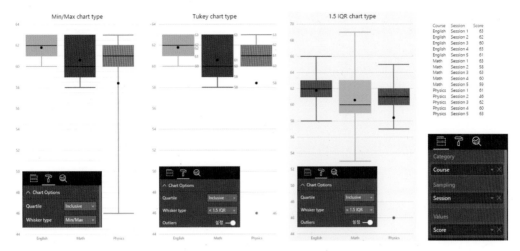

▲ 파워 BI 스토어에서 추가한 시각화 개체

Tukey(터키)는 모든 집단의 사례 수가 동수 n이고 평균치 간 일대일 짝 비교하고자 할 때 사용하는 사후 검증법이다.

• 해석 : 상자 수염 그림의 직선 부분 가장 아래는 최소값을 상자의 밑변은 상위 25%에 해당하는 값, 중앙선은 상위 50%에 해당하는 값, 윗변은 상위 75%에 해당하는 값, 직선 부분 제일 위는 최대값을 표시한다. 빨간 점은 해당 범위에서 1.5배 이상에 위치한 이상치로 본다. 아래 그림은 박스플롯을 가로로 표현한 것으로 사분위수를 표현한다. 박스 모양으로 데이터 모양을 쉽게 파악할 수 있다.

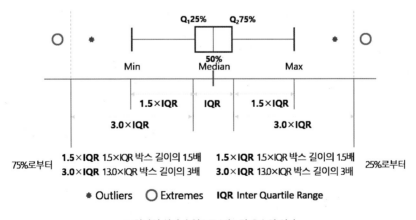

▲ 하나의 상자 수염으로 보는 각 요소의 의미

- **역할** : 상자 수염 그림은 두 개 이상을 집단을 상대적 비교하여 전체적인 분포 양상을 파악할 수 있다. 상자 수염 그림은 John W. Tukey이 제안한 탐색적 데이터 분석 방법으로 '평균값만으로는 전체 데이터 값의 대표성을 판단하기 어려운 경우' 주로 사용한다. 이상치(outlier)의 위치와 데이터의 비대칭 여부를 쉽게 확인할 수 있다.

3 크기, 상대적인 크기 표현에 효과적인 막대

- **표현 가능한 그래프** : 막대

- **원본 데이터 형식** : 엑셀은 요약 과정이 필요하고, 파워 BI 데스크톱은 필요 없음. X = 명목형, Y = 연속형

- **그려보기** : 종이에 ❶ 좌표 평면을 그리고 가로에는 항목의 요소, 세로에는 숫자 구간을 적는다. ❷ 항목별로 해당하는 숫자 좌표에 점을 찍는다. ❸ 그리고 점을 기준으로 막대를 그린다.

X	A	B	C	D	E
Y	5	6	4	3	2

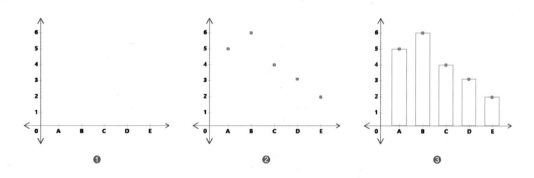

- **적용 사례** : 그림은 파워 BI 데스크톱에서 그린 막대그래프다. X(축), Y(값)에 해당하는 변수 필드를 지정했더니, 자동으로 X의 요소로 요약하고, 각각의 Y값을 모아 집계, 그래프를 그렸다. 게다가 '합계'를 기본으로 하되 집계 방법을 변경할 수 있는 옵션을 제공했다. 또한 [범례] 영역에 [분류] 필드를 옮기니, 분류 항목의 요소가 구분되어 막대로 표현된다.

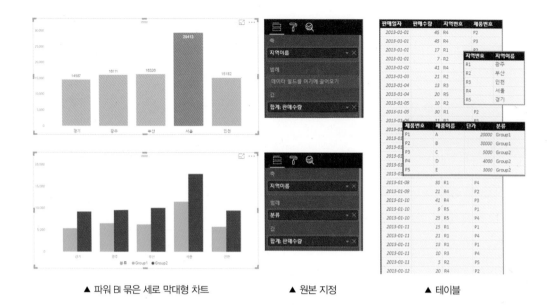

▲ 파워 BI 묶은 세로 막대형 차트   ▲ 원본 지정   ▲ 테이블

- **해석** : 지역이란 하나의 명목형 변수의 판매수량을 표현한 것으로 보이는 그대로 '서울' 지역이 다른 지역에 비해 상대적으로 판매수량이 높다고 해석하면 된다. 범례를 추가하여 Group1과 Group2의 판매수량을 따로 비교하는 두 번째 막대는 해당 그룹별 상대적 크기를 비교할 수 있다.

- **역할** : 막대그래프는 내용 전달이 쉽고 그리기 쉬워 가장 많이 애용된다. 사물의 양을 막대의 길이로 표현하여 양의 많고 적음, 증가와 감소, 크고 작음을 비교한다. 막대의 높이는 수치의 크기를 의미하지만 넓이에는 특별한 의미가 없다. 항목의 여러 요소를 전체적으로 비교할 때 좋으며, 비교 항목은 10개를 넘지 않도록 하는 것이 좋다. 막대그래프는 요소 간의 크기를 비교하여 '상대적인 차이'를 증명하는 것이 목적이다.

4 치우침, 현상 파악 표현에 효과적인 기둥 그래프 = 히스토그램

Histogram.xlsx/Histogram.pbix

- **표현 가능한 그래프** : (E)세로 막대형, (E-2016)히스토그램, (P)묶은 세로 막대형 차트, P-Market)Histogram Chart

- **원본 데이터 형식** : Y = 연속형, X = 명목형(구간), Y = 연속형 참고로, X축은 등간(구간) 혹은 비율척도로 측정된 연속적인 값이어야 한다.

•**그려보기** : ❶ 계급 구간 수와 계급 구간 너비를 만들고, 계급 구간에 해당하는 변수 Y의 ❷ 빈도 수를 구한다. 빈도수는 각 기둥의 높이가 되어 ❸ 그래프로 그려진다.

그림의 첫 번째는 세로 막대형으로 히스토그램을 그린 것이다. ❶ 최소값, 최대값을 구해 범위를 구하고, 참고하여 ❷ 구간 수를 임의로 선정했다. 해당 구간에 ❸ 빈도수를 구했다. 얻어진 도수분 포표를 그래프의 원본 삼아 막대그래프를 그리고 막대와 막대 사이의 간격을 없애 히스토그램처럼 만들었다.

그림 오른쪽 ❹ 히스토그램 차트는 엑셀 2016 버전 추가돼 이런 과정 없이 전체 점수를 원본으로 그릴 수 있게 됐다. 연속형 변수 Y를 사용하여 필요한 변수 X를 스스로 만든다. 기본적으로 설정된 계급 구간 값이 사용자의 의도와 다르다면 [축 옵션]을 변경하면 된다.

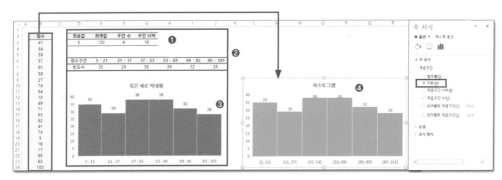

▲ 도수분포표와 히스토그램

•**적용 사례** : 그림은 파워 BI의 추가 시각화 개체 히스토그램으로 나이 구간별로 값(Value)을 이용하여 밀도와 빈도를 파악한다.

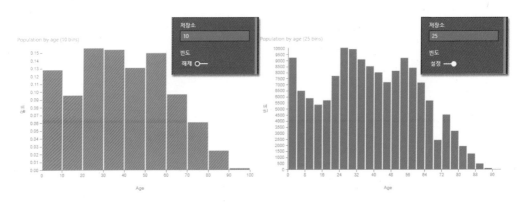

▲ 파워 BI의 히스토그램

- **해석** : 히스토그램의 막대 넓이는 데이터의 범위를 의미한다. 모든 값은 연속되므로 막대와 막대 사이에는 간격이 없다.

- **역할** : 가장 큰 역할은 데이터의 분포 상태를 알아보기 쉽게 하여 형태로 데이터를 한눈에 파악할 수 있다는 점이다. 거기에 어떤 값을 중심으로 데이터가 분포하는지, 어떤 모양을 하고 있는지 알 수 있다. 적은 양이 아닌 많은 양의 데이터로부터 평균치와 표준편차를 구하고 싶을 때와 실제 데이터를 규격과 비교하고 싶을 때 사용한다.

5 변화, 흐름 표현에 효과적인 꺾은선

꺾은선.pbix

- **표현 가능한 그래프** : 막대, 꺾은선

- **원본 데이터 형식** : X = 시간을 의미하는 변수, Y = 연속형

- **그려보기** : 가로축과 세로축을 그리고 값에 따른 축을 설정한다. 값에 따라 해당 지점에 좌표를 찍고, 점을 연결한다. 2개 이상의 계열(2016, 2017) 데이터를 기입할 때는 점선 또는, 파선 등을 이용하여 구분한다. 그리고 해당 계열을 설명하는 범례를 표시한다.

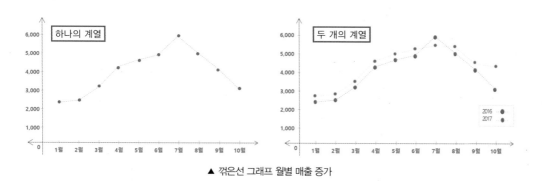

▲ 꺾은선 그래프 월별 매출 증가

- **적용 사례** : 그림은 파워 BI의 시각화 개체 꺾은선형으로 월별로 판매수량의 합을 변화와 흐름을 표현한 것이다. 범례에 [연]을 지정함으로 하나의 그래프에 연도별 변호와 흐름도 함께 볼 수 있다. 파워 BI에서 그린 꺾은선도 막대그래프와 마찬가지로 요약 및 집계의 과정을 생략할 수 있다.

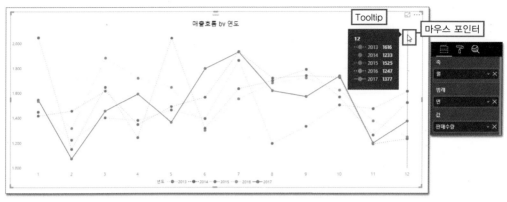

▲ 파워 BI 데스크톱의 꺾은선형 차트

•**역할** : 꺾은선 그래프는 시간의 흐름에 따라 변화되는 양을 보여준다. 사용자는 시선은 자연스럽게 선을 따라가고, 그것이 곧 시간에 따른 데이터의 흐름이 된다. 이때 '시간의 흐름'을 의미하는 X축의 순서는 시작으로부터 끝으로 정렬되어야 한다. 꺾은선은 막대보다는 변화의 정도를 알아보기 편리하고 조사하지 않은 중간의 것도 짐작이 가능하다.

6 점유율 표현에 효과적인 원형 & 100% 기준 누적형 막대   원형&100%누적.xlsx/원형&100%누적.pibx

•**표현 가능한 그래프** : 원형, 100%기준 누적형 막대, (P-Market)Mekko Chart

•**원본 데이터 형식** : 백분율로 표현된 두 개 이상의 값

•**그려보기** : 먼저 ❶등급별 점수를 요약 및 집계한다. 그 결과를 이용하여 ❷ 원형과 도넛형 차트를 그렸다. 거기에 ❸ 부서 정보를 추가하여 원본을 수정하여 여러 계열을 만들면 여러 계열을 하나의 그래프에 100% 누적 막대로 그릴 수 있다.

•**역할** : 원형은 단일 값의 관계뿐만 아니라 값 사이의 관계도 표시한다.

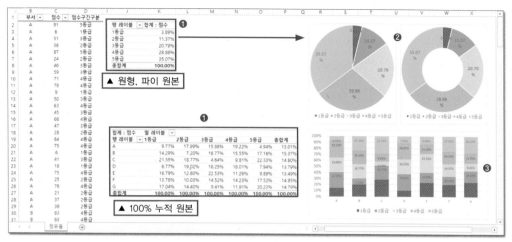

▲ 엑셀에서 그린 원형, 도넛형, 100% 누적 세로 막대형

•**해석** : 원형과 도넛의 다른 점은 구멍인데, 그림처럼 가운데 구멍을 뚫고, 그 공간에 또 다른 도넛을 추가할 수 있도록 한다. 추가한 도넛으로 다른 항목을 표현한다. 이때 도넛의 두께는 조정이 가능하다.

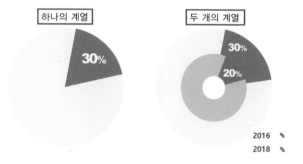

▲ 원형, 도넛형 그래프 – 백분율 표현

원형 그래프를 시각화할 때 팁

❶ 중요한 요소를 오른쪽 위에 배치한다.

❷ 10개 이하의 요소(조각)를 사용한다.

❸ 두 개의 원형 차트를 비교하는 것은 옳지 않다!

❹ 원형은 두 개의 요소(조각)가 있는 경우에 특히 유용하다!

100% 누적 막대도 동일한 역할을 한다. 동일한 항목 전체를 100%로 놓고, 각 항목의 상대적인 크기를 비교한다. 100% 누적 막대만의 장점은 여러 항목(1등급, 2등급, 3등급, 4등급, 5등급)을 같은 그래프에 표현할 수 있다는 점이다.

파워 BI의 시각화 개체 도넛형, 원형, 100% 누적 세로 막대형으로 데이터를 그려 보았다. 요약 및 집계 과정은 역시 생략할 수 있었다. 필요한 곳에 해당 항목을 지정하면 된다. 100% 누적 세로 막대의 경우는 [범례]를 사용하여 [점수구간구분] '1등급, 2등급,...'의 여러 항목으로 분류해서 한 그래프에 표시한다.

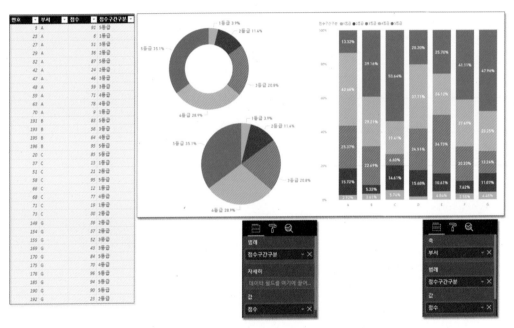

▲ 파워 BI 시각화 개체–도넛형, 원형, 100% 누적 세로 막대형

도넛과 100% 누적 세로 막대형, '전체 대비 범주별 비율'에 대해 그려서 답하다!

Mekko Chart는 100% 누적 세로 막대에 Axiswidth와 Category sorting이 추가된 것이다. 항목을 적용하여 이들의 역할을 살펴봤다. 축너비(Axiswidth)에 [판매수량]을 지정했더니, 지점별로 총 수량의 합에 따라 막대의 넓이가 조정됐다. 조정된 축의 너비로 '계산점이 총판매 수량이 가장 많음'을 읽어낼 수 있었다. Mekko Chart는 막대의 넓이에도 정보를 담게 한 것이다. Category sorting은 어떤 역할을 할까? 필자는 [분기이름]을 사용했는데, 이 차트는 [분기이름] 정보를 이용해서 지점별 4개의 막대(1분기, 2분기, 3분기, 4분기)로 분리해서 해당 분류별로 점유율을 표시했다.

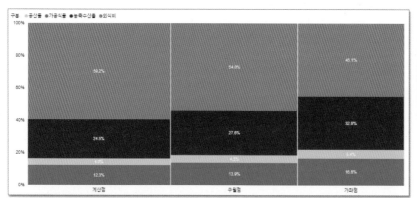

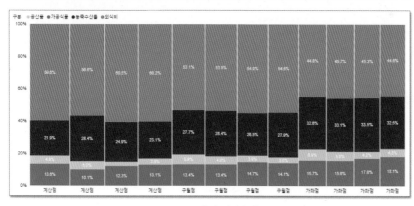

▲ 추가 시각화 개체 – Mekko Chart

▼summary

Chapter 01 Summary

1. 다차원 데이터 분석

비즈니스 인텔리전스(BI, Business Intelligence)는 다차원 분석을 통해 가능하다. 기업은 빠른 의사 결정(BI)를 위해서 의사 결정용 데이터베이스(DW: Data WareHouse)와 차원 도구(OLAP: OnLine Analysis Processing)을 사용한다. 피벗 테이블, 슬라이서, 그래프는 다차원 분석을 위한 기본적이면서도 핵심적인 도구이다. 다차원 데이터와의 질의 방법은 '피봇팅(Pivoting), 드릴 다운(DrillDown), 롤 업(RollUp)' 세 가지로 요약할 수 있다.

2. 피벗 테이블 – 기본 보고서 작성

피벗 테이블은 손질되었으나 가공되지 않은 데이터(Raw Data)로 빠르고 요약 및 집계하여 쉽게 보고서 테이블을 생산한다. 엑셀 피벗 테이블의 구성 요소 [보고서, 행, 열]은 분석의 관점을 정의할 수 있도록 한다. [값]은 분석의 목표인 숫자 값을 정의한다. [값]에 옮겨진 숫자 변수는 '합계, 평균, 개수, 분산, 표준 편차' 등의 측정 방법을 적용받는다.

3. 슬라이서 – 원하는 자료로 필터

슬라이스(Slice)는 차원 중 하나에 대해 단일 값을 선택하고 차원이 작은 하나의 작은 큐브를 만들어 큐브의 하위 집합을 선택하는 것을 의미한다. 슬라이서는 피벗 보고서를 자르(Slicing)고 나눠(Dicing) 더 작은 부분으로 잘라 올바른 분석을 위해 정확한 세부 수준이 달성될 때까지 프로세스를 쉽게 반복할 수 있도록 한다.

4. 그래프 – 좌표 평면에 값을 표시

엑셀의 '차트'와 파워 BI 서비스의 '시각화 개체'는 데이터가 좌표 평면에 '점, 선, 면, 입체'로 표현되는 것이 특징이다. 데이터는 그대로 그래프에 표현된다. 현재 통상적으로 사용하는 대부분의 종류가 제공되고 있으며, 데이터를 표현할 수 있는 새로운 시각화 개체가 개발되어 실시간으로 사용자에게 전달되고 있다.

CHAPTER

분석의 정교화를 위한 이론+

'현대의 분석은 생활 속 데이터를 수치로 점검(Inspect)하여 새로운 측면(Respect)을 찾아서 현재를 파악(Introspect)하고, 현재의 자료를 통해 새로운 관점(Perspective)으로 미래를 전망(Prospect)하여 새로운 가능성을 만들어 내는 것이다. 이런 일련의 과정을 반복은 생각의 범위(Spectrum)를 넓히고, 자연스레 세상을 데이터적, 수학적 사고가 정립 및 훈련될 수 있을 것으로 생각된다. 의사 결정은 실시간에 가까운 빠르기로 적확 그리고 적시에 가능해지는 결과를 낳을 것이다.'

우리의 분석에는 사람도 있고, 동물도 있고, 사물도 있고, 거기에 그들이 머무는 공간과 시간이 있다. 피벗 테이블은 정리된 그들의 여러 특성을 담아 새로운 값을 만든다. 피벗 테이블의 행과 열, 필터는 새롭게 생성된 '측정값'을 이해하는 데 필요한 전후 사정 즉, 맥락(Context)이 된다.

우리는 사람·동물·사물과 그들의 세상을 연구하는 학문을 조금씩 살펴봄으로써 우리가 컴퓨터 프로그램을 이용하는 데이터 분석이 우리의 삶과 아주 밀접함을 강조하고자 한다. 단순히 어떤 데이터가 분석 사용됐느냐가 중요한 것이 아니라 그 데이터가 무엇을 어떻게 옮겨 놓은 것인지 그 배경과 특성을 알아 한층 더 적절한 툴을 선택하고 표현하며, 올바른 해석을 할 수 있게 될 것이다.

'일상'에 '학(學)'을 플러스하다

철학은 '인간과 세계에 대한 근본 원리와 삶의 본질'을, 물리학은 '사물의 이치'를 심리학은 '마음의 이치'를 탐구하여 '학'을 만든다. '학'으로 태어나기 위해서는 일상에서 벌어지는 일을 오랫동안 관찰하여 팩트를 수집하고, 수집한 내용에서 '원리'를 발견한다. 그리고 그것이 검증되면 조직된 지식의 체계로 만든다. 그 결과는 '학'이 되며, 모든 학은 일정한 지식 체계를 만드는 과정이 수반되어야 한다.

≫ 점.선.면.입체론

물리학은 세상을 4차원[3]으로 정의한다. 물질을 구성하는 기본입자인 '원자'를 하나의 점으로 표현하며 0차원이다. 점은 모여 하나의 선을, 선과 선이 만나 하나의 면이 된다. 선은 1차원, 면은 2차원이다. 또 2차원의 면과 면은 만나 입체 공간이 되고, 입체는 결국 우리가 사는 현실과 같다. 거기에 4차원의 시간이 더해지면 과거와 현재는 이어진다. 결국 물리학의 점·선·면·입체는 우리가 사는 이 세상을 인간이 눈으로 인식할 수 있는 것 즉, 시각적으로 설명하기 위한 해석의 결과라 할 수 있다.

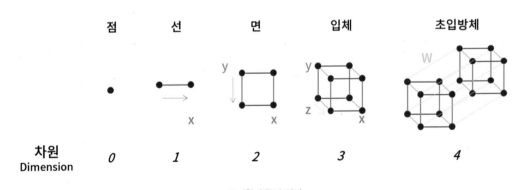

▲ 물리학의 공간 정의

---

3 차원(次元, dimension) : 공간 내에 점 등의 위치 표현을 위해 필요한 축(axis) 'x, y, z, w'의 개수를 의미한다.

≫ 적절한 '잣대'론

0차원의 '원자', 세상에 존재하는 모든 것들은 일정한 질량을 가지고 있으며, 양적으로 규정되어 있다. 이러한 질량은 장소나 상태에 따라 달라지지 않는 물질의 고유한 양이다. 『수량화 혁명』이란 책에 보면, 14세기 유럽에서 세상에 존재하는 것을 수로 옮기려는 '수량화'가 시작되었다고 한다. 그 결과 물질 각각의 성질이나 특징에 따른 다른 척도(Scale)가 개발 및 적용되어 우리는 이미 물질을 '숫자'로 표현하고 있다.

그런데 물질의 양은 크게 '스칼라(Scalar)'와 벡터(Vector)'로 구분해 보아야 한다. '사람의 몸무게' 처럼 크기만으로 표현할 수 있다면 '스칼라'가 된다. '사람의 힘'처럼 크기와 방향이 있다면 '벡터'가 된다. 수학적으로 벡터는 하나 이상의 숫자로 1차원에서 + / − 기호를 덧붙여서 방향을 나타낼 수 있으나, 2차원이라면, 방향을 나타내기 위하여 하나의 숫자가, 3차원이라면 2개가 더 필요하다.

좀 더 이해를 돕기 위해 이 둘의 라틴어 어원을 찾아봤다. 스칼라는 '계단 또는 저울'을 의미하는 'scalar'에서, 벡터는 '운반하다'를 뜻하는 'vehere'에서 왔다고 한다.

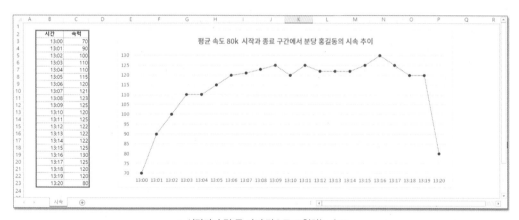

▲ 시간과 속력 두 가지 값으로 표현하는 속도

스칼라와 벡터 값의 구분

- 스칼라 : 무게, 길이, 넓이, 시간, 온도, 질량, 속력, 에너지 등
- 벡터 : 변위, 속도, 가속도, 힘, 운동량, 충격량, 중력장, 전기장, 자기장 등

컵처럼 만져지는 것은 물론이고 바람의 세기처럼 느껴지는 것도 모조리 측정해 숫자로 시각화했다. 측정이 가능하다면 우리는 그것을 물리량이라 한다. 측정할 수 없다면 비물리량이라고 정의했다. 그렇다면 인간의 마음은 물리량? 아니면 비물리량?

우리는 이제 마음의 크기를 숫자로 측정하고 있다. 어째 사람들은 '마음의 이치'를 연구하는 심리학을 만들었을까? 눈에 보이지 않을뿐더러 장소나 상태에 따라 달라지지 않는 물리량과는 다르게 조석간으로도 변하는 게 인간의 마음이지 않은가? 그런데도 인간의 마음을 연구하는 심리학이 시작(1879년 빌헬름 분트)된 지도 139년이란다.

그렇다면 인간의 마음은 무엇으로 어떻게 측정될까? 마음을 측정할 때 무엇보다도 중요한 것은 질문이다. '어떻게 질문하느냐'에 따라 결과는 전혀 다른 방향으로 갈 수도 있다. '선호도'를 측정할 때 사용하는 리커트 척도는 다섯 개의 답을 하는 5점 척도와 일곱 개의 답을 하는 7점 척도가 있고 주로 5점 척도를 사용한다. 홀수를 사용하는 이유는 정량 값을 측정치로 사용하는 경우는 좌우 대칭 모양을 갖는 것이 좋기 때문이다. 리커트 척도는 선호도 외에도 신뢰도, 타당도, 반응 등을 측정하는 데 사용한다.

▲ 사람의 마음 측정법 – 리커트 척도

>> 데이터 '씨줄날줄'론

이 책의 주제는 '자신의 데이터는 스스로 분석하자!' 이다. '데이터 분석'은 물질의 양과 마음의 양이 컴퓨터의 재료인 데이터로 옮겨져 있을 때 가능하다. 필요한 모든 사람의 정보는 테이블이라는 틀 안에 기록 및 관리된다. 한 사람의 특징은 테이블의 한 행에 모두 기록하는 것이 일반적이다.

사원번호	이름	성별	직급	판매금액	연락처
1701	홍진희	여	과장	2,500,000	010-000
1501	김기상	남	50	3,000,000	010-111
1301	안옥화	여	45	4,500,000	010-222
1101	박영희	남	77	9,000,000	010-333

▲ 씨줄과 날줄, 데이터 테이블

그러나, 우리의 데이터가 주로 시각화되는 좌표 평면상에는 그중 두 가지 항목(예를 들어, 몸무게, 키) 즉, 2차원으로 표현하여 여러 사람의 정보를 확인할 수 있다.

사물과 마음의 이치를 적절한 척도로 측정해 점(값)을 만들었다. 이 한 점은 테이블의 레코드가 된다. 한 점, 한 점이 쌓여 만든 세로 선은 테이블의 열과 같다. 테이블은 마치 행과 열이 씨줄과 날줄이 되어 얼개를 이룬 것처럼 보인다.

그림과 같이 사람의 특징은 몸무게와 키뿐 아니라 이름, 성별, 나이 등 여러 가지로 설명할 수 있다. 한 사람에 대한 모든 정보를 데이터로 전환할 때는 동일한 행에 기록해야 한다. 그중에 한 사람의 두 가지 정보는 몸무게와 키는 좌표 평면에 하나의 점으로 표현된다.

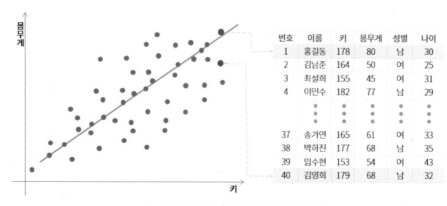

번호	이름	키	몸무게	성별	나이
1	홍길동	178	80	남	30
2	김남준	164	50	여	25
3	최설희	155	45	여	31
4	이민수	182	77	남	29
⋮	⋮	⋮	⋮	⋮	⋮
37	송가연	165	61	여	33
38	박하진	177	68	남	35
39	임수현	153	54	여	43
40	김영희	179	68	남	32

▲ 점, 선, 면, 입체와 테이블의 구성 요소 간의 접점

서로 다른 주제로 생성한 면면인 테이블은 서로 만나 입체를 이룬다. 이 입체는 데이터 분석에서 사용하는 큐브와 같다. 신개념의 엑셀은 궁극적으로 물질의 세계를 데이터화하여 분석하기 위한 것이다. 그 결과 2차원 면으로 구성된 테이블에 3차원의 공간과 4차원의 시간을 담아 물리학이 정의하는 우리의 삶의 터를 피벗 테이블에 구현하고자 하는 것이다.

큐브는 그림처럼 다양한 관점을 적용하여 수치를 요약 및 집계하여 보유한다. 마치 2차원의 여러 테이블이 겹쳐 있는 것 같기도 하다. 그러나, 단순히 겹쳐진 것이 아니라, 다양한 관점으로 이미 요약되어 있다는 것을 확인할 수 있다. 만약, 큐브에 시간을 인식할 수 있는 필드가 있다면, 큐브는 시간이 포함된 완전한 4차원을 표현하게 되는 것이고, 이러한 시간의 속성으로 분석한 데이터로 우리는 '흐름'과 '변화'를 인식할 수 있게 된다.

▲ 피벗 테이블—두 개 이상의 좌표를 적용

✔ 사례. 한 점이 기록되는 과정

사실 무엇보다도 중요한 것은 '관찰(Observation)'이다. 관찰은 한 점 한 점 정성스레 진행된다. 여기 '손님들이 선호하는 밑반찬은 무엇인가?'에 대한 대답을 위해 데이터 분석을 시작한 A식당 사장님이 있다. 이 식당은 점심-저녁을 가리지 않고 같은 밑반찬을 제공했다. 하나의 관찰=한 테이블[4] 이 된다. 관찰 요소를 시간(점심, 저녁), 여자 손님, 남자 손님, 반찬명으로 정했다.

첫 번째 관찰 테이블 네 명의 남자 손님, 콩나물무침 1/2접시, 계란말이 3접시, 콩자반 1/4접시, 어묵볶음 2접시를 먹고 갔다. 이 내용을 데이터화 한다면?

테이블구분	시간	여자손님	남자손님	콩나물무침	계란말이	콩자반	어묵볶음
1	점심	2	2	0.5	2	0.25	3

▲ 관찰한 하나의 사례를 기록하는 요령

관찰은 일주일 동안 진행됐다. 이 과정은 매우 고되고 힘든, 게다가 많은 인력과 집중력이 필요한 과정이 될 것이다. 철저히 관찰된 일주일간의 기록은 매우 훌륭한 재료가 될 것이며, 그로 인한 결과는 누가 뭐래도 대박일 것이다!

사전

단어를 검색해 보세요. 🔍

관찰, 觀察

명사 [사물 현상의 형편이나 동태 따위를]
주의하여 잘 살펴보는것

---

4   여기서의 테이블은 데이터 표가 아니라 식당의 상을 의미한다.

'일상다반'을 '수(數)'로 전환

과학의 언어 수학. 수학은 '숫자와 기호'를 사용하여 '수량과 도형 및 그것들의 관계'를 다루는 학문으로 결국 우리가 하려는 '데이터 분석'의 핵심 도구가 된다. '아하! 그렇다면 수학에서 가장 중요한 것은 숫자겠구나!' 하는 순간 누군가가 다가와 조용히 '수학에서 더 중요한 것은 숫자가 아니라 규칙이다'라고 속삭인다.

여기까지 쓰고 난 필자의 머릿속…

'누구나 데이터로 분석하는 시대', '분석의 핵심 도구는 수학', '필자의 경험적 분석한 결과, 내 주변의 사람들은 90% 이상이 수포자'. '이 일을 어쩌나!', 이 책의 기획자는 '수학!' 만 나오면 악!!

친구들이여! 너무 걱정하지 마라! 우리에게 필요한 일정한 규칙(=식)은 이미 증명되어 있다. 심지어 엑셀은 데이터 관리 및 분석에 필요한 400개 이상의 함수를 제공하고 있지 않은가! 우리에게는 단지 이 함수를 어떤 상황에서 사용하는 것이 적절한 것인가?'에 대한 최소한의 지식만 필요할 뿐이다.

≫ 일단, 수(Number)를 알자!

먼저 숫자가 전달하는 의미에 대해 좀 더 정확한 개념을 다시 정리할 필요가 있다. 필자가 이 책에서 언급하는 수학은 초등학교에서 중학교 2학년 정도에서 다뤄지는 것이다. 수학 강사가 아닌 필자는 그분들만큼 잘 설명할 재주가 없다. 그러니 필자가 참고한 EBS를 독자들도 한 번 보면서 다시 공부하면 좋을 것 같다.

1 수의 체계(number system)

일반적으로 수는 실수와 허수로, 실수는 유리수와 무리수로, 유리수는 정수와 정수가 아닌 유리수로, 또 정수는 양수, 음수, 0으로 구분한다. 무리수는 실수지만 분수의 형식으로 나타낼 수 없는 수로 $\sqrt{2} = 1.41421356237309$, $\log 2 = 0.3010$, $\pi = 3.14159$ 등을 예로 들 수 있다. 고대 그리스 시대에는 '이 세상 모든 수는 두 수의 비(ratio)로 나타낼 수 있다'고 생각했다. 그러던 어느 날 아리스토텔레스가 √2는 비로 나타낼 수 없음을 증명해 낸다. 이를 'irrationals'라고 한 것이 무리수의 최초 표현이며, 이 당시에도 irrationals는 '도리에 어긋난', '비합리적인'이라는 뜻으로 사용되었다고 전해진다.

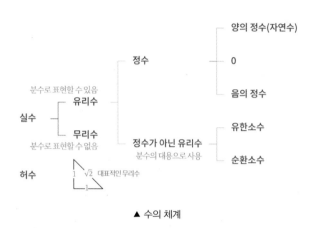

▲ 수의 체계

소수(prime number)[5]는 표기가 어려운 분수의 대용으로 사용한다. 프랑스에서는 콤마(,)를 소수 표기 방법으로 채택하여 사용한다. 영어를 사용하는 나라들은 콤마(,)를 천 단위를 구분하는 용도로 이미 사용하고 있었기 때문에 마침표(.)를 사용한다. 이는 문장이 끝날 때 구두점(.)을 찍어 표시하는 것처럼 '정수 부분이 끝난다'는 의미로 정수에서 소수 부분으로 넘어갈 때 점(.)을 찍기로 했다. 참고로 소수 표기 방법으로 콤마(,)를 사용하는 프랑스는 엑셀의 함수 인수 구분자를 세미콜론(;)으로 사용한다.

<정수와 소수>   <엑셀 반올림 함수 ROUND>

엑셀은 9자리 이상 입력되면 지수(exponent)로 자동 표시된다. 지수로 표현된 10억 '1E+09'는 $1*(10^9)$로 보면 된다. E는 숫자 10을 의미하며, E 뒤에 9는 지수이다. 숫자를 잘 읽히도록 하기 위한 일종의 압축 표시 방법이라 보면 된다.

---

5 소수 : 1과 자기 자신만으로 나누어 떨어지는 1보다 큰 양의 정수

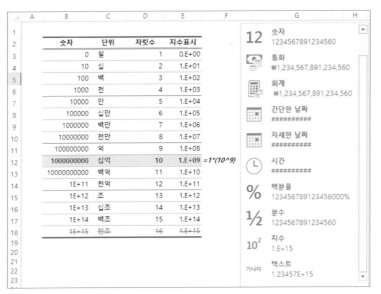

▲ 엑셀의 지수 표현과 표시 형식

카드번호 16자리 '1234123412341234'를 셀에 입력하면 마지막 자리가 '0'으로 변환되어 '1234123412341230'처럼 표시되는 것을 아는가? 엑셀 2016 기준으로 처리 가능한 유효 자릿수는 15자리이므로 16자리부터는 제대로 인식하지 않는다. 모든 자리의 표시가 필요하다면(인식은 여전히 하지 않는다), 입력하기 전에 [표시 형식]을 '텍스트'로 지정한 후 입력하거나, 작은따옴표(')를 입력한 후 입력해야 한다.

2 '0'의 다양한 의미

그림과 같이 수직선 위에 양수와 음수 사이의 '0'은 양수와 음수 영역을 구분하고 '0'을 기준으로 오른쪽으로 가면 갈수록 '커짐, 늘어남', 왼쪽으로 가면 갈수록 '작아짐, 줄어듦'을 표현한다.

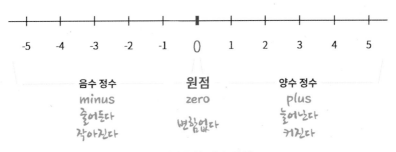

▲ 수직선위의 '0, 음수, 양수'

'0'은 '5+(−5)'의 계산 결과로 아무런 변화 없음 '원점'의 의미도 있다. 돈 5000과 500을 표현할 때는 '0'은 '오천 원이나 오백 원이냐'하는 단위를 구분하기 위해 자신을 헌신한다. 참고로 수의 발견 시점이 재밌다. 양수와 음수가 먼저 발견, 사용되다가 무엇이 불편했던지 후에 '0'을 발견했다고 한다.

≫ 분수(Fraction)로 파악하는 위치!

두 개의 숫자를 이용하는 분수의 경우, 하나는 아래(분모), 다른 하나는 위(분자)에 위치해 있다. 분수는 소수로 대체 표현할 수 있고, 또 나누기는 분수와 동의어이기도 하다. 그래서 우리는 분수를 '분자/분모'로 표현하기도 한다.

가령 '이 세상에 존재하는 모든 것을 중에 인간이 사용하는 공간 비율은?'이란 질문을 분수로 나타내면 '$\frac{인간}{공간}$'이고 정확한 수치를 적용하여 백분율(percent[7]) '$\frac{인간}{100}$' 처럼 표현한다. 백분율은 분모가 무조건 100이되는 특수 분수이다. '이 세상에 존재하는 모든 것을 '100' 분모로 '그중 인간이 사용하는 공간'을 분자로 표현할 수 있다. 인간이 사용하는 공간이 35라고 가정하면 $\frac{35}{100}$처럼 표시하고, 분수는 컴퓨터에 표기가 어렵기 때문에 백분율 '35%'나 소수 '0.35'로도 입력한다. 백분율의 '%'는 분수라는 의미인 셈이다. .

$$\frac{부분}{전체} = 백분율 \qquad \frac{35}{100} = 35\%$$

▲ 전체가 100이어야 하는 특수 분수 백분율

---

6 엑셀에서는 '/'를 나누기 연산자로 사용한다.
7 Percent의 cent는 라틴어 100으로부터 왔으며, 1 dollar가 100 cents인 이유이기도 하다.

1 '부분, 전체, 백분율'의 관계

분모가 반드시 100이 되어야 하는 백분율에서 부분, 전체, 백분율의 관계는 그림처럼 여러 가지 등식으로 표현하여 질문할 수 있다.

질문	식
20 is 40% of **What?**	$$\frac{20}{?} = 40\% \quad ? = \frac{20}{40\%}$$
What is 40% of 50?	$$\frac{?}{50} = 40\% \quad ? = 40\% \times 50$$
20 is **What%** of 50?	$$\frac{20}{50} = ? \quad ? = \frac{20}{50}$$

2 견주어 나타내는 '비, 비율'

인간과 동물이 사용하는 공간에 대한 비율은 백분율이 아닌 비율(ratio)로 대답해야 한다. 비율은 '분모=인간'과 '분자=동물'처럼 서로 다른 종류의 값을 표현할 때 사용한다.

Ratio는 비율, 비(比. 견줄 비)로 'A Relationship between two numbers by division.'으로 정의된다. 백분율이 특정한 사안에 대해 '전체 수에 대한 부분 수'를 의미한다면, 비율은 서로 다른 사안의 두 수를 견주어 관계를 설명하려는 것이다. 그림처럼 왼쪽 분수는 샌드위치가 반밖에 없음을, 오른쪽은 사람은 둘인데 샌드위치 하나라는 샌드위치와 사람의 비율로 둘의 관계를 표현한다.

샌드위치의 반　　　　　**사람은 둘, 샌드위치는 하나**

$$\frac{1}{2}$$ 샌드위치 / 샌드위치　　　$$\frac{1}{2}$$ 샌드위치 / 사람

Part(부분)　　　　　　　Relationship(관계)
분수 fraction　　　　　　비율 ratio　　1 ÷ 2

▲분수와 비율

>> 연산(Operator)자로 숫자 사이의 관계 난이도 설정!

연산(operation)은 하나 이상의 대상으로부터 새로운 것을 만들어 내는 것이다. 숫자와 숫자 사이에 어떤 연산자가 배치되었느냐에 따라 완.전.히. 다른 크기의 값이 생산되기도 한다.

<u>1</u> 더하고, 빼고, 나누고, 곱하고!

대표적인 연산법인 산술 연산(arithmetic operation)은 덧셈, 뺄셈, 곱셈, 나눗셈의 사칙연산 계산을 하는 것을 말한다. 엑셀은 그림처럼 더하기, 빼기 기호는 그대로 사용하고 곱하기는 미지수 'x'와의 혼동을 막기 위해 '*'로, 나눗셈에 쓰이는 '/' 기호는 '÷' 기호를 좀 더 간편하게 표현하기 위하여 대체하여 사용한다.

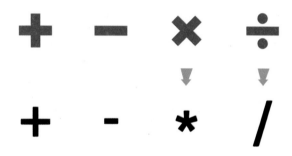

▲ 엑셀에서 사용하는 산술 연산 기호

설마 이 책을 읽는 독자가 사칙연산을 모를 것으로 생각하지 않는다. 그런데도 필자가 사칙연산을 언급하는 이유는 우리의 문제를 해결할 수학 규칙들은 결국 사칙연산으로부터 만들어진다는 것에 있다. 숫자들의 숨겨진 의미를 찾아내기 위해 때론 더하고 때론 곱한다. 더하기와 나누기로는 숫자들의 단순한 결합과 분배를 설명한다. 곱하기는 더하기보다는 좀 더 복잡한 숫자들의 관계성을 증명해 내기도 한다. 그러므로 사칙연산은 숫자들에서 새로운 뭔가를 발견하기 위한 시작이면서 근간이 된다.

✔ 제곱, 제곱근, 지수, 로그

곱셈의 공식 중 하나인 제곱은 같은 수를 2회, 3제곱은 3회 곱한 것으로 각각 2^2, 2^3으로 나타낸다. 이때 제곱을 나타내는 2, 3을 '지수(Exponent)', 2를 '밑'이라 한다. 어떤 수 x를 n제곱하여 a가 되었을 때 x를 a의 제곱근(root)이라 한다. 제곱을 해서 2가 되는 x는? 실수이면서 분수의 형식으로 나타낼 수 없는 수를 무리수라 한다. 제곱해서 2가 되는 수를 표현하기 위해 우리는 제곱근 기호인 루트를 사용하며 근지수 2를 생략한 $\sqrt{2}$로 표시한다.

$$x^n = a$$
(a)지수

$$x^2 = 2$$
$$x = \sqrt[2]{2}$$
(b)제곱근

$$x = \sqrt[n]{a}$$
(c)근지수

▲ 지수, 제곱근, 근지수

'2를 몇 번 곱해야 10이 될까?' 이처럼 지수로 표현할 수 없는 수가 있는데, 이를 표현하기 위해 로그를 사용한다. 로그는(a가 1이 아닌 양수일 때) x, y 사이에 $x = a^y$의 관계가 있으면, y를 a를 밑으로 하는 x의 로그라 하고, $\log_a x$로 나타낸다. 지수와 로그의 두 식은 같은 함수를 나타내는 것이다. 결국 지수와 로그는 같은 말 다른 표현!

$$2^3 = 8$$
(a)

$$2^4 = 16$$
(b)

$$2^x = 10$$
(c)

$$x = ?$$

$$x = \log_2 10$$
(d)

▲ 지수와 로그

(a) : '2'의 세 제곱은 '8'이다.

(b) : '2'의 네 제곱은 '16'이다.

(c) : '2'를 몇 번 제곱하면 '10'이 된다는데, 그때 지수를 모른다.

(d) : '10'을 만드는 '2'의 지수는 실수로 표현할 수 없다. 그래서 log 등장!

2 연산에도 순서가 있다!

연산의 우선순위는 모호하게 해석 가능한 수식에서 어떤 것을 먼저 할지를 결정하여 모호함을 한방에 해결한다. 정해진 규칙에 의하면 ❶ 괄호 안쪽의 수식 ❷ 지수 및 근호 ❸ 곱하기와 나누기 ❹ 더하기와 빼기 순서로 한다. 갑자기 곱셈을 덧셈보다 먼저 하는 이유가 궁금해져 열심히 구글링했는데 그 답이 그리 개운치는 않았다. 반드시 그래야 하는 논리적인 이유가 있다기보다는 역사적인 결과로 정해진 것이라고 한다. 그냥 경험적이고 역사적인 결과의 산물이라나?!

$$(4 + 3) \times 2^2 - 2$$

▲ 엑셀 식 – 연산자 우선 순위

3 함수(Function)로 관계를 증명하자!

함수로 변수와 변수와의 관계를 증명하려면, 식을 만들어야 한다.

함수(Function, 函數)는 숫자와 숫자가 어떻게 작용할지 즉, 둘 사이의 관계 숫자와 기호로 정의한 일정한 규칙이다. 그림은 일차 함수식으로 변해야 변하는 변수(variable) 'X, Y'와, '언제나 한결같은' 상수(constant) 'a, b'로 표현된다.

$$y = ax+b \quad (a \neq 0)$$

변수   상수

▲ 일차 함수식

사상(寫像:mapping)으로도 불리는 함수는 그림의 'y=f(x)'로 표현하며, 변수 x와 y 사이에 x의 값이 정해지면 따라서 y값이 정해진다는 관계가 있을 때, y는 x의 함수라고 말한다. 1차 함수식 'y=3x+2'는 '변수 y는 변수 x에 3을 곱한 것에 2를 더한 결과와 같다는 관계가 있다'처럼 말할 수 있다.

$$y = f(x) \qquad y = 3x+2$$

▲ 함수 f(x)

다른 말로 x는 독립변수(獨立變數), y는 종속변수(從屬變數)라고 한다. 그림에서 독립변수 x '1, 2, 3'을 각각 입력(input)하면, 그에 따라 종속변수 y '2, 5, 10'이 출력(output)된다. 독립변수 x는 종속변수 y를 결정하는 키가 된다.

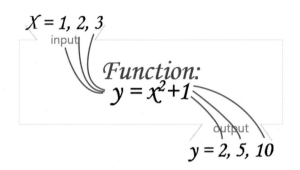

X = 1, 2, 3
input

Function:
$y = x^2+1$

output

y = 2, 5, 10

▲ 변수와 상수, 그리고 함수의 작용

그림은 일차 함수식 'y=2x+1'을 그래프로 표현한 것이다. 임의의 값 x를 식에 대입하여 y값을 찾고 그 값을 좌표 평면상에 점을 찍는다. 점과 점을 연결하여 '직선' 식의 그래프를 찾는다.

1. x의 특정 값을 적용하여 그에 따른 y 값을 찾는다.

x	Y
−1	−1
0	1
1	2
2	5
·	·
·	·
·	·

2. 찾은 점(x, y)을 좌표 평면상에 표시하고 선을 긋는다.

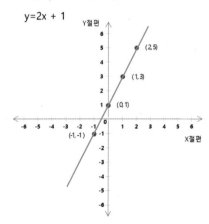

▲ 일차 함수식을 그래프로 표현

✔️ **그래프의 기울어짐 '기울기'는 무엇을 의미하는가?**

우리는 두 점 (2, 4) , (4, 7)을 알고 있다. 그림의 기울기 공식을 적용하여 기울기를 구한다면 $\frac{7-4}{4-2}=\frac{3}{2}$ 이 된다. 또 한 점 (2, 4)과 기울기 $\frac{3}{2}$을 알고 있다면, 일차 함수식 $4=\frac{3}{2}2+b$에 대입해 b값 $\frac{1}{2}$을 찾을 수 있다. 그 결과 최종 일차 함수식 $y=\frac{3}{2}x+\frac{1}{2}$을 유추해 낼 수 있다.

$$기울기 = \frac{Y값의\ 증가량}{X값의\ 증가량}$$

▲ 기울기 구하는 공식

다시 원래 질문으로 돌아가서 기울기는 일차 함수 그래프에서 어떤 의미를 전달하고 있을까? 일차 함수에서 a값은 기울기를 의미하고 b는 y절편이다. 그림에 네 개의 일차 함수 그래프는 기울기를 의미하는 a값의 증가는 기울기의 증가, '기울기가 클수록 y축에 가까워진다'는 것이며, 기울기가 y축에 가깝다는 것은 '급진적 변화'를 의미한다. 1차 함수의 a는 x의 계수[8](coefficient)라고 한다.

$$y = ax+b \quad _{(a\neq0)}$$

기울기

✔️ **일차 함수의 상수 b는 무엇을 의미하는가?**

일차 함수식 y=2x와 y=2x+3을 비교해 보자. 일차 함수에서 y절편을 의미하는 b는 그래프의 모양과 방향을 그대로 하고 위치를 바꿔주는 역할을 한다. Y축 방향으로 b=3만큼 평행 이동한 것

---

8 지니 계수(Gini's coefficient) : 지니가 제시한 지니계수는 소득분배의 불평등도를 나타내는 수치로 수치가 높을수록 불평등이 심하다. 상관 계수(correlation coefficient) : 두 변수 간의 연관성을 보여주는 지표다. 값이 1이면 두 변수의 움직임이 완전히 같다는 뜻이며 −1이면 움직임이 완전히 역방향임을 의미한다.

이다. b는 기울기와는 무관함을 알 수 있다.

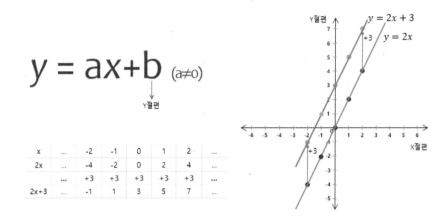

✔ 추세선

엑셀 차트 추세선에는 다양한 수학적 규칙이 접목된다. 추세선의 적용은 '2차원 누적 영역, 막대, 꺾은선형, 추식형, 분산형, 거품형'에 가능하다. 또, 추세선의 규칙은 선형, 로그, 다항식, 거듭제곱, 지수, 이동 평균 중에 선택할 수 있다. 뒤에 나올 사례 에너지 효율에 따른 전기세는 일차 함수식이 적용된 선형 추세선을 적용한 것이며, 일정한 비율로 완전한 비례 관계를 증명한다. 추세선은 변수의 특징에 따라 적절히 선택되어야 한다.

종류	규칙	종류	규칙
일차함수	$y=ax + b$	삼각 함수	$y=\sin x$
이차함수	$y=ax^2, y=ax^2 + bx + c$	지수 함수	$y=e^2$
분수 함수	$y=\frac{1}{1+x^2}$	로그 함수	$y = \log_{ax}(x > 0, a \neq 1)$
무리 함수	$y = \sqrt[z]{4 - x^2}$		

제공되는 추세선은 정의된 함수에 따라 데이터의 다양한 특징을 설명하기 때문에 사용자는 적절한 추세선 선택하고 적용해야 한다. 이때 중요한 것은 [R-제곱 값]인데, 표시된 R-제곱 값이 1에 가장 가까운 것을 적용한다. 0에서 1까지의 값을 갖는 R-제곱 값은 1에 가까울수록 데이터와 잘 맞는 곡선이라 볼 수 있다.

종류	선형(일차함수) 추세선	로그 추세선
식	$y = ax + b$	$y = c \ln x + b$
사용	일정한 비율로 증가 또는, 감소하는 데이터	데이터가 급속하게 증가하거나 감소한 다음 안정선을 유지할 때 사용하면 유용하다. 로그 추세선에는 음수와 양수 사용 가능
그래프		

종류	다항식 추세선	거듭제곱 추세선
식	$y = b + a_1 x + a_2 x^2 + a_3 x^3 + \ldots + a_6 x^6$	$y = ax^2$
사용	변동이 많은 데이터에 유용 큰 데이터 집합의 손익 분석에 유용	특정 비율로 증가하는 측정값을 비교하는 데이터 집합에 사용되는 곡선. 가속도. 0 또는, 음수값이 있으면 만들 수 없음
그래프		

종류	지수 추세선	이동평균 추세선
식	$y = ae^{bx}$	$F_t = \dfrac{A_t + A_{t-1} + \ldots + A_{t-n+1}}{n}$
사용	데이터값이 점점 높은 비율로 상승할 때 사용되는 곡선이다. 데이터에 0 또는, 음수 값이 있으면 지수 추세선을 만들 수 없다. 최소 자승값을 계산함	데이터 변동을 완화하여 패턴이나 추세를 보다 분명하게 보여 준다. 데이터가 변하는 곳마다 따라가면서 새로운 수학적 수식을 적용한다. 주로 주식 시장 분석에 사용함
그래프		

≫ 일상을 푸는 열쇠, 식(Expression) 세우기!

사용자는 기존에 정의된 식을 사용하거나 직접식을 만들어 낼 수 있다. 일상을 표현한 숫자, 그들 간의 관계를 제대로 파악해서 발견해낸 식은 '지금은 모르지만, 알고 싶은 미지수 x'를 찾을 수 있도록 할 것이다.

1 등식과 부등식으로 찾는 '답'.

등식과 부등식은 식(규칙)을 찾는 것이 아니라 식이 참이 되게 하는 미지수 x의 값을 찾는 것을 목표로 한다. 등식은 좌우가 같음을 전제로 미지수를 찾고, 부등식은 좌가 우보다 '크다, 작다, 크거나 같다, 작거나 같다'는 전제로 미지수를 찾는 방식이다.

부등식은 제한된 범위를 표현하며, 다음은 다양한 문장을 부등식으로 표현한 사례이다.

문장 표현	문자 정하기	부등식 표현
하루에 적어도 6잔의 물을 마시면 건강에 좋다.	a: 마시는 물의 양(잔)	$a \geq 6$
냉장실의 온도는 7℃ 이하로 유지해야 한다.	b: 냉장실의 온도(℃)	$b \leq 7$
학급 생일잔치 선물 가격은 3000원 미만으로 하세요.	c: 생일 선물 가격(원)	$b < 3000$
1회 운동 시간은 40분을 넘기는 것이 좋다.	d: 1회 운동 시간(분)	$d > 40$

▲ 부등식

✔ **사례1.** 영화 티켓을 구매하려는 200명의 사람이 매표소 앞에 있다. 발매를 시작하면 1분당 25명의 사람이 추가로 올 것이다. 모든 사람이 40분 만에 티켓을 구매한다고 가정했을 때 매표소의 1분당 통과 인원은 몇 명인가?

이 문장을 그림과 같은 식으로 표현할 수 있다. 이 식을 풀면 통과 인원 a는 30명임을 알 수 있다.

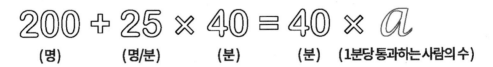

$$200 + 25 \times 40 = 40 \times a$$

(명) **(명/분)** **(분)** **(분)** **(1분당 통과하는 사람의 수)**

▲ 등식

✔️ 사례2. 영화 시작 10분 전, 남은 관람객 수는 1,000명이고 10분 안에 모든 관람객을 입장시켜야 한다. 그러기 위해서 최소 몇 개의 창구를 열어야 할까?

그림과 같이 창구수를 미지수 x로 놓고 남은 시간과 이전 식에서 구한 1분당 통과 인원을 다 곱한 결과는 반드시 1000이 넘어야 한다는 부등식을 만들 수 있다. 이 식을 풀면 x는 3.33…이 나온다. 3.33개 이상의 창구를 열어야 10분 안에 1000명이 영화 티켓을 구매할 수 있는 것이다.

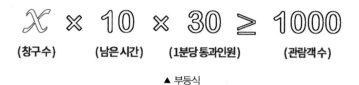

$$x \times 10 \times 30 \geq 1000$$
(창구수)　　(남은시간)　　(1분당 통과인원)　　(관람객수)

▲ 부등식

조건 범위 x≥3.33을 수직선 위에 표현하면 한 눈에 알아볼 수 있는 강력한 그림이 된다.

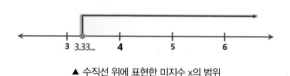

▲ 수직선 위에 표현한 미지수 x의 범위

✔️ 엑셀의 미지수 찾기 도구 사용 방법 - 목표값으로 X 찾기

엑셀의 '목표값'은 하나의 미지수를 찾는 기능이다. 앞에서 알아본 창구 수를 [목표값] 기능으로 찾아볼 수 있을 것이다. 각 값을 입력하고 셀에 수식을 작성한다. 미지수를 찾기 위해 식이 사용되므로 반드시 각각의 값이 관련된 식을 만들어야 한다.

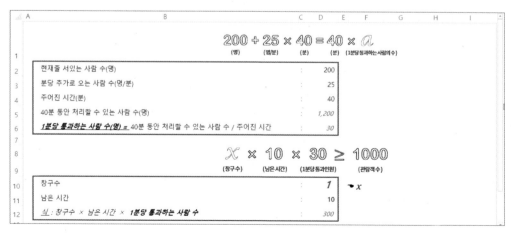

▲ 셀에 식 적용

작성한 수식을 바탕으로 목표값을 찾는다. [데이터] 탭-[가상분석]-[목표값 찾기]를 실행하고 [목표값 찾기]에서 수식 셀을 'D12', 찾는 값 '1000', 값을 바꿀 셀에 'D12'를 지정한다.

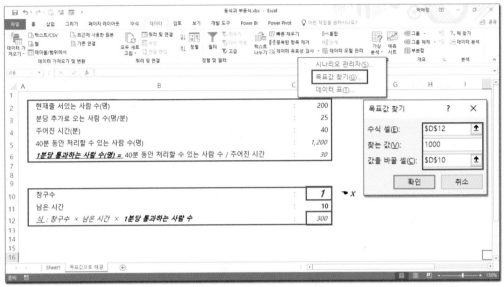

▲ 엑셀의 목표값으로 X찾기

실행 후 화면에는 찾는 값이 표시된다. 이때 [목표값 찾기 상태] 대화상자에서 [확인]을 클릭하면 결과가 반영되고, [취소]를 누르면 원래 값으로 돌아간다.

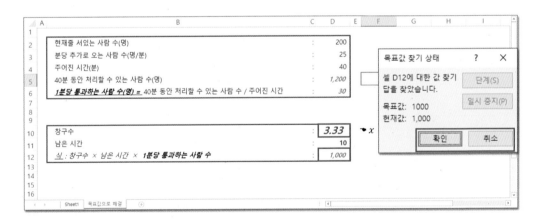

2 함수식으로 예측하는 '미래'

함수는 변수와 변수 간의 관계를 증명하는 식을 찾아, 그 식에 따라 원하는 값을 얻어내는 과정이다. 함수로 풀어가는 실생활의 사례를 보자.

✔ 사례1. 한국과 미국의 신발 치수 단위의 관계

첫 번째 사례는 한국과 미국 신발 치수 단위의 관계를 식으로 표현해 미국 신발 치수를 한국 신발 치수로 단위 변환하는 데 사용한 것이다.

제공된 조견표를 보면 미국 신발 치수 단위 5는 한국 치수 단위 220과 같다. 둘 사이에는 '미국 치수 5에 10배를 하고 거기에 170 더한 결과는 한국 치수 220이 된다'는 관계가 있다. 한국 단위를 변수 y, 미국 신발 단위를 변수 x라고 하고, 일차 함수식 'y=10x+170'을 만들 수 있다. 이 식에 미국 치수 5.5를 반영 '10*5.5+170' 값을 구하면 225가 된다.

한국	220	225	230	235	240	245	250	255	260	265	270	275	280	285	290
미국	5	5.5	6	6.5	7	7.5	8	8.5	9	9.5	10	10.5	11	11.5	12

$$y = 10x + 170$$

▲ 한국과 미국 신발 치수의 관계 밝힌 표현식

✔ 사례 2. 냉장고의 에너지소비효율 등급

이번에는 에너지소비효율 1등급 냉장고와 4등급 냉장고의 관계를 식으로 비교하여 12개월 사용 후 두 냉장고의 전기세를 비교해 보자.

1등급 냉장고의 경우 29.6kWh/월, 4등급 냉장고의 경우 39.9kWh/월로 표시되어 있다. 전기 기본 요금은 3,850원, 1kWh의 요금은 220원이다. 전기세를 변수y, 개월별 전기 요금을 변수 x로 보고 1등급과 4등급의 전기세 요금을 구하는 식을 세워준다.

1등급	4등급
$y = (29.6 \times 220)x + 3850$	$y = (39.9 \times 220)x + 3850$

$$y = (29.6 \times 220)x + 3850$$

▲ 1등급의 전기요금을 구하는 표현식

1등급 냉장고와 4등급 냉장고의 전기세는 식에 따라 아래와 같이 구할 수 있다.

1등급 냉장고

개월	1	2	3	4		12
전력량	29.6	59.2	88.8	118.4		355.2
전기요금	(29.6×220) + 3850 = 10,362	(59.2×220) + 3850 = 16,874	(88.8×220) + 3850 = 23,386	(118.4×220) + 3850 = 29,898		(355.2×220) + 3850 = 81,994

4등급 냉장고

개월	1	2	3	4		12
전력량	399	79.8	119.7	239.4		478.8
전기요금	(33.9×220) + 3850 = 12,628	(79.8×220) + 3850 =21,406	(119.7×220) + 3850 = 30,184	(239.4×220) + 3850 = 38,962		(478.8×220) + 3850 = 109,186

12개월을 사용했을 때 둘의 차이는 109,186−81,994=27,192원이다. 내용을 엑셀에 옮겨 수식으로 모든 값을 구하고 두 값을 같은 그래프에 나타냈다. 꺾은선으로 그리고, 각각 추세선을 추가한 후 '수식을 차트에 표시'했더니, 각각 기울기 '8778, 6512'를 확인할 수 있었다. 4등급 냉장고의 경우 기울기 1등급보다 높았으며, 전기요금의 가파른 상승을 확인할 수 있었다.

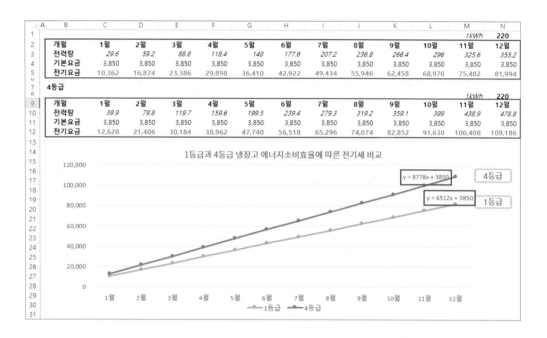

.*. 함께 공부해요!

ebsmath.co.kr

'일상'의 '통계'화

'대다수', '다수', '많이', '조금', '덜'과 같은 명확하지 않은 표현을 카운팅한 수 '11', '9' 또는, 백분율 '55%', '45%'처럼 수로 분명하게 표현한다면? 당신의 말은 상대방에게 좀 더 쉽고 명확하게 들릴 것이다.

○○을 반대하는 사람이 **대다수** 입니다.

○○을 반대하는 사람이 **다수** 입니다.

○○을 반대 **11**명 찬성 **9**명 입니다.

○○을 반대 **55**% 찬성 **45**% 입니다.

출강하는 리서치에서 오래된 통계 책을 접할 수 있었는데, 그 책의 저자(정범모)는 통계학을 이렇게 정의하고 있다. '통계학은 한 집단의 수치를 다루는 방법으로 범람하는 "수치"의 세계에 들어가서, 그 수치들과 관계하고 있는 사실 및 형상을 정확·간결·유의하게 기술 및 파악하려는 방법이라고 할 수 있다. "기술"이 "설명"의 리(理)가 되며, 나아가서 "예언" 혹은 "통제"의 터가 된다'고 했다. 결국 통계는 주어진 상황을 단순히 파악하여 기술하거나 벌어진 문제의 원인을 알아내기 위해 추론하는 두 개의 과정으로 정의할 수 있다.

≫ 통계에 들어가기 전에

우리는 객관성을 입증해야 할 때 무미건조한 '숫자'를 제시하지만, 이 하나의 숫자 이면에는 사람, 환경, 시간, 공간 등이다. 그래서 제시된 숫자 하나가 만들어질 때 사용한 Raw Data(기초 자료)나 통계 기법 기준을 살짝 바꿔도 결과는 금세 거짓을 품게 된다.

미국의 통계학·사회심리학 전문가인 대럴 허프는 '정치인과 사업가는 여러 자료와 통계로 여론을 조작하지만, 일반 국민은 이런 일이 벌어진다는 것조차 생각하지 못한다'면서 '정부 정책 등을 평가할 때 그들이 제시한 숫자를 합리적으로 의심해봐야 하는 이유가 여기에 있다'고 지적했다.

'아무리 화려한 통계기법을 사용해도 그 기법을 적용할 때 사용한 자료가 엉망이면 결론 또한 엉망이다'라는 말이 있다. '주어진 상황'은 '수'로 할당하는 측정(measure)의 과정을 거쳐야 한다. 또 측정은 일정한 규칙에 따른 알맞은 척도여야 한다. 적절한 잣대로 측정된 '변수'는 제대로 된 '통계기법의 옷'을 입을 수 있는 전제가 된다. 그때 비로소 결과는 최상이 된다.

1 자료(Data)와 변수(Variable)

통계에서 데이터는 어떤 가치 판단을 할 수 있는 근거가 되는 재료를 말한다. 데이터는 숫자, 문자, 소리, 이미지 등의 다양한 형태로 존재하며, 양적(Quantitative) 자료와 질적(Qualitative) 자료로 구분한다. 양적 자료는 숫자로 표현할 수 있고 질적 자료는 숫자로 표현할 수 없다. 재료를 수집할 때 우리는 개체(Item), 요인(Factor), 변수(Variable)를 구분해야 한다. 개체는 연구 대상이고, 요인은 그중에 특별히 관심을 두는 특성이다. 변수는 요인을 구성하는 요소로 사람마다 다르기 때문에 변수라고 한다.

개체(Item) — 개별 손님

요인(Factor) — 손님의 신체조건

변수(Variable) — 가슴둘레, 발크기, 팔길이, 체중, 키, 허리둘레

2 측정치(Scale value)와 척도(Scale)

통계에서 다루는 온갖 종류의 수치들은 크게 '세어서 나오는 빈도'와 '재서 나오는 측정치'로 나누어 볼 수 있다. 측정치(scale value)는 '한 대상의 어떤 속성의 크기(magnitude)'로 대상의 특성에 적합한 맞춤형 단위인 것이다.

평가하거나 측정할 때 의거할 기준이 되는 척도는 네 가지로 구분하는데, 각각의 수적 성질이 좀 다름을 파악해야 한다. 그림의 척도는 명목, 서열(순위), 등간, 비율로 구분하되 명목과 서열은 '범주형'으로 등간과 비율은 연속형이라 한다. 범주형 자료는 빈도수로 정량화하고, '연속형' 자료는 사칙연산이 가능하므로 평균과 편차를 계산하여 다양한 통계 방법을 접목할 수 있다. 이처럼 척도에 따라 데이터 처리 방식이 서로 다르다.

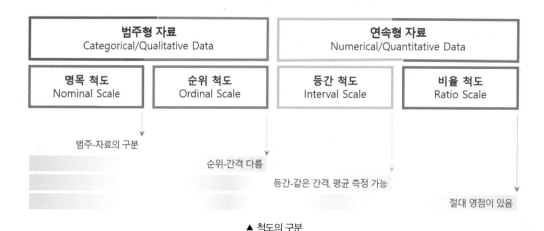

▲ 척도의 구분

✔ 명목 척도 : 이름뿐인 척도

숫자로 표현은 가능하지만, 양적 의미는 갖지 않는다. 자료를 서로 구분하는 용도로만 사용할 수 있다. 예를 들어 남자는 '1', 여자는 '2'인 숫자로 표현하더라도 '1보다 2가 크다'는 양적인 의미로 해석할 수 없다. **예** : 성별, 국적, 지역, 직업, 학력 등

✔ 순위(서열) 척도 : 관찰 대상을 '특정 기준'에 따라 순위로 매긴 척도

숫자로 표현하지만, 서로 간의 간격이 달라 평균을 낼 수 없다. 성적을 90=1등, 85=2등, 70=3등의 순위로 측정했지만 1등과 2등 점수 차이 '5'가 2등과 3등의 차이 '15'와 양적으로 같진 않다. 점수를 '크다와 작다'로 구분할 수는 있지만, 균일한 간격은 아니다. **예** : 성적

✔ 등간 척도 : 자와 같이 균일한 간격을 두고 측정하는 척도

숫자로 표현하며 서로의 간격이 같아 평균을 낼 수 있다. 그러나 절대 영점이 없다. 예를 들어, 온도에서의 영도는 '온도가 없는 상태'가 아니라 단지 물이 어느 온도인지를 의미한다. 그래서 온도의 영도는 절대 영점이 아닌 임의의 영점이 된다. **예** : 섭씨 온도, 리커트 척도

✔️ 비율 척도 : 등간 척도의 속성에 절대 영점을 더한 척도

숫자로 표현하며 서로의 간격이 같아 평균을 낼 수 있으며, 절대 영점이 있다. 다양한 사칙연산, 평균을 이용하여 다양하여 통계 방법을 활용할 수 있는 가장 높은 품질의 척도이다. **예** : 거리, 무게, 시간 등

3 기술 통계와 추리 통계의 목적

통계는 기술 통계와 추론 통계로 구분된다. '주어진 사실에 기반으로 하는 기술 통계는 수집·정리·요약하는 것이 목적이다. 추론 통계는 어떤 사실·원칙·이론 등으로 가설을 세우고 그것이 맞음을 증명하는 것이 목적으로 불확실함을 줄이려 한다.

기술 통계는 전체 분석 대상인 모집단에서 데이터를 수집하고 이를 '변수'라 칭하며, 변수에서 새롭게 측정된 모수 '평균'을 생산한다. 평균은 모집단의 '대표값'이 된다. 추론 통계는 전체에서 일부, 표본을 추출한다. 그렇게 수집된 것을 확률 변수라 칭하며, 확률 변수에서 새롭게 측정된 통계량 '평균'을 생산한다. 이때 평균은 모집단에서도 나타날 확률 '기대값'이 된다.

기술통계 descriptive statistics	모집단 population	변수 variable	모수 parameter	대푯값 representative value	정리 요약
추론통계 inferential statistics	표본 sample	확률변수 random variable	통계량 statistic	기댓값 expectation value	가설 증명

≫ 일상의 '기술(Descriptive)'

기술 통계 기법은 데이터의 전체적인 모양을 묘사(Descriptive)하고 설명할 수 있도록 할 것이다. 도수분포표와 히스토그램으로는 수집한 데이터의 전체적인 모양과 이상한 값을 발견할 수 있다. 데이터를 대표하는 평균, 중간값, 최빈값은 데이터의 중심 성향을 볼 수 있도록 한다. 대표값을 근거로 구한 분산, 편차–표준편차와 사분위수–사분편차는 그 값을 중심으로 데이터가 어떻게 퍼

져 있는지 확인할 수 있다. 우리는 기술 통계 기법을 통해 얻은 데이터의 전체적인 모양을 묘사하고 설명할 수 있을 것이다.

(1) 사회현상의 **설명**	(2) 사회현상의 **요약**	(3) 사회현상의 **해석**
①빈도/도수 분석 ②도수분포표 ③도수분포곡선	①대푯값:중심화 경향 　　평균 ②산포도:변화 파악 　분산 : 변화 여부 　편차 : 변화 정도 　왜도, 첨도 : 변화 모양	①대푯값과 척도 　최빈값 : 명목척도 　중앙값 : 서열척도 　평균 : 등간과 비율척도 ②산포도의 해석 　범위 : 변화하는 현상 　편차 : 중심과의 차이 　분산 : 중심으로 부터 얼마나

▲ 기술 통계의 흐름

명목형 변수는 항목별로 빈도수를 구해 정량화하고, 도수분포표와 히스토그램으로 데이터의 전체 모양을 파악한다. 연속형 변수는 몇 개의 구간으로 나누고 구간별로 빈도수를 구한다. 빈도수를 표로 구성한 것이 도수분포표이고, 도수분포표를 그래프로 그려 시각화한 것이 히스토그램이다. 히스토그램으로 표현된 도수분포표는 데이터의 전반적인 생김새와 너무 튀는 이상한 값을 파악할 수 있다.

1 도수분포표(Frequency table)

도수분포표.xlsx

도수분포표는 전체 자료 수를 세고 최대값과 최소값을 찾는다. 그다음 몇 개의 구간으로 나눌지를 결정하고 구간의 폭을 결정한다. 구간의 경계값을 정하고 구간별 자료의 개수를 측정한다.

그림은 선거에 참여한 39명의 나이를 기록한 것이다.

나이	20	21	23	23	27	28	29	31	31	33	35	40	40	40	40	41	44	45	47
49	49	51	51	52	53	54	55	55	56	61	64	65	66	66	66	67	68	69	70

▲ 선거한 사람 39명의 나이

☀ 전체 자료 수를 센다. 자료수 : 39

☀ 전체 자료에서 최대값과 최소값을 찾는다. 최대값 : 70, 최소값 : 20

☀ 몇 개 구간 수(급의 수)으로 나눌 지 결정한다. 구간수 : 5

구간수는 자료의 개수나 분포에 따라 달라져야 하며, 각 구간에 5개 이상의 숫자가 들어가도록 조정하는 것이 좋다. 너무 많은 구간을 나누지 않는데 일반적으로 5~15개의 구간으로 나눈다.

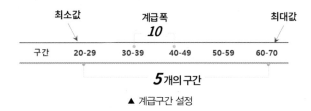

▲ 계급구간 설정

☀ 구간의 폭(계급 폭) 구간 폭 : (최대값−최소값)/계급 수 ⋯(70−20)/5

☀ 구간의 경계값을 정한다.

☀ 구간별 자료의 개수를 구한다.

구간	20-29	30-39	40-49	50-59	60-70
도수	7	4	10	8	10
누적도수	7	11	21	29	39

▲ 도수분포표 변환

✔ 도수를 백분율, 비율, 비로 단위 환산

이렇게 얻어진 빈도수는 '백분율 또는 비율'과 같은 비율 척도로 단위를 바꿀 수 있다. '전체 값을 1로 바꾸고 각각의 값을 그에 따른 비율로 표현한 이 값은 최고 수준의 척도로 취급받는다.

구간	20-29	30-39	40-49	50-59	60-70	백분율 합
도수	7	4	10	8	10	
백분율식	7/39	4/39	10/39	8/39	10/39	
백분율	17.95%	10.26%	25.64%	20.51%	25.64%	100%
누적도수	7	11	21	29	39	

▲ 빈도수를 백분율로 변환

✅ **FREQUENCY 함수**

빈도수는 FREQUENCY와 COUNTIFS 함수를 이용하여 구할 수도 있다. FREQUENCY는 구간의 최대값을, COUNTIFS는 최대, 최소를 입력하여 준비한다. COUNTIFS는 기존 엑셀 함수 사용 방법에 따라 수식을 입력 후 [Enter]를 눌러 식을 완성하고 FREQUENCY는 수식 입력 전에 수식을 입력할 전체 범위를 선택 후 수식을 입력한 다음 [Enter]가 아닌 [Ctrl] + [Shift] + [Enter]를 눌러 수식 입력을 완료한다.

구간-최대값

29	=FREQUENCY(B3:B41,D8:D12)
39	4
49	10
59	8
70	10

구간-최소값 구간-최대값

0	29	=COUNTIFS($B$3:$B$41,">="&D16,$B$3:$B$41,"<="&E16)
30	39	4
40	49	10
50	59	8
60	70	10

▲ FREQUENCY, COUNTIFS 함수로 구한 빈도수

FREQUENCY 함수는 배열 함수로 한 번 수식 작성으로 모든 빈도수를 작성하고, 범위 일부를 변경할 수 없게 했다. COUNTIF 함수는 한 가지 기준, COUNTIFS 함수는 두 가지 이상의 기준으로 해당 데이터를 추출하여 카운트한다. 구간 값을 설정하기 위해서는 두 가지 '최소, 최대'의 기준을 적용해야 하므로 COUNTIFS 함수를 사용했다.

✅ 피벗 테이블

피벗 테이블로도 빈도수를 구할 수 있다. 변수를 원본으로 피벗 테이블을 생성하고, 행과 값에 [나이] 변수를 등록한다. 행 값 하나를 선택하고, [선택 항목 그룹화]에서 단위에 구간 값 '10'을 입력하면 된다.

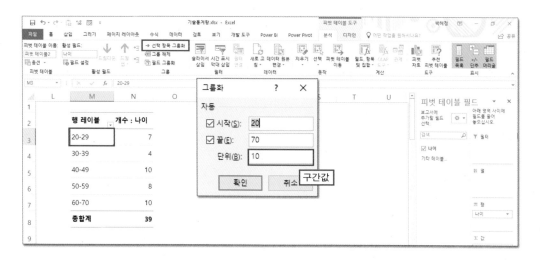

피벗 테이블로 만든 빈도수를 백분율로 변경하려면, 제공되는 메뉴를 사용하면 된다.

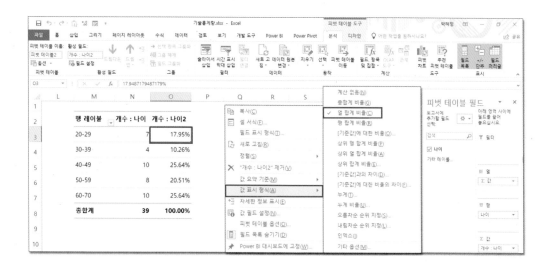

> **실행**
> 마우스 오른쪽 버튼 누른 후 [값 표시 형식]–[열 합계 비율] 실행

2 히스토그램(Histogram)

가로(X)축에 구간, 세로(Y)축에 구간별 빈도수를 표현한 것이다. 표본의 크기가 20개 이상일 때 잘 작동하며, 구간이 10개 이상 되면 도수분포표는 데이터의 분포를 가시적으로 파악하기 어렵기 때문에 히스토그램으로 보완한다. 히스토그램의 모양만으로도 우리는 빠르고 쉽게 데이터의 분포를 파악하고 해석해 낼 수 있다.

3 중심 성향(Central Tendency) – 평균, 중간값, 최빈값

같은 간격으로 측정된 연속형 자료는 평균을 구해 중심화 경향을, 편차를 구해 데이터의 변화와 다양성을 발견할 수 있다. 데이터를 대표하는 '평균'이 구해지는 과정과 평균으로부터 변화를 표현하는 분산 및 표준편차가 어떻게 생성되는지 그림으로 살펴보자.

여기 관측 결과 ❶ 세 명의 시험 점수가 있다. 모든 값을 더하고 더한 수만큼 나눠 ❷ 평균을 얻는다. 각각의 점수에 평균을 뺀 ❸ 편차를 구하고 ❹ 편차를 제곱한다. 편차를 제곱한 값을 모두 더하고 더한 값을 변수 수 '3'으로 나눈 ❺ 분산을 구한다. 분산에 제곱근을 구하면 ❻ 표준편차가 된다.

	기호	공식	x_1	x_2	x_3	
변량	x_i		70	80	30	❶
평균 변량의 합 인원 수	μ, m	$\dfrac{x_1 + x_2 + \ldots + x_n}{N}$	$\dfrac{70 + 80 + 30}{3} = 60$			❷
편차 변량-평균		$x_i - \mu$	70-**60**= *10*	80-**60**= *20*	30-**60**= *-30*	❸
편차제곱 편차×편차		$(x_i - \mu)^2$	10×10=*100*	20×20=*400*	(-30)×(-30)=*900*	❹
분산 편차제곱의 평균	σ^2, s^2	$\dfrac{1}{N}\sum_{i=1}^{N}(x_i - \mu)^2$	$\dfrac{100 + 400 + 900}{3} = \dfrac{1400}{3} = 466.6667$			❺
표준편차 $\sqrt{분산}$	σ, s	$\sqrt{\dfrac{\sum_{i=1}^{N}(x_i - \mu)^2}{N}}$	$\sqrt{466.6667} = 21.60$			❻

만약 이 세 명의 점수가 같다면 결과는 어떻게 달라질까?

세 명의 점수가 '70'으로 모두 같다면, 편차 또한 0, 당연히 표준편차도 0이 된다. 표준편차가 0이 라는 것은 '차이가 없다' 결국 세 명의 점수가 같다는 의미이다.

	x_1	x_2	x_3
변량	70	70	70
평균		$\frac{70+70+70}{3}=70$	
편차	70-70=0	70-70=0	70-70=70
편차제곱	0×0=0	0×0=0	0×0=0
분산		$\frac{0+0+0}{3}=\frac{0}{3}=0$	
표준편차		$\sqrt{0}=0$	

환산

평균은 모든 변수 값을 다 더하고 변수 수(30)로 나눈 값(19.1)을 취한다. 중앙값은 변수를 작은 수에서 큰 수로 줄을 세우로 가장 가운데 값을 취한다. 이때 관찰된 변수의 수가 짝수(30)일 때는 두 개의 값을 더해 2로 나눈 값(18.5)을 취한다. 최빈값은 변수 중에 가장 많은 빈도로 나타난 값(17)을 취한다.

최빈값　　　중앙값

| 10 | 11 | 11 | 12 | 13 | 14 | 14 | 14 | 15 | 16 | 17 | 17 | 17 | 18 | 18 | 19 | 19 | 19 | 20 | 20 | 21 | 22 | 23 | 24 | 26 | 27 | 28 | 28 | 30 | 30 |

▲ 측정된 30개의 관찰값

측정 방법	측정량	엑셀 함수	측정 과정
평균값(mean)	19.1	AVERAGE	모든 변수의 합을 구하고, 결과를 변수 수로 나눈다.
중앙값(median)	18.5	MEDIAN	모든 변수를 크기 순서로 줄 세우고, 그 가운데 값을 취한다.
최빈값(mode)	14	MODE	변수 중에 가장 많이 출현한 값을 취한다.

▲ 측정 방법에 따른 결과와 간단한 과정 설명

평균은 똑같이 몫을 나눠야 할 때, 일상에서 '더치페이'를 할 때 사용한다. 만약 대한민국 평균 소 득의 대표값을 찾아야 한다면, 평균보다는 중앙값을 사용하는 것이 적절하다. 그래야 '잘 버는 일 부 사람 때문에 국민 소득이 높아'지는 오류를 막을 수 있다. 최빈값(mode)으로는 '선호도'를 파 악하여 점심 메뉴를 선택할 때 사용하는 것이 적절하다.

평균(mean)은 또 산술, 기하, 조하 평균으로 구분하며, 서로 다른 규칙(식)을 적용하여 값을 구한다. 흔히 우리가 사용하는 평균은 엑셀의 AVERAGE 함수로 구한 산술 평균을 의미한다. 그림에 세 개의 수 '70, 80, 30'을 산술, 기하, 조화 평균 공식을 적용하고 결과를 확인해 보았다. '더해서 나눈' 산술은 '단순한 결합과 분배', '곱해서 제곱근(root)을 취한' 기하는 '복잡한 섞임으로 관계', '특이하게 역수의 평균 역수를 취한' 조화는 '분자와 분모의 어울림'을 추구한다.

	산술 평균	기하 평균	조화 평균
공식 적용	$\dfrac{70 + 80 + 30}{3}$	$\sqrt[3]{70 \times 80 \times 30}$	$\dfrac{1}{\dfrac{\dfrac{1}{70}+\dfrac{1}{80}+\dfrac{1}{30}}{3}}$
결과 값	60	57.18	49.9
엑셀 함수	AVERAGE	GEOMEAN	HARMEAN

▲ 산술, 조하, 기하 평균을 적용

✔ 조하 평균을 적용한 속도(rate)

속도[9]는 시간을 분모로 거리를 분자로 표현해야 하는 특수 분수 '비율'이면서 '크기와 방향'을 갖고 있는 '벡터' 값이다. 갈 때 80km/h, 올 때 120km/h의 평균 속도를 산술 평균(mean) '$\dfrac{80+120}{2}$'으로 계산한 결과 100, 100 안에 시간이란 요소는 없다. 그래서 속도를 구하는 조화 평균은 값을 역수로 취해 '시간에 대한 변위의 비율'로 바꿔, $\dfrac{80}{1}$, $\dfrac{120}{1}$ 산술 평균을 구하고 그 결과를 다시 역수를 취한결과 '96'이 평균이 된다. 역수의 합 '$\dfrac{80}{1}+\dfrac{120}{1}$'을 구하는 과정에서 두 수의 단위가 일치 '$\dfrac{3}{240}+\dfrac{2}{240}$'하는 과정을 거친다.

$$\dfrac{1}{\dfrac{\dfrac{1}{80}+\dfrac{1}{120}}{2}} = \dfrac{1}{\dfrac{\dfrac{3}{240}+\dfrac{2}{240}}{2}} = \dfrac{1}{\dfrac{\dfrac{5}{240}}{2}} = \dfrac{1}{\dfrac{\dfrac{1}{48}}{2}} = \dfrac{1}{\dfrac{1}{96}} = \dfrac{96}{1} = 96$$

---

9 속도 : 물체의 운동을 나타내는 양으로 크기와 방향이 있으며, 크기는 단위 시간에 통과한 거리와 같고, 방향은 경로(經路)의 접선(接線)과 일치한다.

✔ **평균 투자 수익률의 함정**

천만 원을 투자해서 1월 한 달 동안 투자 금액에 20% 즉, 이백만 원, 2월에는 30%인 삼백만 원의 수익이 났다. 1, 2월의 평균 '(20%+30%)/2=25%'로 수익이 '2,500,000'원이 된다. 그런데, 실제 수익은 '2,449,489.74278318'였다. 왜 그럴까? 결론을 먼저 얘기하자면 수익률을 산술 평균이 아닌 기하 평균을 사용해 평균을 구하기 때문이다. 그림처럼 기하 평균 공식을 적용하면 평균 수익률은 25%가 아닌 24.494%가 되며, 수익은 2,449,490원이 된다.

공식

$$\sqrt[2]{(1 + 0.2) \times (1 + 0.3)} - 1$$

평균 수익률 : 24.494% ✖ **10,000,000**

엑셀 함수식
=GEOMEAN(0.2, 0.3) ————————— **2,449,490**

▲ 기하 평균을 적용하여 평균 수익률 구하는 방법

그것은 경제의 논리인데 투자의 세계에서는 산술 평균을 쓰지 않고, 기하 평균을 쓴다고 한다. 자산의 종류와는 상관없이 장-기간의 수익률을 구하는 경우 산술 평균보다는 기하 평균이 더 정확한 수익률 나타내는 계산법이라는 것을 밝혀낸 것이다. 이외에도 물가 상승률, 인구 변동률, 펀드 수익률, 채권수익률, 경제 성장률, 금융상품 수익률, 복리수익 또는 누적 비율 등도 기하 평균을 적용한다.

4 변동성(Variability)

변수가 '다양하다, 변화가 심하다'는 말은 데이터의 모양이 '넓게 퍼져 있다'는 것이다. 변동성이 높다는 것은 불확실하다는 말과 같다. 데이터의 모양으로 변동성을 파악하는 기술 통계 기법은 범위(Range), 분산(Variance), 표준편차(Standard deviation), 사분편차(Quartile deviation)가 있다.

✔ 범위 : 가장 큰 값, 가장 작은 값

범위는 변수 중 가장 큰 값과 작은 값의 차이로 두 극단치만을 사용한다. 만약에 두 값이 그림처럼 다른 값들과 이상하리만큼 큰 차이가 있다면 분포를 왜곡할 수 있다.

A	B	C	D	E	F	G	H	I	J	K	L	M	N	O	P	Q	R	S	T	U	V
1																					
2	85	89	89	90	90	95	99	100	110	110	115	118	120	122	130	131	134	135	136	500

= MAX(B2:V2)-MIN(B2:V2)
= 500 - 1
= 499

✔ 편차 : 개별 자료, 전체 자료 평균

편차(deviation)는 개별 자료와 전체 자료 평균 간의 차이를 말한다. 개별 자료가 평균으로부터 얼마만큼 떨어져 있는가를 나타낸다. '편차가 크다'는 말은 자료 간의 값 차이가 크다는 의미이다.
그림의 변수의 전체 자료 평균은 '19.1' 일 때 개별 자료의 편차는 그림과 같다.

10	11	11	12	13	14	14	14	15	16	17	17	17	18	18	19	19	19	20	20	21	22	23	24	26	27	28	28	30	30

평균 : *19.1*

-9	-8	-8	-7	-6	-5	-5	-5	-4	-3	-2	-2	-2	-1	-1	-0	-0	-0	0.9	0.9	1.9	2.9	3.9	4.9	6.9	7.9	8.9	8.9	11	11

▲ 편차=X–평균

✔ 분산 : 개별 편차를 제곱하고 그 값을 모두 더하고 그 값을 전체 자료 수로 나눔

이때 '보통 어느 정도의 편차'인지를 알고 싶어 편차의 평균은 구한다면? 결과는 '0'이다. 분산은 편차 중에 마이너스(–) 값을 살려 편차의 평균이 '0'이 되는 것을 막는 방법이다. 분산은 개별 편차를 제곱하고 결과를 모두 더한 후 그 값을 전체 자료 수로 나눈다. 분산의 단위는 평균의 단위와는 달리 기존 평균을 뻥튀기한 '제곱'으로 바뀐다.

-9.1	-8.1	-8.1	-7.1	-6.1	-5.1	-5.1	-5.1	-4.1	-3.1	-2	-2	-2	-1.1	-1	-0	-0.1	-0.1	0.9	0.9	1.9	2.9	3.9	4.9	6.9	7.9	8.9	8.9	10.9	10.9

83	66	66	50	37	26	26	26	17	9.6	4.4	4.4	4.4	1.2	1.2	0	0	0	0.8	0.8	3.6	8.4	15	24	48	62	79	79	119	119

공식

$$분산 = \frac{편차^2의\ 합}{전체\ 자료\ 수}$$

합 : *980.7*

$$\frac{980.7}{30} = 32.69$$

▲ 분산

✔ 표준편차 : 분산에 루트를 씌워 근을 구함

표준편차는 뻥튀기하여 '제곱' 단위를 입힌 분산의 제곱근(Root)을 구해 단위를 원래대로 되돌린 것이다. 이런 '표준화 과정'을 거쳐 분산은 표준편차가 되고, 값 읽기는 쉬워진다. 각각의 값은 평균 '19.1'과는 보통 '5.72'의 편차가 있다.

$$\sqrt{32.69} = 5.72$$

▲ 표준편차

✔ 사분위수와 사분편차

사분위수(Quartile)는 자료를 크기순으로 배열하고, 누적 백분율을 4 등분한 각 점에 해당하는 값을 말한다. 사분편차(Quartile deviation)는 전체 데이터의 3/4(Q3)와 1/4(Q1) 사이의 차이를 2로 나눈 값으로 데이터 분포를 보는 통계치이다. 즉, 사분편차가 크다는 것은 분포가 '크게 퍼져 이루어져 있다', 작다는 것은 1/4~3/4에 데이터가 몰려 있다'는 의미이다.

엑셀의 QUARTILE.EXC 함수는 데이터 집합에서 경계값을 제외한, QUARTILE.INC 함수는 데이터 집합에서 경계값을 포함한 0에서 1사이의 사분위수를 구한다. QUARTILE.EXC함수는 두 번째 인수 quart로 1(25%), 2(50%), 3(75%), QUARTILE.INC 함수는 0(최소값), 1(25%), 2(50%), 3(75%), 4(최대값)를 지정한다.

5 [데이터 분석] 도구 in 엑셀

✔ [데이터 분석] 도구 추가

> **실행** ··

[파일] 탭-[옵션], [추가 기능]-[Excel 추가 기능]-[이동], [분석 도구] 체크 후 [확인]

✔ [기술 통계법] 사용

[데이터 분석]의 [기술 통계법]을 실행하면 평균, 표준 오차, 중앙값, 최빈값, 표준편차, 분산, 첨도, 왜도, 범위, 최소값, 최대값, 합, 관측수, 가장 큰 값, 가장 작은 값을 얻을 수 있다. 이때 측정된 값은 모집단이 아닌 표본(변수 수-1)으로 계산한다. 평균은 산술 평균이다.

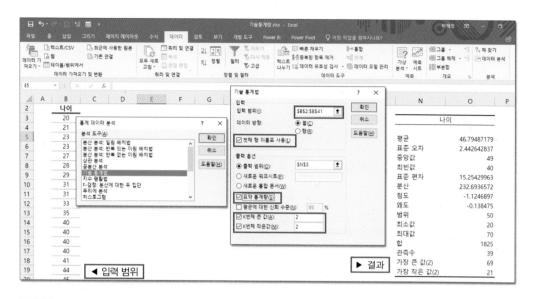

실행

[데이터] 탭–[분석] 그룹–[데이터 분석], [기술 통계법], 변수 범위와 출력 시작 셀을 지정하고 필요한 옵션을 선택한 다음 [확인]

[기술 통계법]과 엑셀 함수의 매칭

동일 함수 뒤에 P는 'Pupuation'의 약자로 모집단을, S는 'Sample'의 약자로 표본을 의미한다.

평균	표준 오차	중앙값	최빈값	표준 편차
AVERAGE GEOMEAN HARMEAN	STDEV / SQRT(관측수)	MEDIAN	MODE	STDEV.P STDEV.S
분산	첨도	왜도	범위	최소값
VAR.P VAR.S	KURT	SKEW	MAX–MIN	MIN
최대값	합	관측수	가장 큰 값	가장 작은 값
MAX	SUM	COUNT	LARGE	SMALL

✅ [히스토그램] 사용

[기술 통계법]의 [히스토그램]을 사용하면 계급 구간에 따라 빈도수와 차트를 쉽게 얻을 수 있다. [히스토그램]을 사용하기 전에 [계급 구간]을 준비해야 한다. 계급 구간은 범위의 최대값을 입력하여 준비한다.

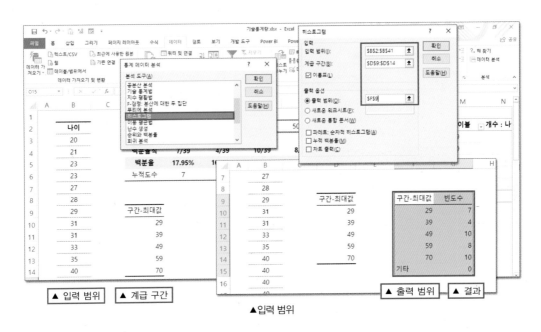

▲ 입력 범위　　▲ 계급 구간

▲입력 범위

▲ 출력 범위　　▲ 결과

실행 ···

[데이터] 탭–[분석] 그룹–[데이터 분석], [히스토그램], [입력 범위], [계급 구간], 출력 시작 셀을 지정하고 필요한 옵션을 선택한 다음 [확인]

》 미래의 일상을 '추론(inferential)'

추론 통계는 모집단으로부터 표본을 추출해 얻은 통계량으로 모수를 추론한다. 추론은 '과거의 사실, 원칙, 이론'을 기준으로 추정(estimation)과 가설 검정(testing hypothesis)한다. 추정은 점 추정(Point estimation), 구간 추정(Interval estimation)으로, 가설 검정은 단측 검정과 양측 검정으로 구분한다. 표본이 가지고 있는 정보를 이용해 세운 가설이 올바른지를 판정하기 때문에 즉, 확률론은 아주 중요한 판단의 근거가 되며 부분으로 전체를 판단하는 과정에서의 오류는 피할 수 없는 일일 것이다.

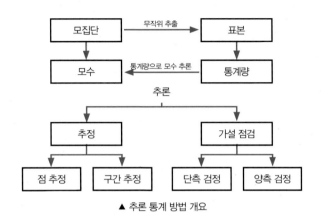
▲ 추론 통계 방법 개요

점 추정(Point estimation)은 표본으로부터 모집단의 모수 평균과 표준편차를 알아내는 것이고 구간 추정(Interval estimation)은 모수가 포함되었을 것으로 판단하는 믿을만한 구간을 제시하는 것이다. 구간 추정이 제시한 구간을 신뢰구간(Confidence interval)이라 하고, 확신 정도를 신뢰수준(reliability level)이라 한다.

1 표집(Sampling), 확률 변수와 확률 함수

모집단에서 표본을 추출하는 과정에서 중요한 것은 표본이 모집단의 성질을 대표할 수 있어야 한다는 점이다. 그림은 모집단에서 표본을 추출해 경우의 수에 따라 확률을 얻어내고, 그에 따른 기대값을 산출한 과정이다. 모집단 '1, 2, 3'에서 표본 크기를 2로 하여 표본 집단(1~9)을 추출했다. 표본 집단에서 나온 평균의 경우의 수가 확률 변수가 되며, 그에 따른 상대 도수(확률)가 만들어진다. 확률 변수와 확률을 곱해서 다 더함으로써 표본 집단의 평균들에 대한 기대값($E(\overline{X})$)을 얻을 수 있다.

모집단	표본집단	표본집단 평균→확률변수

모집단
'1, 2, 3' 세 개의 값

표본집단
표본 크기 2(X_1, X_2)

표본집단 평균→확률변수

표본추출

X_1 **1**
X_2 **2**
X_3 **3**

	X_1	X_2	평균
표본집단1	1	1	$\bar{X}_1 = 1.0$
표본집단2	1	2	$\bar{X}_2 = 1.5$
표본집단3	1	3	$\bar{X}_3 = 2.0$
표본집단4	2	1	$\bar{X}_4 = 1.5$
표본집단5	2	2	$\bar{X}_5 = 2.0$
표본집단6	2	3	$\bar{X}_6 = 2.5$
표본집단7	3	1	$\bar{X}_7 = 2.0$
표본집단8	3	2	$\bar{X}_8 = 2.5$
표본집단9	3	3	$\bar{X}_9 = 3.0$

확률변수

확률변수	확률 (상대도수)	확률변수×확률
1	1/9	$1.0 \times 1/9 = 0.11$
1.5	2/9	$1.5 \times 2/9 = 0.33$
2	3/9	$2.0 \times 3/9 = 0.67$
2.5	2/9	$2.5 \times 2/9 = 0.56$
3	1/9	$3.0 \times 1/9 = 0.33$

$$\bar{X}_{\bar{X}} = \frac{1 + 1.5 + 2 + 1.5 + 2 + 2.5 + 2 + 2.5 + 3}{9}$$

$$E(\bar{X}) = 0.11 + 0.33 + 0.56 + 0.33$$

$$\mu_X = 2 \qquad\qquad = 2 \qquad\qquad = 2$$

μ 모집단 평균 X 모집단 $\bar{X}_{\bar{X}}$ 표본집단의 평균들의 평균 $E(\bar{X})$ 표본집단의 평균들에 대한 기댓값

확률(Probability)은 하나의 사건이 일어날 가능성을 수로 나타내는 것으로 '일어날 수 있는 총 경우의 수를 바라는 경우의 일어나는 수로 나눔'의 수학적 확률과 '많은 횟수의 실험 또는 관찰의 총횟수를 바라는 사건의 관찰된 횟수로 나눔'의 경험적 확률로 구분한다.

$$P_{\text{수학적 확률}} = \frac{\text{바라는 경우의 일어나는수}}{\text{일어날 수 있는 총 경우의 수}} \qquad P_{\text{경험적 확률}} = \frac{\text{바라는 사건의 관찰된 횟수}}{\text{많은 횟수의 실험 또는 관찰의 총 횟수}}$$

▲ 수학적 확률과 경험적 확률

만약에 일기예보에서 '비 올 확률이 30%다'라고 했다면, 이 말은 경험적 확률식을 적용한 것으로 기온이나 습도, 바람, 구름의 양 등이 오늘과 같았던 날 중에서 비가 내렸던 날의 비율을 의미하며, '옛날에는 이런 기상 조건에서 100일 중 30일은 비가 왔어'라고 말하는 것이 적절하다.

2 확률 VS 확률 밀도, 확률 분포의 이해

그림에 첫 번째 히스토그램은 구간 최대값을 가로, 빈도수를 세로로 하여 그렸고, 두 번째는 세로 축을 '각 구간의 빈도수를 전체 도수(100)으로 나눠' 상대도수를 구한 것으로 각각을 원본으로 만든 두 그래프의 모양은 같다. 히스토그램의 세로 눈금을 조정하고 각 막대의 중간점을 부드럽게 연결하여 곡선을 만들면, 곡선 아래 총면적이 1이 되는 하나의 면으로 만들 수 있다. 막대그래프로 히스토그램을 만들 때 '막대와 막대 사이의 공간이 없어야' 하는 이유가 여기 있다. 히스토그램의 축의 가로 구간은 '끊김이 없는 연속성을 가진 값'이어야 한다. 이유는 이 면적이 곧 전체 값 '1'을 의미하기 때문이다.

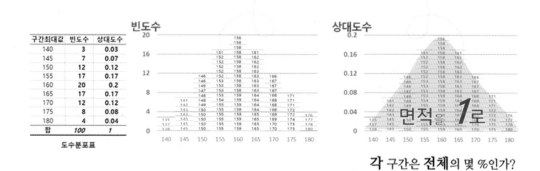

▲ 도수분포표와 엑셀 2016 막대그래프로 그린 히스토그램

도수분포표는 엑셀에서 100명의 키 값(변수)을 총 9개의 구간으로 나누고, 그 구간에 해당하는 위의 빈도수와 상대도수를 구한 것이다.

위의 곡선을 우리는 분포(distriubution)라고 하며, 결론적으로 분포는 관찰값을 좌표 평면상에 나열하고 그것의 윗부분을 선으로 연결해 곡선으로 표현한 것이다.

'값이 흩어져 퍼져 있는 모양' 즉, 데이터의 분포로 인간은 데이터의 특징을 쉽게 파악할 수 있다. 세상 존재하는 것들과 그들이 어우러져 만들어 내는 현상은 아래 그림처럼 다양한 모양의 곡선으로 표현할 수 있다. 특징을 조금만 공부한다면, 특별한 설명을 부연하지 않고도 곡선의 모양만으로 얼마든지 어림이 된다.

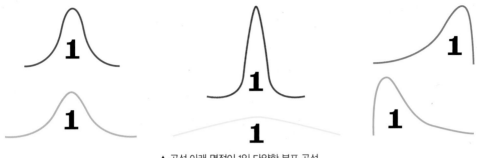

▲ 곡선 아래 면적이 1인 다양한 분포 곡선

질량은 어떤 물질에 포함된 물질의 양으로 밀도와 부피의 곱으로 구해진다. 질량은 한 면적에 무언가가 빽빽이 들어 있는 정도만을 의미한다. 확률도 질량처럼 확률밀도와 구간으로 구해진다. 확률로 말한다는 것은 곧 데이터를 면을 가진 2차원으로 표현하는 것과 같다. 데이터가 들어갈 공간을 정의하고 그 안에 데이터를 빽빽하게 넣어 면적으로 시각화하는 셈이다. 그래서 확률을 얻으려면, 질량을 얻을 때처럼 두 가지 요소 '확률밀도와 구간 값'이 필요하다.

확률밀도는 확률분포의 영향을 받는다. 어떤 모양의 곡선이냐에 따라 같은 위치(점)라도 확률밀도 값은 다르다. 확률밀도는 하나의 값이 아니기 때문에 그림에서처럼 'a와 b사이의 값일 확률', 'a보다 작은 값일 확률'처럼 하나의 값이 아닌 범위를 의미하며, a와 b 둘 다 알아야 한다.

질량:어떤 **물체**에 포함되어 있는 **물질의 양** 질량=밀도×부피
확률:어떤 **곡선**에 포함되어 있는 **자료의 양** 확률=확률밀도×구간

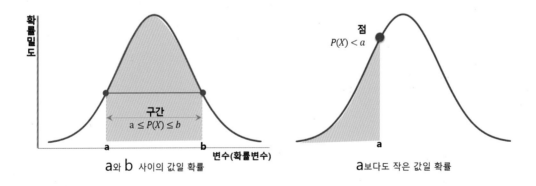

a와 b 사이의 값일 확률

a보다도 작은 값일 확률

3 정규분포 VS 표준정규분포

히스토그램의 구간을 좁혀가다 보면 종 모양이 된다. 종 모양의 곡선이 통계에서 중요한 위치를 차지하고 있는 정규분포(Normal distribution)다. 어떤 현상을 관찰해 기록하고 구간을 나눠 빈도수를 값으로 히스토그램을 그린다. 그리고 구간 값을 좁혀간다. 막대의 끝을 이어 보니 종 모양이 곡선이 만들어진다. 이것을 우리는 값이 '정규분포(Normal distribution)한다'라고 하고 정규분포를 해석하는 틀을 만들었다.

▲ 점점 종 모양

'지극히 정상인 분포'라는 의미의 정규곡선으로 우리는 세상의 많은 현상(키, 몸무게, 허리둘레 등)을 어림셈해 왔다. 정규곡선은 두 값 평균과 표준편차로 정해진다. 두 값을 알면 정규분포상의 특정 구간에 해당하는 비율을 구할 수 있다. 정규분포는 가운데가 평균, 평균을 중심으로 좌우대칭이다. 볼록한 선(값들)은 '확률밀도함수'에 의해 정해진다.

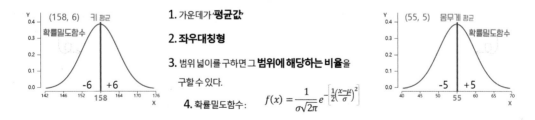

정규곡선(평균$_\mu$, 표준편차$_\sigma$)

1. 가운데가 **평균값**

2. **좌우대칭형**

3. 범위 넓이를 구하면 그 **범위에 해당하는 비율**을 구할 수 있다.

4. 확률밀도함수: $f(x) = \dfrac{1}{\sigma\sqrt{2\pi}}\, e^{-\left[\frac{1}{2}\left(\frac{x-\mu}{\sigma}\right)^2\right]}$

정규분포 중 특별히 주목해야 할 정규분포가 바로 '표준정규분포'이다. 분포의 모양은 정규분포와 같지만 이 분포는 무조건 평균은 0, 표준편차는 1이 된다. 표준정규분포 '어떤 척도로 측정한 변수라도 같은 단위로 해석할 수 있다' 어떤 상황에서든 적용할 수 있다는 점과 모양을 해석하기 쉬워 '표준'이 됐다.

표준정규곡선(0 , 1)

표준화(Standardization)

표준화 하기 전 원래 자료의 수치   X의 평균

$$Z_{\text{-}score} = \frac{X-m}{\sigma}$$

표준화 된 수치   X의 표준편차

필자의 키(X)=154cm
평균(m)=**158**
표준편차(σ)=**6**
표준점수(Z-score)=**-0.67**
척도 : **cm**

필자친구 마틸다 키(X)=69.7
평균(m)=**66.3**
표준편차(σ)=**2.7**
표준점수(Z-score)=**1.26**
척도 : **inch**

$$Z = \frac{154-158}{6} = -0.67 \quad Z = \frac{663-697}{27} = 1.26$$

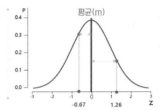

✔ 표준정규분포 읽기!

68 - 95 - 99.7 법칙

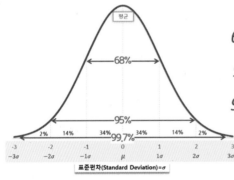

관찰 값의

68%는 평균값의 ±*1***표준**편차 범위 내에,

95%는 평균값의 ±*2***표준**편차 내에,

99.7%는 평균값의 ±*3***표준**편차 내에

<u>위치</u>한다!

▲ 68−95−99.7 법칙

물론 세상에 모든 현상이 정규분포하지는 않는다. 대부분의 소득분배는 오른쪽으로 기울어진 모양이고, 주식의 수익률도 투자 기간이 길어질수록 기대 수익률이 커지는 만큼 손실 리스크도 커지며, 정규분포에서는 볼 수 없는 극단의 가격 변화를 보인다.

✔ 사례. OA 능력평가 점수

회사에서 실시한 OA 능력평가에서 성적이 상위 30%에 해당하는 사람은 인사고가 점수 1을 준다. 나는 80점인데 상위 30% 안에 들지 못했고, 부서 동료는 81점인데 상위 30% 안에 들었다? 난 참 억울하고 알고 싶다? 나와 내 동료는 전체 점수에 몇 %에 해당하며, 70% 지점에 해당하는 점수는 무엇인지?

전체 사원 1000명의 평균 72,334과 표준편차 15,5631은 주어졌다. 그림으로 통해 엑셀 함수로 원하는 결과를 만들고 각각의 요소가 곡선에서 무엇을 의미하는지 살펴보자.

내 점수 : **80** 평균 : **72.334** 표준편차 : **15.5631** Z-score : **0.49258**

정규분포

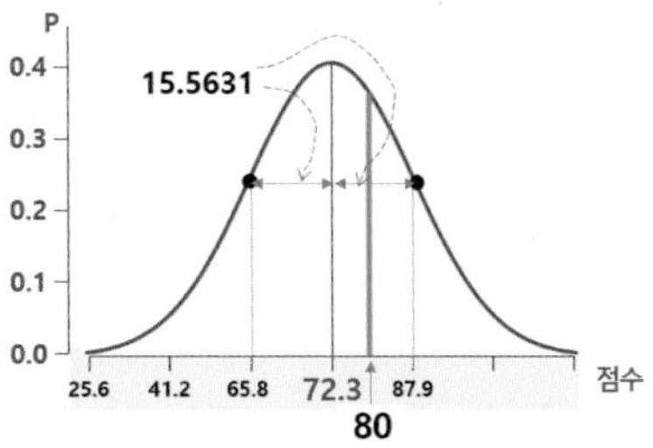

표준정규분포 함수

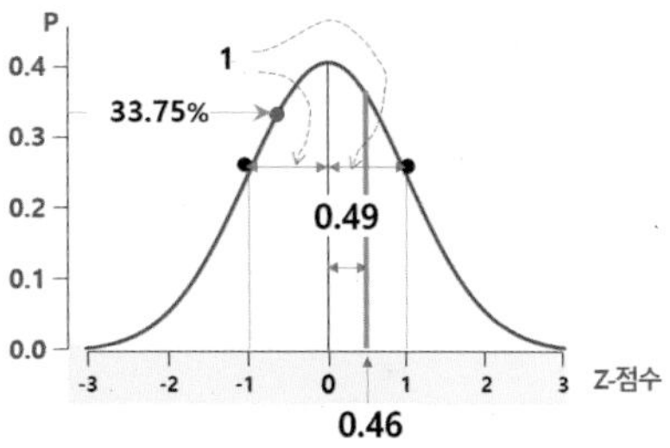

1. 나 80와 동료 81은 몇%에 해당할까?

또는 표준(Standard) 누적분포함수

NORM.DIST(**80** , 72.334 , 15.5631 , **TRUE**) ✔ NORM.**S**.DIST(**- 0.49258** , **TRUE**)

0.688843548320711 **0.688843548320711**

나는 **68.89**%, 동료는 **73.27**%에 해당한다.

2. 그렇다면 70%에 해당하는 점수는?

NORM.INV(**70**% , 72.334 , 15.5631)

80.4953

80.4953으로 ... *보다 크거나 같으면 1점+.*

Chapter 02 Summary

<u>1.</u> 데이터를 분석하고 싶다면, 먼저 올바른 척도를 선택해라!

계량화가 시작되고, 세계관이 질에서 양으로 이동하면서 눈에 보이는 것은 말할 것도 없고 보이지 않는 온도, 바람의 세기까지도 우리는 측정이 가능하다. 거기에 존재하는 모든 것(사람, 사물, 사건 등)들 사이에서 벌어진 일도 양으로 측정되어 컴퓨터에 저장할 수 있도록 데이터화 되고 있다. 이런 과정에서 우리가 더더욱 자세히 살펴야 할 것이 있다. 그것들을 측정할 때 사용했던 척도(Scale)가 과연 적절한가를 물어야 한다. 분석의 시작은 언제나 데이터 분석의 재료가 되는 '데이터가 과연 격에 맞는가?'일 것이다.

<u>2.</u> 수(Number)도 중요하지만, 규칙(Regulations)은 더 중요하다!

가설이 과학적으로 검증되었을 때 '학'이 되는 것처럼, 우리가 전달하려는 내용이 '신뢰할 만함'을 증명하기 위해 우리는 '과학적 방법론'을 채택해야 한다. 과학은 언어는 수학이라 한다. 내용이 '수로 증명되어야 곧 과학이다. 수학은 수와 수의 관계를 '식(Expression)'으로 정의한다. 정의한 식으로부터 '하나의 값'이 정해지고, 식을 구성하고 있지만 몰랐던 해 '미지수'를 찾아내기도 한다.

<u>3.</u> 통계 기법은 요리법, '통계 기법의 선택'이 결과를 결정한다!

주어진 상황을 단순히 파악하여 기술하는 '기술 통계'는 축적된 것으로부터 결과를 만들어 내기 때문에 결과에 대한 이견 또는 이변이 있을 수 없다. 벌어진 문제의 원인을 모르는 상태에서 원인을 알아내려 가설을 세우고 그 가설이 '틀리지 않음'을 증명하려는 '추론 통계'는 기술 통계의 그것보다 매우 복잡하고, 다루는 통계 기법도 이해하기가 쉽지 않다. 그렇기 때문에 우리는 통계 학자들이 세상을 이해하기 위해 만들어 놓은 기법들에 대한 이해를 바탕으로 어림셈을 할 수밖에 없을 것 같다.

Memo

PART 4 데이러 '가치'가 되다!

실시간 정보 생산 및 유통망

━━━━━ New 분석 언어 - DAX ━━━━━

1. **필터** 엔진 ＋ *2.* **계산** 엔진

데이터 모델에서 **데이터 필터** 필터 결과로 **계산**

상황을 반영하는 창의적 언어!
한 번 만들고 어디서든 사용한다!

측정값
measure

피벗 테이블의   같은 보고서의
행, 열, 필터 좌표와   시각화 개체의
슬라이서의 선택을 값 변화를 읽는다.
읽는다.

실시간 공유 시스템

1. 엑셀 기반의 BI
피벗 테이블의 '값'

2. Power BI 기반의 BI
시각화 개체의 '원본'

3. 엑셀 + Power BI
엑셀의 피벗 테이블은 Power BI Service에 게시
엑셀의 데이터 모델은 Power BI Desktop에 그대로 전달됨

데이터 '가치'가 되다!

데이터가 가치가 있으려면 필요한 사람에게 적절한 시간에 전달되어 그들의 가치 판단에 기여해야 한다. 물론 스스로 분석하는 사람은 정보 생산자와 소비자의 구분이 없다. 즉, 생산자가 곧 최종 의사 결정자가 된다. 뭐 어쨌든 중요한 것은 정보는 제시간에 생산 및 공유 돼야만 한다. 그래서 우리의 마지막 주제는 생산된 결과물을 실시간(Real Time)으로 공유하기 위해 필요한 시스템 구축에 대해 논의하는 것이다.

1장에서 설명했던 것처럼 마이크로소프트는 의사 결정(Business Intelligence) 과정을 스스로(Self Service) 가능하게 하기 위한 여러 가지 다양한 새로운 방식과 그것을 담은 프로그램을 개발했다고 말한 바 있다. 4장에서는 기존에 엑셀에서 사용하던 식 생성 방법과는 전혀 다른 새로운 방식, '실시간'을 장착한 식 작성 언어 DAX를 소개하려 한다. DAX로 생산된 '값'은 실제 피벗 테이블과 시각화 개체에서 소비될 것이다. 그리고 피벗 테이블과 시각화 개체는 엑셀의 스프레드시트와 파워 BI 서비스의 데스크톱 버전의 '보고서'와 웹 브라우저 버전의 '대시보드'에서 값을 표현하며 사용자와 실시간으로 상호작용한다.

Define Once, Use Everywhere!

새로운 방식의 언어 DAX의 기조는 '한 번 정의하고, 어디서나 사용하자'이다. 정의한 하나의 측정값이 어디서나 어떤 상황에서나 정답 되려면, 주변 상황에 대해 정확한 인식을 할 수 있는 기능이 있어야 한다. 그것을 '맥락(Context)을 읽는다', '상황에 따라 값이 달라진다' 등으로 표현하면서 DAX를 이해하는 이론을 만들어 놓았다. 변화무쌍한 DAX를 제대로 이해하려면, 맥락을 의미하는 '행과 필터 컨텍스트'에 대한 이해가 필요하다. 외국 저자가 DAX를 트랜스포머로 비유하는 걸 본 것 같다. DAX는 같은 공간 안에 정보를 표현하는 다른 개체들과 상호 작용하면서 '그에 따라' 바로바로 결과를 바꿔 제공하는 살아있는 언어로 정의할 수 있겠다.

RealTime Sharing System!

기존의 정보 생산 프로세스를 보면, 데이터를 수집하고 변형하여 최종 가치로 만들어지기까지의 각 과정이 분리되어 있었다. 각 과정을 자연스럽게 연결할 방법이 없을까? 그것도 실시간으로. 그런 고민에 의해 결과 엑셀에는 파워 쿼리, 파워 피벗이 추가되었다. 또, 단독으로 데이터 분석을 위해 사용할 수 있는 독립적인 프로그램 파워 BI가 제공(무료 버전 있음)된다. 엑셀과 파워 BI 모두 '파워 쿼리, 파워 피벗'으로 데이터를 가공하며, 작업 내용을 주고받는다. 파워 쿼리는 데이터의 유입 경로를 지정하고, 변형 과정을 기록하며 그 결과가 어디로 갈지를 결정한다. 파워 피벗은 파워 쿼리의 결과를 받아 다양한 DAX로 '측정값'을 생산한다. 피벗 테이블과 파워 BI의 시각화 개체는 그것을 표현한다. 파워 쿼리의 원본에 변화는 '새로 고침'으로 그대로 결과를 바꾼다.

'숫자' 최종 소비자에게서 '직관(Intuition)'이 되다!

숫자로 생산된 결과는 최종 소비자가 원하는 그 타이밍에 전달된다. 그것은 의사 결정자에게 가서 직관의 꽃을 피운다. 그때야 비로소 데이터는 진정한 가치가 된다.

식 작성을 위한 새로운 언어, DAX

DAX는 마이크로소프트사가 개발한 새로운 언어이다. 데이터 분석식(DAX: Data Analysis eXpressions)이라 이름 지어진 DAX는 OLAP 큐브와 소통하여 필요한 데이터를 추출하고 그 결과로 원하는 결과값을 계산한다. DAX와 엑셀은 참조하는 방식 외에 연산자, 제공하는 함수 등 대부분이 비슷했다. 필자도 별다른 거부감 없이 DAX로 식 작성을 시도했다. 그런데 하면 할수록 뭔가 '다른네', '어렵군', '애매한데' 등의 불확실성이 증폭하는 부정적인 감정이 쌓여 학습을 방해했다. 미국의 한 저자는 DAX를 공부하면서 느낄 감정을 네 단계로 나눠 설명하고 있다. 흥미로운 글이고, 필자 또한 비슷한 감정을 느꼈다. 필요에 의해 DAX를 공부할 독자들도 비슷한 감정을 느낄 것 같아 간략하게 감정의 변화 과정에 필자의 경험을 추가해 정리했다.

1단계 흥분기다. '엑셀과 별 차이 없는데, 그럼 뭐, 할 만하지.'하며 기본 함수에 대해서 만만함을 느끼게 될 것이다. 또, 피벗 테이블 어디에서도 쉽게 재사용되는 측정값에 매우 흡족할 것이다. **2단계 혼돈기**가 온다. '예상보다 복잡한데? 예상하는 결과값이 아니야.'라는 생각과 더불어 복잡함에 원인이 되는 필터에 대해 고민하게 될 것이다. 내 업무에 필터 작업을 배제할 수 있는가? 그런 식으로 고민하는 사람이 있었던가? 등등 고민이 길어지면서 **3단계 분노기**에 접어들게 된다. '만만히 볼 게 아니었다'는 것을 깨닫게 되어 '더 갈 수 있을까?'하는 생각과 함께 완전한 혼란함에 빠지게 될 것이다. 그런데도 시작했으니, 이해해 보려는 노력을 하다가 비밀의 열쇠가 되는 필터 컨텍스트와 행 컨텍스트를 발견하고, 이해에 도전하면서 그러다가 중첩된 행 컨텍스트까지 DAX를 이해하기 위한 노력을 계속할 것이다. **4단계 안정기**에 접어들면 DAX의 문맥에 대해 이해하게 될 테고, 전문가 수준은 아닐지라도 문제를 어떻게 생각하는지 DAX 방식으로 이해하고, 접근할 수 있게 될 것이다.

데이터 분석 식(DAX) 개요

DAX개요.xlsx/DAX개요.pbix

데이터 모델과 상호 작용하는 DAX의 역할은 크게 두 가지로 ❶ 데이터를 추출하고 그 결과를 이용해 ❷ 계산하는 것이다. 마치 엑셀의 '계산'과 SQL의 '데이터 추출'을 결합해 놓은 것 같다. 개발자들은 그림처럼 DAX가 필터와 계산, 두 개의 핵심 엔진을 장착하고 있다고 설명한다.

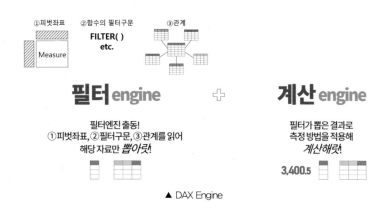

▲ DAX Engine

✔ DAX식 생산 및 사용

DAX식은 엑셀의 파워 피벗과 파워 BI의 [데이터]에서 ❶ 계산 열(Calculated Column)과 ❷ 측정값(Measures)으로 생산되고, 엑셀의 피벗 테이블과 파워 BI의 [보고서]에서 사용된다.

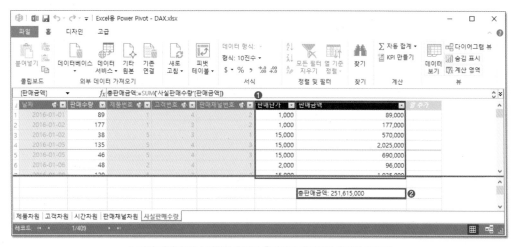

▲ 파워 피벗의 계산 영역에 추가된 측정값과 테이블에 추가된 계산 열

계산 열과 측정값은 피벗 테이블의 필드 목록으로 표시되며, 계산 열은 [필터, 행, 열, 값] 영역에 측정값은 [값] 영역에 사용된다.

▲ 피벗 테이블 필드에 표시된 계산열과 측정값

파워 BI 데스크톱에서의 계산 열과 측정값은 [모델링] 탭에서 [새 열], [새 측정값]으로 생성하거나 오른쪽 해당 테이블에서 마우스 오른쪽 버튼을 누른 후 [새 열], [새 측정]을 선택하여 만든다.

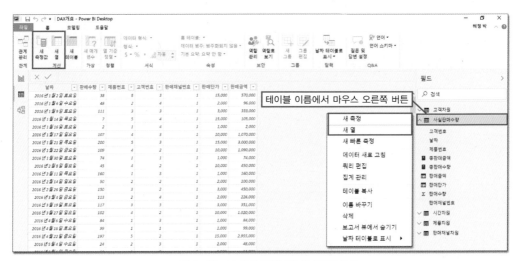

▲ 파워 BI 데스크톱에서 [새 열], [새 측정값]을 작성

생성한 계산열과 측정값은 보고서에서 시각화 개체의 원본으로 사용되며, 각각 생성됐지만 같은 원본을 사용한 시각화 개체들은 서로 상호 작용한다.

▲ 파워 BI 데스크톱 [보고서]에서 계산열과 측정값 사용 모습

✔ DAX 구문과 참조 방식

DAX는 함수형 언어이다. 등호(=)를 사이에 두고 오른쪽의 결과를 왼쪽에 담는 방식이다. 계산 열은 결과를 하나의 열, 각각의 셀에 담고, 측정값은 이름을 지어 해당 이름에 식과 결과를 담는다. 계산 열은 테이블의 새로운 열로 추가되고, 측정값은 각 테이블의 [계산 영역]에서 작성되지만, 측정값 이름으로 독립적으로 사용 및 작용한다.

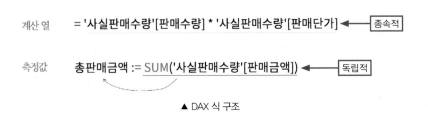

▲ DAX 식 구조

계산 열과 측정값에서 특정 [열]을 참조할 때는 대괄호([ ]) 안에 표시하며, 열이 소속된 테이블 이름과 함께 표시한다. 마찬가지로 작성된 계산 열과 측정값도 대괄호([ ]) 안에 이름을 표시하여 다른 식에 참조할 수 있다. 측정값이 다른 측정값에 활용될 때 측정값 이름 앞에 테이블 이름 정보를 넣을 필요는 없다.

∗ 계산 열 또는, 기존 열 : 테이블 이름을 포함하여 [열 이름]

∗∗ 측정값 : 테이블 이름 없이 [측정값 이름]

계산 열 또는 기존 열

$$= '사실판매수량'[판매수량] * '사실판매수량'[판매단가]$$
$$총판매금액 := SUM('사실판매수량'[판매금액])$$

측정값

$$예상판매금액 := [총판매금액] * 1.1$$

▲ 계산 열과 측정값 참조 요령

테이블 이름에 작은 따옴표(' ')는 열 이름이 한글이거나 이름에 공백이 있는 경우이다.

마이크로소프트 도움말의 도움을 받자

함수를 많이 안다는 것은 어휘력이 좋다는 것이다. 다양한 함수를 알고 있으면, 같은 말을 좀 더 효율적으로 전달할 수 있게 된다. 또한 잘 설계된 식은 계산 속도 향상에 영향을 미칠 수 있다. DAX는 많은 수의 함수를 지속해서 생산하여 제공한다. 아래 URL에 접속하면, 마이크로소프트사의 DAX 목록과 도움말을 확인할 수 있다. 독자들은 사이트에 접속하여 DAX를 개발한 사람들이 어떻게 함수를 분류하는지 각각의 함수를 어떻게 사용하는지 수시로 확인하면 좋겠다.

https://msdn.microsoft.com/en-us/library/ee634396.aspx

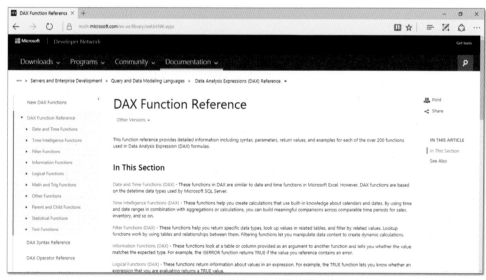

▲ 마이크로소프트 DAX Function 영문 라이브러리

>> DAX의 원본 - 데이터 vs 조회 테이블

DAX는 데이터 모델의 테이블을 데이터와 조회 테이블로 구분한다. 데이터 테이블은 비즈니스의 흐름을 기록한 것으로 Tall & Skinny한 느낌의 숫자 값들 위주로 기록되고, 조회 테이블은 비즈니스가 누가 누구에게 무엇을, 언제, 어디서, 어떻게 팔았는지가 Short & Squat하게 문자로 기록된 테이블로 묘사할 수 있다.

✔ 관계의 설정 - 일대다

두 테이블 간에는 '관계 설정'을 통해 관련성이 증명된다. 데이터와 조회 테이블의 '같은 정보 열'을 기반으로 관계를 설정한다. 언제나 조회 테이블의 열은 '일'이 되고, 데이터 테이블의 열은 '다'가 된다. 관계의 주도권은 조회 테이블이 갖고 있으며 데이터는 조회 테이블에서 데이터 테이블로 흐른다.

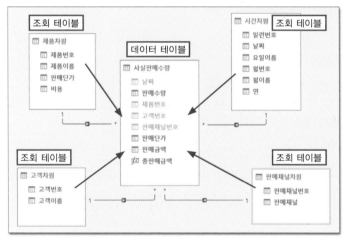

▲ [사실판매수량] 테이블이 주인공으로 설정된 관계 다이어그램

✔ 관계에 따라 데이터를 주고 받을 때의 규칙

데이터가 조회 테이블에서 데이터 테이블로 흘러간다는 것은 그림처럼 [제품번호]를 기준으로 '제품차원'의 [제품이름], [판매단가], [비용]이 [사실판매수량] 테이블로 참조될 수 있으나, '제품차원'에 없는 [사실판매수량]의 [판매수량]이 조회 테이블인 [제품차원]으로 역류하여 참조되는 법은 없는 것을 의미한다.

▲ 관계 다이어그램

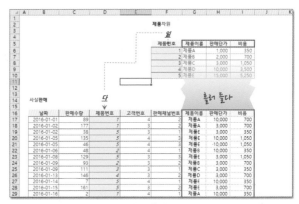

▲ 데이터가 흘러가는 모양

≫ DAX로 만드는 변수=계산 열

DAX를 이용해 테이블에 새로운 열을 추가할 수 있고 이를 '계산 열'이라고 한다. [사실판매수량] 테이블에 두 개의 계산 열 [판매단가]와 [판매금액] 열을 만들기로 하자.

1 다른 테이블에서 데이터를 가져오는 계산 열

[판매채널번호] 옆의 '열 추가' 공간에 [제품차원] 테이블에 [판매단가]를 가져오기 식 '=RELATED('제품차원'[판매단가])'을 입력한다. 필드명을 더블클릭하여 이름을 '판매단가'로 수정한다.

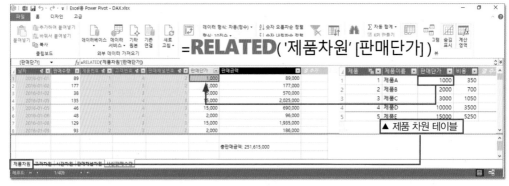

▲ 계산 열 – RELATED 함수로 [판매단가] 가져오기

추가된 [계산 열]은 기존 열과의 구분을 위해 머리글의 채우기 색이 검은색으로 표시된다.

RELATED 함수는 엑셀의 VLOOKUP 함수와 같은 역할을 하는 함수지만, 설정된 관계를 기반으로 하므로 사용 방법이 더욱 단순하다. '제품차원'이란 테이블 이름과 가져올 [판매단가]만 입력하면 된다.
VLOOKUP 함수로 그림의 RELATED 식을 만든다면, '사실판매수량'[제품번호]를 범위에서 찾고 가져올 수 있도록 두 정보를 모두 포함하는 범위를 지정하고 범위 중에 몇 번째 열에서 가져오되 정확한 일치 상황에서 그렇게 하라는 마지막 인수 '0'까지 표현해야 할 것이다. DAX에는 VLOOKUP, HLOOKUP, LOOKUP, INDEX, MATCH 함수와 같은 테이블 형태에서 값을 찾고 가져오는 함수는 없다. 테이블 간의 데이터 주고받음은 오직 설정한 '관계'를 기반으로 한다.

VLOOKUP('사실판매수량'[제품번호], '제품차원'[제품번호]:'제품차원'[판매단가]', 3, 0)

---

2 계산 열과 기존열을 참조한 산술 연산

'열 추가' 영역에 두 번째 수식 ❶ ='사실판매수량'[판매수량] * '사실판매수량'[판매단가]'를 입력하고 이름을 '판매금액'으로 수정한다. 같은 테이블에서 열을 참조한 계산 열을 작성할 때 앞의 테이블 이름은 ❷ 생략해도 된다.

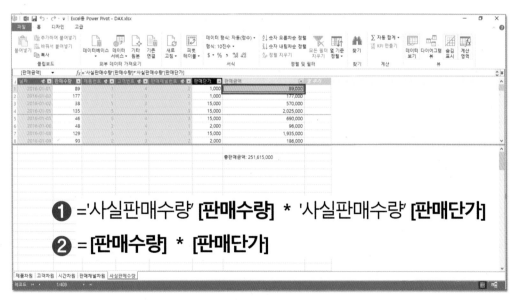

▲ 계산 열 – 판매금액

3 여러 요소를 하나의 새로운 값으로 만들어 그룹화하다

✔ 경우의 수가 두 개 일 때

[제품차원] 테이블에 새로운 [분류1] 변수를 생성한다. 기준을 [판매단가]로 하여 10000원이 넘는 제품은 '고가'로 나머지는 '저가'로 구분한다. [분류1]은 기존 제품의 [판매단가]를 기준으로 두 개의 요소를 갖는 새로운 변수로 생성된다.

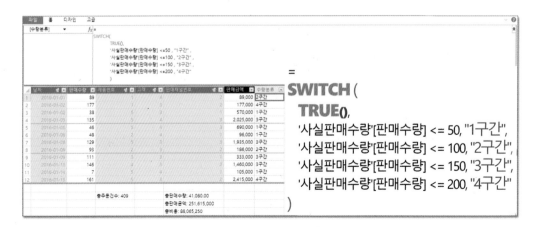

▲ IF 함수의 사용

✔ 경우의 수가 여럿 일 때

'사실판매수량' 테이블에 [판매수량]을 4개의 구간으로 나누고, 새로운 값 '1구간, 2구간, 3구간, 4구간'을 부여하여 새로운 [수량분류] 열을 생성한다. TRUE( ) 대신 FALSE( )를 입력하면, 조건이 아닌 경우에 값을 표시한다.

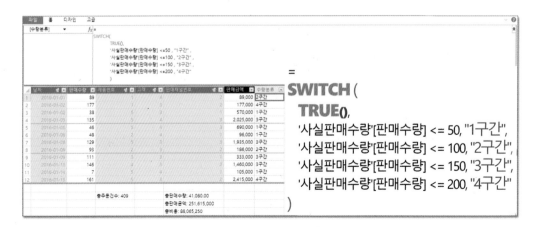

≫ DAX로 만드는 숫자=측정값

측정값은 계산 열과는 달리 하나의 결과값을 만든다. 하나의 측정값으로 생성되지만 피벗 테이블에서 소비될 때는 피벗의 다양한 좌표값에 따라 하나였던 자신을 쪼개 여러 결과값을 만들어 낸다. 마치 트랜스포머처럼...

1 [계산 영역]에서 생성, [피벗 테이블]에서 소비

[계산 영역]에 [총판매금액] 식 '총판매금액:=SUM('사실판매수량'[판매금액])'을 작성한다. 측정값은 하나의 결과값으로 표시된다. [피벗 테이블]을 클릭하면, 작성한 측정값 [총판매금액]을 포함하여 파워 피벗에 데이터 모델 원본으로 피벗 테이블을 만든다.

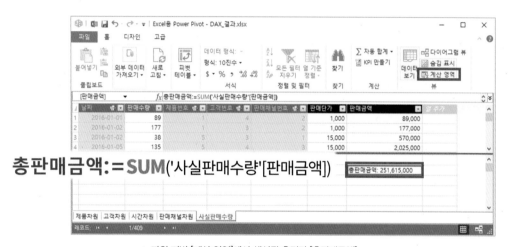

▲ 파워 피벗 [계산 영역]에서 생성된 측정값 [총판매금액]

측정값은 피벗 테이블의 '값' 영역에서 사용할 수 있으며, '값' 사용된 [총판매금액]은 피벗 좌표 (행, 열, 필터, 슬라이서)에 따라 결과값을 달리 한다.

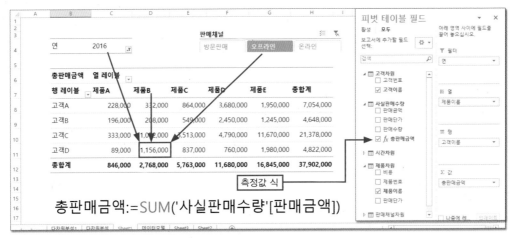

$$총판매금액:=SUM('사실판매수량'[판매금액])$$

▲ 총판매금액이 피벗 테이블 [값] 영역에 배치된 모양

2 조건을 담은 [총판매금액]

측정값 [총판매금액]은 모든 [판매금액]을 합한 값으로 피벗 피벗 좌표에 따라 결과를 새롭게 만드는 놀라운 능력을 발휘했다. 이번에는 [총판매금액]에 특정 기준을 적용하여 또 다른 측정값 [제품번호1&판매채널번호1]을 생성하려 한다. [제품번호]가 1이면서 [판매채널번호]가 1인 측정값을 생성하기 위해 DAX의 자랑이며 함수 구문에 필터 함수를 내장한 CALCULATE 함수를 사용할 것이다.

제품번호1 & 판매채널번호1 :=

CALCULATE([총판매금액],

'사실판매수량'[제품번호] = 1, '사실판매수량'[판매채널번호] = 1)

▲ CALCULATE 함수

CALCULATE 식 구조와 해석

CALCULATE는 DAX에만 있는 함수로 DAX가 자랑하는 두 가지 엔진 '필터+계산'을 모두 포함하고 있다. 이 함수는 첫 번째 인수로 계산을 위해 생성된 [측정값]을 지정하거나 직접 계산식을 작성한다. 두 번째 인수부터는 하나 이상의 필터 구문이 기술된다. 실행은 선 ❻필터 후 ❺계산된다.

▲ CALCULATE 함수식 구조로 보는 필터와 계산 구문

CALCULATE 식 설명

❶ 측정값 이름 : 모든 측정값은 맨 앞에 이름이 있다. 그리고 콜론(:)과 이퀄(=)을 나란히 표시(:=)를 한다. 측정 값을 식에서 재사용할 때는 큰 대괄호([ ]) 안에 표시한다.

❷ 함수 이름 : 대소문자는 구분하지 않는다.

❸ 함수의 시작과 끝 : 괄호 열기(( )로 시작을 괄호 닫기( ))로 끝을 표시한다.

❹ 인수의 구분 : 콤마(,)로 한다. 인수의 순서는 정해져 있다.

❺ 인수 1 〈measure expression〉 : 기존의 측정된 측정값을 대괄호([총판매금액]) 안에 표시하거나 직접 측정 식(SUM('사실판매수량'[판매금액]))을 입력한다.

❻ 인수 2, 3 〈filter〉 : 필터 구문은 '[제품번호]=1'처럼 비교하여 결과를 논리값으로 나타난다. 또는 DAX의 FIL-TER 함수를 사용하여 필터 구문을 생성한다.

아래 그림은 위의 그림에 실제 인수를 지정한 것이다. 제품번호가 1이면서 판매채널번호가 1인 제품만을 추출하고, 그 결과로 측정값 [총판매금액]을 실행한다. 이때 [총판매금액]은 열이 아닌 측정값이다. 위의 식처럼 CALCULATE는 첫 번째 인수에 측정값을 넣거나 직접 측정식을 입력할 수 있다.

제품번호1&판매채널번호1:=

CALCULATE ([총판매금액] , [제품번호]=1 , [판매채널번호]=1)

▲ 실제 CALCULATE 함수식으로 보는 필터와 계산 구문

≫ DAX가 식 평가

DAX가 결과를 만들어 내는 과정을 '평가(Evaluation)한다'고 표현한다. 식은 선 필터 후 계산되며, 3대 기본 원칙에 의해 평가된다. 평가 과정은 DAX에 의한 결과값을 이해하는 데 꼭 필요하며 구체적인 내용이 무엇인지 대략적으로 살펴본다.

<u>1</u> 원칙1. 피벗 테이블이 아닌 원본 데이터에 대하여 평가한다

측정값 [평균판매금액]을 피벗 테이블의 '값'에, [제품이름]은 '행'으로 옮겼다. 피벗 테이블의 측정값을 이용해 제품 A~E까지 평균을 구했더니 629,395가 나왔다. 이 값이 측정값 [평균판매금액] 615,196과는 다른 이유는 무엇일까? 이유는 측정값의 평가에 사용되는 데이터는 피벗 테이블의 결과가 아닌 원본이기 때문이다. 이렇게도 말할 수 있다. '평균의 평균 '625,395'는 의미가 없다!'

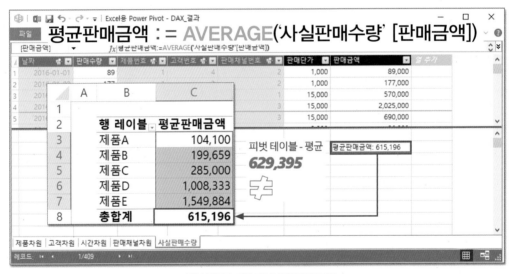

▲ 원본 평균과 피벗 테이블의 평균의 다름

2 원칙2. 각각의 측정값 셀은 독립적으로 계산된다

독립적으로 계산된다는 것은 피벗 테이블에 측정되어 표시된 각각의 셀(측정 셀)이 서로서로 영향을 주지 않고 한 번에 한 번씩 각각 평가된다는 말이다.

▲ 원본 평균과 피벗 테이블의 평균의 다름

3 원칙3. '측정 셀'은 6단계의 논리적 과정을 거쳐 평가된다

✔ 1단계. 피벗 테이블의 좌표를 감지한다

측정 셀 [D10]의 '954,000'은 '행=제품C, 열=오프라인, 필터=2016, 슬라이서=분기3'을 감지, 그에 따라 생성된 측정 셀이다. DAX는 행, 열, 필터, 슬라이서를 피벗 테이블이라고 한다.

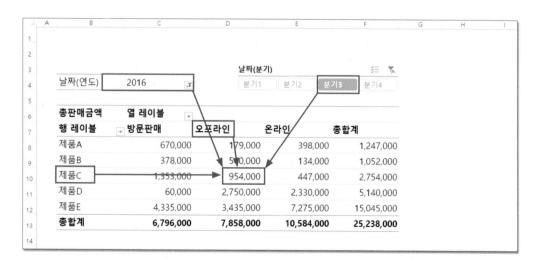

✔ 2단계. CALCULATE 함수에 필터 구문을 확인한다

측정값 [총판매금액]의 식은 '총판매금액:=SUM('사실판매수량'[판매금액])'으로 CALCULATE 함수를 사용하지 않았다. 만약 측정값을 생성할 때 CALCULATE의 필터 구문을 사용했다면, 1단계의 피벗 좌표보다 우선 평가한다.

예 필터를 적용한 식 '2017총판매금액:= CALCULATE(SUM('사실판매수량'[판매금액]), '사실판매수량'[날짜(연도)]=2017)'을 피벗 테이블값에 사용한다면 피벗 좌표인 필터 '2016'은 무시되고, 식의 필터 '2017'로 무조건 계산된다.

총판매금액:=SUM('사실판매수량'[판매금액])

2017총판매금액:=
CALCULATE(
SUM('사실판매수량'[판매금액]) ,
'사실판매수량'[날짜(연도)] = 2017)

날짜(분기): 분기1 | 분기2 | 분기3 | 분기4

날짜(연도) All

총판매금액 행 레이블	방문판매	오프라인	온라인	총합계
제품A	975,000	954,000	850,000	2,779,000
제품B	1,932,000	1,756,000	1,012,000	4,700,000
제품C	3,189,000	2,598,000	1,149,000	6,936,000
제품D	3,460,000	4,720,000	4,870,000	13,050,000
제품E	11,790,000	6,330,000	13,425,000	31,545,000
총합계	**21,346,000**	**16,358,000**	**21,306,000**	**59,010,000**

날짜(연도) All

2017총판매금액 행 레이블	방문판매	오프라인	온라인	총합계
제품A	305,000	775,000	452,000	1,532,000
제품B	1,554,000	1,216,000	878,000	3,648,000
제품C	1,836,000	1,644,000	702,000	4,182,000
제품D	3,400,000	1,970,000	2,540,000	7,910,000
제품E	7,455,000	2,895,000	6,150,000	16,500,000
총합계	**14,550,000**	**8,500,000**	**10,722,000**	**33,772,000**

다차원분석1 | 다차원분석 | Sheet1 | 데이터모델 | Sheet3 | 원칙1 | 원칙2 | 원칙3 | 원칙3-2단계 | 원칙3-3단계

결론! 피벗 테이블 좌표는 CALCULATE 함수의 필터 구문에 의해 무시된다!!

✔ 3단계. 피벗 테이블의 좌표를 원본에 적용한다

해당 피벗 테이블의 좌표를 기본 테이블에 적용한다.

사실판매수량[제품번호] = 3 | 사실판매수량[판매채널번호] = 2 | 사실판매수량[날짜(연도)] = 2016 | 사실판매수량[날짜(분기)] = 분기3

	날짜	판매수량	제품번호	고객번호	판매채널번호	판매단가	판매금액	날짜(연도)	날짜(분기)	날짜(월 인덱스)	날짜(월)
1	2016-01-01	89	1	4	2	1,000	89,000	2016	분기1	1	01월
2	2016-01-02	177	1	3	2	1,000	177,000	2016	분기1	1	01월
3	2016-01-02	38	5	3	1	15,000	570,000	2016	분기1	1	01월
4	2016-01-05	135	5	4	3	15,000	2,025,000	2016	분기1	1	01월
5	2016-01-05	46	5	4	3	15,000	690,000	2016	분기1	1	01월
6	2016-01-06	48	2	4	1	2,000	96,000	2016	분기1	1	01월
7	2016-01-08	129	5	3	3	15,000	1,935,000	2016	분기1	1	01월
8	2016-01-09	93	2	3	2	2,000	186,000	2016	분기1	1	01월
9	2016-01-09	111	3	3	1	3,000	333,000	2016	분기1	1	01월
10	2016-01-13	146	4	3	2	10,000	1,460,000	2016	분기1	1	01월
11	2016-01-14	7	5	4	1	15,000	105,000	2016	분기1	1	01월

제품차원 | 고객차원 | 시간차원 | 판매채널차원 | 사실판매수량

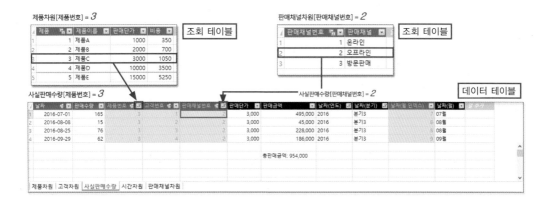

✔ 4단계. 관계를 읽어 따른다

좌표에 사용한 제품차원의 [제품이름]과 판매채널차원의 [판매채널] 데이터는 사실판매수량에 없는 정보지만, 제품차원과 사실판매수량, 판매채널차원과 사실판매수량은 각각 [제품번호]와 [판매채널번호]로 관계를 설정했기 때문에 데이터를 주고받을 수 있다. 이때 데이터를 주는 쪽은 관계에서 일(1)의 역할을, 받는 쪽은 다의 역할을 한 쪽이다.

✔ 5단계. 확정된 새로운 데이터 테이블을 가지고 계산한다

1에서 4단계를 거쳐 필터링 된 최종 데이터는 5단계에서 계산 'SUM'의 대상이 되어 최종 평가된다.

총판매금액:= **SUM** ('사실판매수량'[판매금액])

✔ 6단계. 결과를 Return한다

측정값이 등록된 피벗 테이블의 측정값 셀은 2단계 CALCULATE 함수의 필터 구문이 없다면, 피벗 테이블의 좌표를 읽어 독립적으로 결과를 Return하며, 2단계 CALCULATE 함수의 필터 구문이 있다면, 일부 피벗 테이블의 좌표가 무시될 수 있다.

날짜	판매수량	제품번호	고객번호	판매채널번호	판매단가	판매금액	날짜(연도)	날짜(분기)	날짜(월 인덱스)	날짜(월)
1	2016-07-01	165	3	1	2	3,000	495,000	2016	분기3	7	07월
2	2016-08-08	15	3	2	2	3,000	45,000	2016	분기3	8	08월
3	2016-08-25	76	3	3	2	3,000	228,000	2016	분기3	8	08월
4	2016-09-29	62	3	4	2	3,000	186,000	2016	분기3	9	09월

총판매금액: 954,000

제품차원 | 고객차원 | 사실판매수량 | 시간차원 | 판매채널차원

DAX가 읽는 맥락

DAX 맥락.xlsx

있는 그대로의 어떤 일을 적는 서사 작품 속에서 플롯(Plot)과 스토리(Story)는 다르다. 플롯은 개별적인 사건의 나열을, 스토리는 개별적인 사건은 플롯을 시간 순서대로 나열한 것이다. 외적인 동시에 심리적인 것을 품은 플롯은 작품 속에서 스토리라는 양자 관계의 발전 양상을 질서로 재탄생한다.

✔ 사실(Fact) 테이블

그림은 시간 순서대로 개별적인 사건을 행 단위로 나열한 테이블이다. 테이블에 옮겨진 데이터를 '플롯과 스토리'로 구분해 보았다. 이 테이블의 각 행에는 [날짜]라는 시간과 그 시간에 벌어진 '판매'에 의해 나타난 '판매수량' 결과를 기록했다. 또한 각 사건의 구체적인 내용을 알 수 있는 몇 가지 '제품번호, 고객번호, 판매채널번호'가 기록되었다. 시간 순서대로 개별적인 사건의 결과를 '숫자'로 기록한 테이블을 특별히 우리는 사실 테이블이라 칭한다.

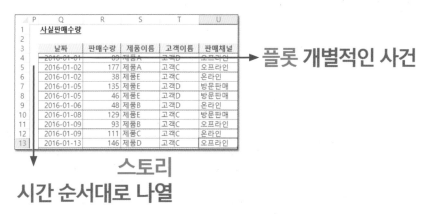

▲ 테이블 안에 플롯 & 스토리

✔ 차원(Dimension) 테이블

그림의 '제품차원, 고객차원, 판매채널번호, 시간차원' 테이블은 '사실판매수량' 테이블의 '제품번호, 고객번호, 판매채널번호'와 관련되어 있다. 이들은 제품과 고객, 판매채널에 관련된 추가 정보를 각각 테이블에 담아 관리한다.

제품차원

제품번호	제품이름	판매단가	비용
1	제품A	1,000	350
2	제품B	2,000	700
3	제품C	3,000	1,050
4	제품D	10,000	3,500
5	제품E	15,000	5,250

고객차원

고객번호	고객이름
1	고객A
2	고객B
3	고객C
4	고객D

시간차원

일련번호	날짜	요일이름	월번호	월이름	연
1	2016-01-01	금	1	01월	2016
2	2016-01-02	토	1	01월	2016
3	2016-01-03	일	1	01월	2016
4	2016-01-04	월	1	01월	2016
5	2016-01-05	화	1	01월	2016
6	2016-01-06	수	1	01월	2016
7	2016-01-07	목	1	01월	2016
8	2016-01-08	금	1	01월	2016
9	2016-01-09	토	1	01월	2016
10	2016-01-10	일	1	01월	2016
11	2016-01-11	월	1	01월	2016
12	2016-01-12	화	1	01월	2016
13	2016-01-13	수	1	01월	2016
14	2016-01-14	목	1	01월	2016
15	2016-01-15	금	1	01월	2016
16	2016-01-16	토	1	01월	2016
17	2016-01-17	일	1	01월	2016
18	2016-01-18	월	1	01월	2016

판매채널차원

판매채널번호	판매채널
1	온라인
2	오프라인
3	방문판매

차원 테이블의 내용은 설정된 관계를 기반으로 사실 테이블의 개별적 사건인 '플롯'을 첨언하는 일종의 관점의 역할을 한다. '관계 설정'은 한 사건에 대한 '전체 플롯'을 읽어 낼 수 있도록 한다.

▲ 관계 설정에 의해 확장된 하나의 개별 사건에 대한 전체 플롯

✔ 필터와 관련한 함수

그림에 필터 기능을 포함하는 함수는 DAX에만 있으며, 복잡하지만 강력하며 Excel에는 없는 기능이다. 함수의 '필터 기능'은 데이터베이스와 같이 테이블 및 관계를 사용한다. 필터링 기능을 사용하면 데이터 컨텍스트를 조작하여 동적 계산을 만들 수 있다.

EARLIEST ALLEXCEPT HASONEFILTER
SELECTEDVALUE FILTERS ALL EARLIER
KEEPFILTERS SUBSTITUTEWITHINDEX
FILTER DISTINCT RELATEDTABLE
CALCULATE CROSSFILTER
ISFILTERED RELATED HASONEVALUE
USERELATIONSHIP
CALCULATETABLE
VALUES ALLSELECTED ALLNOBLANKROW
ADDMISSINGITEMS
ISCROSSFILTERED

▲ DAX의 필터 함수들-워드 클라우드

» 행맥(Row Context)

식이 읽어내는 행 컨텍스트(이하 행맥)는 위에서 설명한 '전체 플롯'을 의미한다. 테이블이 서로 이웃해있진 않아 하나의 테이블로 확인할 수 없지만, 사용자는 DAX가 잡아내는 맥 즉, '전체 플롯'을 상상할 수 있어야 한다.

1 계산 열에서의 행맥

그림은 DAX의 계산 열 [판매금액]을 구하는 식이다. 엑셀에서처럼 셀을 상대 참조하여 복사하지 않는다. 계산할 전체 열 [판매단가], [판매수량]을 참조하면, 행 단위로 각각을 계산하여 결과를 만든다. 이런 작용을 '행 컨텍스트'의 작동이라고 한다.

=ʼ사실판매수량ʼ[판매단가] * ʼ사실판매수량ʼ[판매수량]

[판매금액] ▼	fx =ʼ사실판매수량ʼ[판매수량]*ʼ사실판매수량ʼ[판매단가]						
날짜	판매수량	제품번호	고객번호	판매채널번호	판매단가	판매금액	열 추가
1 2016-01-01	89				1,000	89,000	
2 2016-01-02	177	1	3	2	1,000	177,000	
3 2016-01-02	38	5	3		15,000	570,000	
4 2016-01-05	135	5	4		15,000	2,025,000	
5 2016-01-05	46	5	4		15,000	690,000	
6 2016-01-06	48	2	4	1	2,000	96,000	
7 2016-01-08	129	5		3	15,000	1,935,000	
8 2016-01-09	93	2	3	2	2,000	186,000	
9 2016-01-09	111	3	3	1	3,000	333,000	
10 2016-01-13	146	4	3		10,000	1,460,000	
11 2016-01-14	7	5	4		15,000	105,000	
12 2016-01-15	161	5		2	15,000	2,415,000	
13 2016-01-16	2	1	4		1,000	2,000	
14 2016-01-17	107	4	3	1	10,000	1,070,000	
15 2016-01-20	50	2	3	2	2,000	100,000	
16 2016-01-21	200	5	3		15,000	3,000,000	
17 2016-01-22	99	3	3	2	3,000	297,000	
18 2016-01-22	109	4	2		10,000	1,090,000	
19 2016-01-23	188	2	1	3	2,000	376,000	
20 2016-01-24	143	2	2		2,000	286,000	
21 2016-01-29	86	3	3	2	3,000	258,000	
22 2016-01-29	13	5	4	2	15,000	195,000	
23 2016-01-30	74	1	1		1,000	74,000	
24 2016-01-30	137	2			2,000	274,000	

▲ 행 컨텍스트

[판매금액]을 구하는데 사용한 RELATED 함수식은 '사실판매수량' 테이블 없는 [판매단가]를 다른 테이블 '제품차원'에서 끌어오는 역할을 한다. 이때 RELATED는 계산 열이 추가된 '사실판매수량'의 각 행에 [제품번호]를 기준으로 삼아 '제품차원'의 [판매단가]를 가져온다.

그러기 위해 두 테이블 사이에는 [제품번호]를 기준으로 관계가 설정되어 있음을 전제로 한다.

= RELATED('제품차원'[판매단가]) * '사실판매수량'[판매수량])

▲ [사실판매수량] 테이블에 [판매금액]을 구하는 DAX

'제품차원'와 '사실판매수량'의 [제품번호]는 일(1):다(*)의 관계가 설정되어 있다.

2 측정값에서의 행맥

계산 영역에서 작성하며, '하나의 값'을 생산하는 측정값의 경우는 '한 번에 여러 값을 생산'하여 각 행에 값을 만드는 행맥이 작동하지 않는다. 행 위치를 감지할 수 없기 때문이다. 이전에 우리는 [총판매금액]을 얻기 위해 그림처럼 '측정값1' 식을 작성했다. 이 식은 [판매금액]이란 열이 있다는 전제로 가능했다.

총판매금액 := SUM([판매금액])

▲ 측정값1

그런데, [판매금액] 열이 없는 상태에서 [총판매금액]이라는 측정값을 만들어야 한다고 가정하자. '측정값2' 그림과 같은 식이 우리가 원하는 [총판매금액]이라는 결과를 줄 수는 없을 것이다. 이유는 SUM 함수가 지정한 열의 숫자를 '다 더하는 일'만 가능할 뿐 '각각 곱한 후 그 결과를 저장했다가 다 더하는 일' 즉, 행맥을 잡진 못하기 때문이다.

총판매금액:= SUM([판매금액] * [판매단가])

▲ 측정값2

측정값 안에서 [판매금액] 열 없이 [총판매금액]을 구하기 위해서는 SUM 대신에 DAX의 SUMX 함수를 사용해야 한다. SUMX의 'X'의 의미는 'Iterator' 반복'이다. SUMX는 그림처럼 첫 번째 인수에 필요한 열이 포함된 테이블 이름 '사실판매수량'을 지정하고, 두 번째 인수에 계산식을 입력한다. SUMX의 'X'는 '각각의 곱한 후 그 결과를 저장'하여 갖고 있다가 그 값을 다 더해 '하나의 값'을 만들어 낸다.

$$\text{총판매금액} := \textbf{SUMX(} \text{'사실판매수량'}, \text{[판매수량]} * \text{[판매단가]} \textbf{)}$$

▲ 측정값3

기억하라! ❶은 사용 불가능하고 ❷는 사용 가능하다. 행 컨텍스트는 주로 계산 열에서 작동하지만 SUMX의 반복자 'X' 탑재한 함수에서도 동작한다. 반복자 'X'를 탑재한 함수는 SUMX 외에도 MAXX, MINX, AVERAGEX, RANKX 등이 있으며, 작동 원리와 사용 방법은 같다.

❶ 총판매금액 := **SUM(** [판매수량] * [판매단가] **)**
❷ 총판매금액 := **SUMX(**'사실판매수량', [판매수량] * [판매단가] **)**

▲ SUM과 SUMX

≫ 필맥(Filter Context)

필터 컨텍스트(이하 필맥)는 '모든 행'이 아닌 '기준에 따른 일부 행'을 읽어내기 위한 것으로 '쿼리 컨텍스트와 필터 컨텍스트'로 구분된다.

쿼리 컨텍스트는 피벗 테이블 좌표(행, 열, 필터)와 슬라이서에 따라 추출된 것이고,

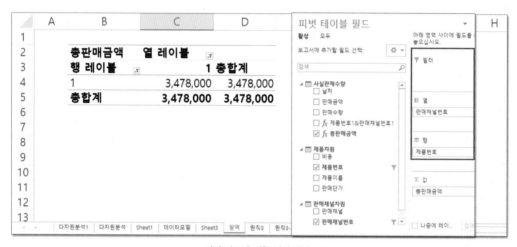

▲ 피벗 좌표에 의한 쿼리 컨텍스트

필터 컨텍스트는 수식의 '필터 구문'에 의한 것이다.

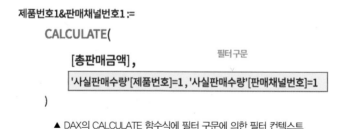

▲ DAX의 CALCULATE 함수식에 필터 구문에 의한 필터 컨텍스트

그림은 필맥이 있는 측정값 [제품번호1&판매채널번호1]과 없는 [총판매금액]이 한 피벗 테이블에 [값] 영역에 사용된 경우이다. [총판매금액]은 피벗 좌표 [제품이름], [판매채널] 쿼리 컨텍스트가 동작한다. [제품번호1&판매채널번호1]은 '제품번호가 1이면서 판매채널번호가 1'에 해당하는 데이터 정보만 갖고 있고 그것으로 [총판매금액]을 측정했으므로 그 외에는 값을 표시하지 못한다.

▲ 측정값 [제품번호1&판매채널번호1]을 피벗에 사용

측정값이 수식에 필터 구문에 의한 동작 필터 컨텍스트와 피벗 좌표에 의한 동작 쿼리 컨텍스트
가 함께 동작할 때 수식에 의한 필맥에 우선순위가 있다.

≫ 필터를 제어하는 DAX

피벗 테이블에서 소비되는 측정식의 특정 값은 그림의 [총판매금액]처럼 그 어떤 환경에도 굴하지
않고, 일관성 있게 하나의 값을 고수해야 할 때가 있다. 그림의 측정값 [점유율]에서 분자인 [총판
매금액]은 피벗 좌표에 따라 값이 달라져야 하지만, 분모로 사용될 [총판매금액]은 언제나 '전체'
값이어야 한다. 그림처럼 점유율을 구하면 안 된다.

점유율1 := [총판매금액] / [총판매금액]

▲ 측정식 점유율1

전체에 해당하며 변하지 않는 고정값 [총판매금액]이 되도록 그림과 같은 측정값 [고정총판매금액]을 생성한다. 기존 [총판매금액]으로 계산하되, 필터 구문에 ALL 함수를 이용하여 '사실판매수량' 테이블에 대해서 피벗 좌표에 반응하지 않도록 했다.

고정총판매금액 := CALCULATE([총판매금액], ALL('사실판매수량'))

▲ 변하지 않는 측정값 [고정총판매금액]

ALL 함수의 인수에는 테이블이나 열 이름을 지정해야 하며, 단독 사용이 불가능한 함수로 CALCULATE 함수의 필터 구문에서만 사용할 수 있다.

피벗 좌표(쿼리 컨텍스트)에 반응하는 [총판매금액]과 어떤 상황에서도 같은 값을 유지하는 [고정총판매금액]을 이용항 최종 측정값 [점유율2] 식은 그림과 같다.

점유율2 := [총판매금액] / [고정총판매금액]

▲ 측정값 점유율2

ALL과 ALLEXCEPT 함수

ALL 함수는 '사실판매수량' 테이블의 전체 열에 대해 '변하지 않음'을 종용했지만, ALLEXCEPT 함수의 경우는 그림처럼 '사실판매수량' 테이블 중 [고객번호]를 제외하라' 즉, '피벗 좌표에 반응하도록 하라'는 명령을 내릴 수 있도록 한다.

고객번호를 제외한 모든제품:=CALCULATE([총판매금액] , **ALLEXCEPT**('사실판매수량' , '사실판매수량'[고객번호]))

▲ ALLEXCEPT

두 측정값 [점유율1]과 [점유율2]가 피벗 테이블에서 어떻게 반응하는지 살펴보자.

점유율2 := [총판매금액] / [고정총판매금액])

점유율 1 := [총판매금액]/[총판매금액]

행 레이블	총판매금액	점유율1	고정총판매금액	점유율2
제품A	8,328,000	100%	251,615,000	3%
제품B	16,372,000	100%	251,615,000	7%
제품C	27,075,000	100%	251,615,000	11%
제품D	66,550,000	100%	251,615,000	26%
제품E	133,290,000	100%	251,615,000	53%
총합계	251,615,000	100%	251,615,000	100%

▲ 점유율1 대 점유율2

필터 함수 중에는 쿼리 컨텍스트(피벗 좌표와 슬라이서)에서 '선택한 것'만을 대상으로 계산에 활용하도록 하는 ALLSELECTED 함수가 있다. 측정값 [선택한 제품]은 '제품차원'에 대해서만 반응한다. '제품차원' 테이블의 열을 피벗 좌표에 등록하고 일부를 추출한 경우이다. 측정값 [점유율3]은 [선택한 제품]을 전체 값으로 각각의 점유율을 구한다.

선택한제품 := CALCULATE([총판매금액], ALLSELECTED('제품차원'))

점유율3 := [총판매금액] / [선택한제품]

▲ ALLSELECTED 함수

ALLSELECTED 함수를 사용한 측정값 [선택한 제품]과 [점유율3]의 피벗 테이블에서의 작용이다. '제품차원' 테이블의 [제품이름]의 일부가 추출된 것만으로 [총판매금액]의 합을 구하고 그 합을 전체로 하여 제품A, 제품B, 제품C 각각의 점유율을 구한다.

행 레이블	총판매금액	점유율1	고정총판매금액	점유율2	선택한제품	점유율3
제품A	8,328,000	100%	251,615,000	3%	168,693,000	5%
제품C	27,075,000	100%	251,615,000	11%	168,693,000	16%
제품E	133,290,000	100%	251,615,000	53%	168,693,000	79%
총합계	168,693,000	100%	251,615,000	67%	168,693,000	100%

▲ 피벗 좌표에서 필터링한 내용으로 재계산하는 ALLSELECTED 함수

시계열(Time-Variant) 분석

표준달력.pbix/워드클라우드.pbix

어제는 어제의 오늘
오늘은 어제의 내일
내일은 어제의 오늘
내일은 내일의 오늘

시간 순서대로 기록한 데이터는 하나의 스토리로 완성된다. '시간'이라는 요소는 4차원 세상을 완벽하게 설명할 수 있는 중요한 재료이다. 데이터 분석에서 '시간'이 포함된 분석을 '시계열 분석'이라고 특별히 표현한다.

DAX는 시계열 분석을 위해 '어제, 오늘, 내일, 작년, 올해, 내년, 1년 전, 동기간'을 표현할 수 있는 특별한 함수들을 제공한다. 그림은 DAX의 Time Intelligence 함수를 파워 BI 시각화 도구인 워드 클라우드로 표현한 것이다.

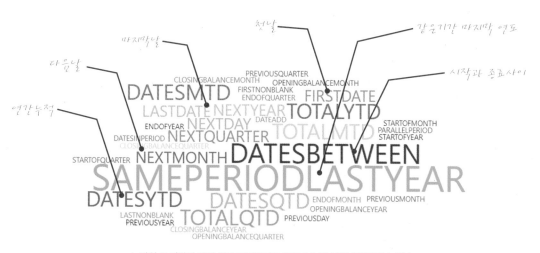

▲ 파워 BI 시각화 개체 워드 클라우드로 만든 DAX의 타임 인텔리전스 함수

시계열 분석을 위해서는 [표준 달력] 테이블이 필요하다. 표준달력 테이블은 판매내역을 기록한 테이블과 관계 설정 후 분석에 사용한다. 구체적으로 [표준 달력] 테이블 어떻게 만들어야 하는지는 이후에 나올 '시간 차원 테이블 만들기'에서 확인한다.

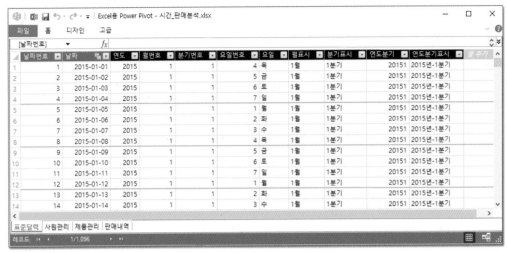

▲ 파워 피벗에서 만든 [표준 달력] 테이블

>> Time Intelligence를 위한 함수 범주

TI함수범주.xlsx

시계열 분석 함수는 '하나의 날짜'를 결과로 만들거나 특정 기간이 포함된 '날짜 범위'를 테이블로 만든다. 또 어떤 함수는 해당하는 날짜를 기반으로 계산하고 그 결과 값을 만든다.

✔ 하나의 날짜 값

그림은 하나의 날짜 값을 만들어 내는 함수들로 순서대로 '시작, 종료, 어제, 내일, 월의 첫날, 월의 마지막 날'을 만든다.

▲ 하나의 날짜 값 결과로 만드는 함수

✔ 하나의 날짜 범위

그림은 날짜 범위를 결과로 만드는 함수들로 '같은 기간(SAMEPERIODLASTYEAR), 일 년 전 (DATEADD), 특정 시간부터 특정 시간까지(DATESBETWEEN)'를 만든다. 결과가 하나 이상의 날짜 값을 포함한 범위로 단독 사용할 수 없다. 주로 CALCULATE 함수의 필터 구문에 사용된다.

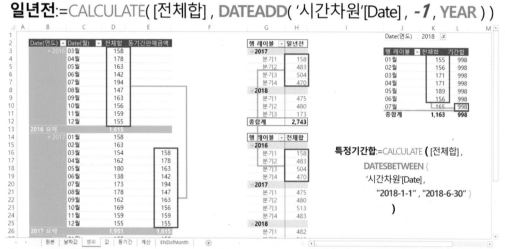

일년전:=CALCULATE([전체합] , DATEADD('시간차원'[Date] , *-1* , YEAR))

동기간판매금액:=CALCULATE([전체합] , SAMEPERIODLASTYEAR('시간차원'[Date]))

▲ 같은 기간, 일 년 전, 특정 기간 등을 표현하는 시간 함수

날짜를 적용한 하나의 계산 값

그림의 함수는 계산하는 CALCULATE 없이 자체적으로 날짜를 누적하고 해당 값을 계산한다. TOTALMTD는 월별로, TOTALQTD는 분기별로, TOTALYTD는 연도별로 값을 누적한다. 여러 해의 데이터가 있는 경우에는 가장 최근의 연도 값으로 누적한다.

현재달현재1:= TOTAL**MTD**([총판매수량],'표준달력'[날짜])

현재분기현재1:=TOTAL**QTD**([총판매수량],'표준달력'[날짜])

현재년현재1:= TOTAL**YTD**([총판매수량],'표준달력'[날짜])

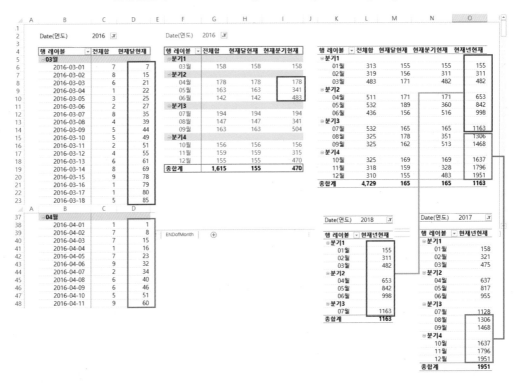

▲ 누적 집계 함수 TOTALMTD, TOTALQTD, TOTALYTD

위의 식을 DATESMTD, DATESQTD, DATESYTD 함수로도 표현이 가능한데, '=CALCULATE([전체합], [표준달력'[Date]))'처럼 CALCULATE 함수의 인수로 사용해야 한다.

원본 데이터에 시작되는 2016년이고 3월 1일자부터 기록되어 있으며, 마지막 해는 2018년이고 7월까지의 데이터가 있다.

>> 시간 차원 테이블 만들기

제대로 타임 인텔리전스를 하기 위해서는 기존 날짜 정보와 분리된 '시간 차원 테이블'을 따로 만들어야 한다. 시간 차원 테이블은 상황에 따라 표준달력을 담기도 하고, 회계 연도와 같은 사용자의 시간을 담아 새로운 달력을 만들기도 한다. 이러한 시간 차원 테이블을 만들 때 꼭 지켜야할 규칙과 주의 사항이 몇 가지가 있다.

시간 차원 테이블 생성 규칙

1. 우리가 사용하는 일반적인 달력을 담은 날짜 테이블을 만들어라.
2. 날짜 테이블은 필요한 날짜 정보를 모두 담고 있어야 한다.
3. 판매가 일어나지 않은 날짜(쉬는 날) 정보도 모두 포함해야 한다.
4. 날짜 관련 필요한 모든 변수(연도, 분기, 월, 주 등)를 생성한다.
5. [날짜 테이블]로 지정하고, 각 [열]에 정렬 기준을 지정한다.

1 표준달력 생성 과정

표준달력_결과.xlsx

'표준달력'을 담은 시간 차원 테이블은 판매 정보 테이블과 관계 설정하여 작업할 것이므로 판매 정보 테이블의 시작과 종료일을 다 담고 있어야 한다. 판매 정보 테이블은 2015년 1월 1일부터 2017년 12월 31일까지의 데이터가 있다.

✔ 엑셀에서 필요한 날짜 정보 생성하기

날짜 형식으로 시작일 '2015-01-01'을 입력하고 선택했다. [채우기] 목록에서 [계열]을 선택한다. [열] 단위로 생성되도록 하고, 데이터 유형이 [날짜]인 것과 [일] 단위로 입력할 수 있도록 옵션을 지정했다. [단계 값] '1', [종료 값] '2017-12-31'을 입력하고 [확인]을 클릭하면 시작과 종료값 사이에 모든 날짜값이 입력된다. 이런 방식으로 입력하면 날자가 빠짐 없이 생성된다.

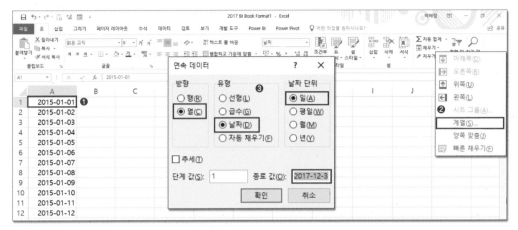

▲ 엑셀에서 분석에 필요한 모든 날짜 값을 생성할 과정

엑셀은 연월일을 하이픈(-)이나 슬래시(/)로 입력한 값을 날짜로, 시분초를 콜론(:)으로 구분해 입력하는 것을 시간으로 인식한다. 이렇게 입력한 값을 '시간'이란 특별한 값으로 취급하고, 데이터 형식은 숫자로 인식한다. 이 값은 실제 값과 표시되는 값이 다르다. 그림은 셀에 값 '10.5'를 입력하고 엑셀의 [셀 서식] 대화상자의 [표시 형식] 탭에서 [범주]를 '시간', [형식]을 '2012-3-13 13.30'으로 지정한 것이다. 이제 셀은 '1900-1-10 12:00'처럼 표시된다. 값 '10.5'는 시간을 양으로 표현한 것이며, '열흘 반나절'을 의미한다.

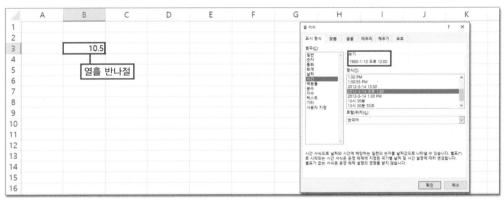

▲ 엑셀의 [셀 서식] 대화상자에서 날짜와 시간으로 표시

✔ 엑셀의 날짜 데이터를 파워 피벗으로 가져가기

입력한 날짜를 전체를 선택하여 복사한다. [Power Pivot] 탭-[관리]를 클릭해 파워 피벗을 실행하고 [붙여넣기]를 클릭한 다음 나타난 대화상자에서 '표준달력'을 입력하고 [확인]을 클릭한다.

복사하여 붙여넣는 방법 외에도 생성한 날짜 데이터를 [표]로 전환한 다음 [Power Pivot] 탭-[데이터 모델에 추가]를 실행하여 데이터를 옮길 수도 있다. 이 방법은 엑셀에 데이터와 추가한 파워 피벗의 데이터가 연결되어 있어서, 새로운 날짜를 추가한 후 쉽게 데이터 모델에도 추가할 수 있는 것이 장점이다.

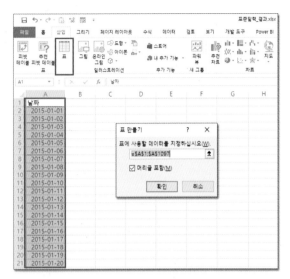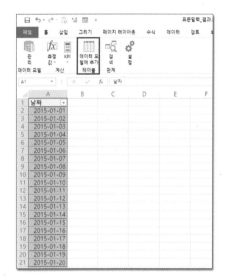

▲ 범위를 표로 지정해 데이터 모델에 추가 기능

간단한 날짜 표시

날짜를 선택하고 데이터 형식을 간략하게 표시할 수 있다. 날짜 데이터의 경우 어떤 형식을 적용해도 데이터 값에 변화는 없다.

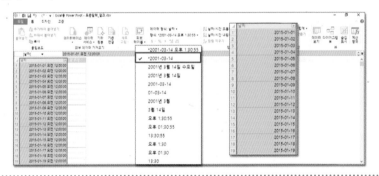

분석 보고서에 표시할 연, 분기, 월, 요일 등 새로운 열 생성하기

보고서에 사용할 새로운 열을 [날짜] 열을 기반으로 계산하여 준비한다.

추가 계산 열 : 연도, 월 번호, 분기 번호, 요일 번호, 요일, 월 표시, 분기 표시, 연도 분기, 연도 분기 표시 9개의 필드를 만들어 추가했다.

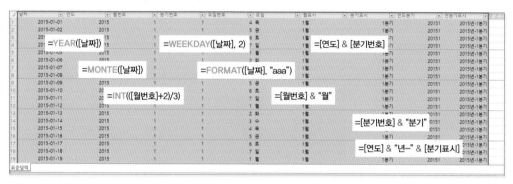

▲ 날짜 값을 기반으로 보고서 작성에 필요한 계산 연 필드 생성

데이터 정렬

[월번호], [월표시]처럼 같은 정보를 굳이 두 가지로 만든 이유는 정렬 때문이다. 예를 들어, 보고 서에 등록된 요일은 오름차순 정렬할 경우 '금, 목, 수, 월, 일, 토, 화' 순으로 정렬된다. 이 문제는 추출한 요일 번호를 요일의 정렬 기준으로 삼으면 그 문제를 해결할 수 있다.

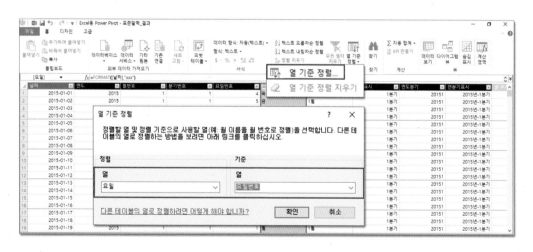

실행

[요일]을 선택하고 [열 기준 정렬] 대화상자에서 기준 열을 [요일번호]로 지정한다. [월표시]는 [월번호], [분기]는 [분기 번호]로 지정한다.

정렬했을 때와 않았을 때 차이

생성한 [표준달력]을 원본으로 피벗 테이블을 생성하고,

피벗 테이블의 [행] 영역으로 [요일표시]와 [월표시]를 드래그하여 옮긴다. 정렬했을 때와 하지 않았을 때를 그림으로 비교해 보자.

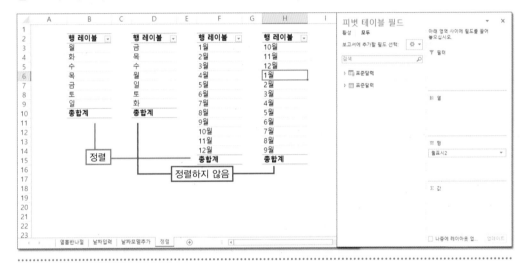

✔ 생성한 테이블을 [날짜 테이블로 표시]하기

[표준달력]을 파워 피벗에서 [디자인]-[날짜 테이블로 표시]하는 것도 중요하다. 대화상자에서 날짜 데이터를 갖는 [날짜] 열을 식별자로 선택한다.

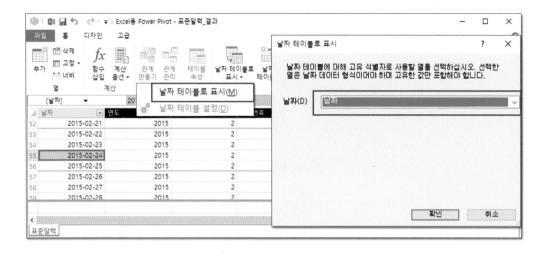

[홈] 탭-[날짜 테이블로 표시]를 클릭하고, [날짜] 열을 선택한 후 [확인]

✔ 만약 날짜 테이블로 지정하지 않으면?

테이블의 [날짜] 값의 열은 날짜 형식이기 때문에, [날짜 테이블로 표시]를 적용하지 않아도 관련 기능을 사용할 수 있다. 반면, [날짜] 열에서 추출하여 만든 [연도]는 날짜 형식이 아니기 때문에 관련 기능을 사용할 수 없지만, [날짜 테이블로 표시]를 적용하면 해당 테이블의 모든 열에 대해서 [날짜 필터]를 사용할 수 있다.

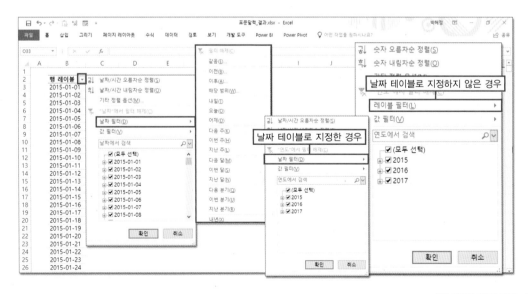

>> 판매 정보와 관계 설정 후 판매 분석

판매제품내역.xlsx/표준달력.xlsx/시계열판매분석_결과.xlsx

외부 엑셀 파일에서 필요한 테이블을 가져와, 관계를 설정한다. 이렇게 생성한 데이터 모델을 원본으로 현재까지의 누적 매출, 지난 2년간 최고의 분기, 전년 대비 증가율 등을 계산해 본다.

✔ 판매 정보 테이블을 가져오기

표준달력 테이블에 실제 판매 데이터를 불러와 연결해 보자. 엑셀 파일에 세 개의 시트 [판매내역], [제품관리], [사원관리]가 있고, 테이블의 구조를 띠고 있다.

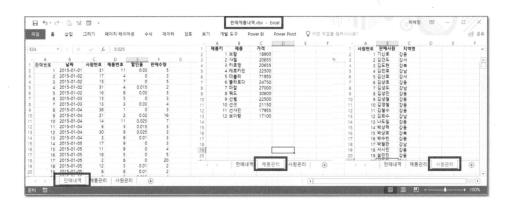

파워 피벗에서 [홈] −[기타 원본]을 클릭해 [Excel 파일]을 가져온다고 말했고, 파일의 경로를 지정했다. [첫 행을 머리글로 사용한다]고 체크했다. 표시된 모든 파일을 체크해 가져오기를 했다.

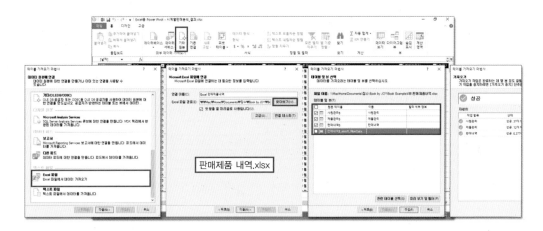

274 | 만만한 실무 데이터 분석 with 엑셀

✔ '시간차원 테이블'과 관계 설정

[표준달력]과 엑셀에서 가져온 [판매내역], [제품관리], [사원관리] 테이블의 관계를 설정했다. [홈] 탭-[다이어그램 뷰]에서 드래그로 [표준달력].[날짜]-[판매내역].[날짜], [제품관리].[제품키]-[판매내역].[제품번호], [사원관리].[사원번호]-[판매내역].[사원번호] 간의 관계를 설정했다.

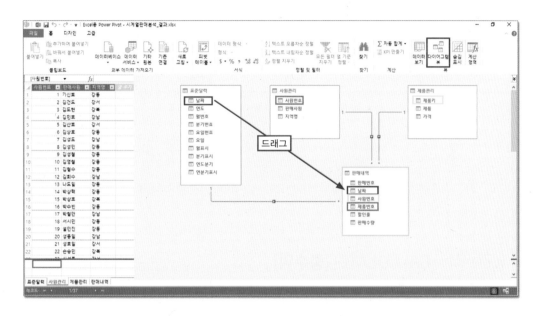

✔ 누적 판매금액 계산하기

'연도별로 누적'하는 DATESYTD 함수는 1년을 기준으로 '현재 연도에서 현재 날짜까지'를 구한다. 첫 번째 인수에 '표준달력'[날짜]는 지정한다. DATESYTD 함수의 '현재'는 일차적으로 측정값이 위치한 곳의 피벗 좌표의 날짜이고, 만약 구체적으로 날짜를 읽을 수 없다면 표준달력의 가장 최근 날짜이다.

❶ 피벗에 [연도]만 위치하면, [총수익]과 결과가 같다. 그러나 ❷ 총합계 금액은 금액을 누적하지 않고 마지막 연도의 금액을 표시한다. YTD(Year to date)는 한 해를 기준으로 하기 때문이다. ❸행 영역에 [분기], [월], [요일] 등을 드릴 다운하면 그림처럼 피벗 좌표가 가리키는 해, 1년을 기준으로 누적한다.

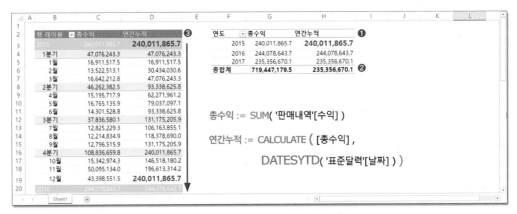

▲ 총수익과 DATESYTD 함수를 사용한 연간누적 비교

만약 6월 31까지로 마지막 날짜를 지정하면 식을 DATESYTED('표준날력'[날짜], "2017-06-30")처럼 바꾼다. 해의 마지막을 6월 30일로 지정하면 7월 1일부터 다음해가 된다. 마지막 인수는 생략이 가능하며 연도의 마지막 날짜를 지정한다. 생략하면 기본값은 그 해의 마지막 날 '12월 31일'을 적용한다.

연간누적 := CALCULATE([총수익] ,

　　　　　DATESYTD('표준달력'[날짜] , "2017-06-30"))

▲ DATESYTD 함수 마지막 날짜 사용자 지정

✔ 데이터 모델에 있는 시작 날짜부터 지금까지의 누적이 필요하다면?

DATESBETWEEN 함수는 사용자가 원하는 시작과 종료일을 지정하여 날짜 범위를 만든다. 때문에 단독 사용은 의미 없으며, CALCULATE같은 계산 함수에서 필터 구문으로 사용한다. 그림의 식에서 중요한 점은 시작일을 ALL 함수로 어떤 상황에서도 변하지 않도록 하는 것이다. ALL 함수를 사용한 FIRSTDATE는 항상 '표준달력'[날짜]의 첫날 값을 갖고 있고 LASTDATE는 피벗 좌표에 따라 마자막 날을 적용한다.

▲ DATESBETWEEN 함수로 표현하는 현재까지

✔ 성장률 계산하기

DATEADD 함수는 '1년 전, 2년 후, 5개월 전' 등 날짜의 전후를 지정할 수 있다. 그림의 DATEADD 함수로 생성한 측정값 [일년전]은 1년전 표준달력 범위를 확보한다. CALCULATE 함수는 그 결과 범위에 해당하는 데이터를 '판매내역'에서 찾아 [총수익]의 측정값을 바꾼다. 만든 측정값 [일년전]과 [총수익]을 이용하면 [전년대비성장율]을 만들 수 있다.

연도	2016			연도	2017		
행 레이블	일년전	총수익	전년대비성장율	행 레이블	일년전	총수익	전년대비성장율
1월	16,911,517.50	15,071,418.9	-10.88%	1월	15,071,418.90	20,244,230.1	34.32%
2월	13,522,513.05	13,740,487.9	1.61%	2월	13,740,487.88	16,044,090.3	16.77%
3월	16,642,212.75	11,170,116.5	-32.88%	3월	11,170,116.45	20,459,217.6	83.16%
4월	15,195,717.90	11,929,721.0	-21.49%	4월	11,929,720.95	19,484,038.8	63.32%
5월	16,765,135.88	15,378,363.7	-8.27%	5월	15,378,363.68	20,761,569.7	35.01%
6월	14,301,528.75	13,107,032.6	-8.35%	6월	13,107,032.55	17,012,860.9	29.80%
7월	12,825,229.28	14,957,432.8	16.63%	7월	14,957,432.78	17,619,576.5	17.80%
8월	12,214,834.88	12,251,246.2	0.30%	8월	12,251,246.18	15,991,498.6	30.53%
9월	12,796,515.90	18,723,987.2	46.32%	9월	18,723,987.23	15,765,298.4	-15.80%
10월	15,342,974.33	16,147,461.8	5.24%	10월	16,147,461.83	19,755,374.4	22.34%
11월	50,095,134.00	47,972,055.8	-4.24%	11월	47,972,055.83	31,135,015.5	-35.10%
12월	43,398,551.48	53,629,319.5	23.57%	12월	53,629,319.48	21,083,896.4	-60.69%
총합계	240,011,865.68	244,078,643.7	1.69%	총합계	244,078,643.70	235,356,670.1	-3.57%

총수익:= SUM('판매내역'[수익])

일년전:=CALCULATE([총수익] ,DATEADD('표준달력'[날짜], -1,YEAR))

전년대비성장율:=([총수익] - [일년전]) / [일년전]

▲ DATEADD 함수 활용

DATEADD('표준달력'[날짜], −1, YEAR)은 SAMEPERIODLASTYEAR('표준달력'[날짜])와 바꿔 사용할 수 있다.

Chapter 01 Summary

1. 데이터 분석을 위한 창의적인 언어 DAX는?

DAX(Data Analysis eXpressions)는 OLAP 큐브와 상호 작용하며 거기서 데이터를 찾고, 그 결과로 계산을 하기 위한 신개념의 데이터 분석 언어이다. DAX의 개발자들은 '필터와 계산'이라는 두 개의 심장을 가진 강력하고 창의적인 언어라고 DAX를 소개한다.

DAX는 엑셀의 파워 피벗과 파워 BI 데스크톱에서 '계산 열과 측정값'이란 이름으로 생산되고, 엑셀의 피벗 테이블과 파워 BI 데스크톱에 시각화 개체의 원본으로 활용된다. DAX의 작업 과정을 '평가한다 (Evaluate)'라고 표현하며, 평가 과정은 3대 기본 원칙하에 진행된다.

2. 맥락을 읽어 결과를 바꾸는 DAX, 이런 언어 어디에도 없었다.

- 행 컨텍스트 : 계산 열을 만들 때 테이블의 동일 행의 내용을 읽는다.
- 필터 컨텍스트 : DAX식에 포함한 필터 구문을 읽어 결과에 반영한다.
- 쿼리 컨텍스트 : 피벗 테이블의 값 영역에 등록한 DAX식은 피벗 테이블 '행, 열, 보고서'와 슬라이서에서 선택한 필드를 읽어 값에 반영한다.
- 컨텍스트 우선순위 : 쿼리 컨텍스트보다 필터 컨텍스트를 우선한다.

3. 분석의 꽃, '시계열 분석'을 위한 DAX의 Time Intelligence

DAX의 Time Intelligence 범주의 함수들은 엑셀에는 없는 함수가 대부분이다. 시계열 분석을 위해 특별 개발된 이 함수들은 '어제, 오늘, 내일, 작년, 올해, 내년, 1년 전, 동기간'을 표현한다. 누구와 함께 있느냐에 따라 오늘에 해당하는 값은 내일이 되기도 하고, 어제는 오늘이 되기도 한다. 이런 복잡한 상황을 오류 없이 분석해 내기 위해 DAX는 반드시 표준 달력을 담은 '시간 차원' 테이블을 만들어 사용하라고 요구한다.

Memo

정보 생산 및 유통 공정의 자동화를 위한 새로운 플랫폼

플랫폼(platform)은 승객들이 기차를 타고 내리는 승강장이다.

알리바바는 중국 전자상거래 점유율 80%에 달하는 중국 최대 전자상거래 업체이며, 매일 1억 명이 물건을 구매한다고 한다. 알리바바는 플랫폼 기업으로 분류된다.

우버는 스마트폰 애플리케이션(앱)으로 승객과 차량을 이어주는 서비스다. 우버를 기술 플랫폼이라고 한다.

윈도우즈는 사람과 하드웨어(기계)를 연결해 주는 운영 체제이다. IT 업계의 대표적인 플랫폼이다.

승강장, 알리바바, 우버, 윈도우즈 이들의 공통점은 무엇인가? 직접 상품을 생산하지 않는다는 점이다. 승강장이 기차를 만들어 낸 것이 아닌 것처럼. 그런데도 기차와 사람은 무수히 승강장을 오간다. 최근에는 승강장에도 상점들이 생겼다. 가치는 거기서 창출된다. 생산자와 소비자가 머물러 서로의 가치가 충족되는 기반이 되는 곳. 그것이 유형이든 무형이든 간에. 그 공간을 플랫폼이라 한다. 어느샌가 사람들의 인식에 플랫폼은 기초가 되는 틀, 규격, 표준으로 자리하고 있다. 그래서 산업계는 지금 플랫폼 전쟁 중이다!

무수히 많은 양의 데이터가 쏟아지고 있다. 세월이 만든 데이터는 미래를 예측할 만큼의 양이고 의미 있는 수치로 만드는 검증된 수학적 방법이 있다. 거기에 많은 양을 수용할 수 있는 컴퓨터 시스템도 준비되었다. 그러나 그러한 '빅데이터'는 데이터 과학자나 분석가로 고용된 사람이 아니라면, 사실 한 개인이 감당할 몫은 아니다. 1인 기업이나 본인이 맡은 분야에서의 분석이란 것은 '빅데이터'의 그것과는 양이나 사용할 수 있는 자원 면에서 분명 차이가 있다. 이 책은 한 개인이 감당할 수 있는 양의 데이터, 그들이 확보할 수 있는 기술과 자원을 기반으로 스스로 분석하자는 것이다. 그리고 그 중심에 우리가 늘 사용해 오던 엑셀이 있다. 그 엑셀이 기존이 당신이 보유한 데이터를 이용해 셀프서비스 BI를 할 수 있는 '장'을 마련할 것이다!

'1980년대가 질(質)의 시대요. 1990년대가 리엔지니어링(reengineering)의 시대였다면 2000년대는 속도의 시대가 될 것이다'라고 빌 게이츠는 그의 저서 '21세기 생각의 속도가 결정한다'에서 말한 바 있다.

정보가 적절한 시간에 옳게 분석되고 그 결과가 옳은 방향으로 흘러가 공유되고 서로의 의견을 주고받으며 더 꼭 흘러가야 할 곳, 제대로 된 목적지로 가야 한다고 생각했다.

이제는 데이터 수집과 가공, 전달의 모든 과정을 어느 정도는 스스로 할 수 있어야 하고, 적절한 시간에 의사 결정을 하기 위해 이 모든 과정을 자동화해야 한다고 생각한다. 그 모든 과정에 우리는 감독(Director)의 역할을 감당해야 한다.

MS가 셀프 서비스 BI를 위해 제공한 툴's

1. 엑셀이 하나의 시트에 수용하지 못하는 다량의 데이터 정제를 위해 파워 쿼리 제공

2. 엑셀이 하나의 시트에 수용하지 못하는 다량의 자료 저장 및 분석 데이터 조작을 위한 파워 피벗 제공

3. 관계형 데이터(RD)에 맞는 새로운 필터 언어(SQL)가 내장된 신 계산식 DAX 제공

4. 다량의 데이터를 시각화하고 상호 작용할 수 있는 파워 BI 무료 버전 제공

5. 거기에 훌륭한 통계 언어이자 시각화 마술사 R을 내장함으로써 셀프 서비스 BI의 완성을 이룸

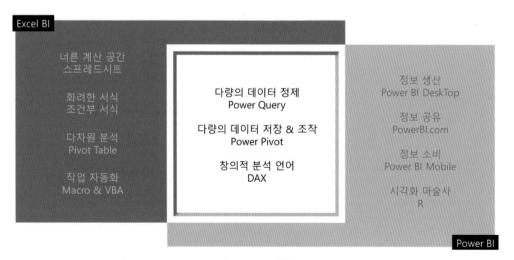

▲ Excel BI and 파워 BI

엑셀 BI 기반

엑셀을 기반으로 하는 BI의 강점은

❶ 피벗 테이블과 큐브 함수를 사용하여 분석할 수 있다.

❷ 스프레드시트라는 너른 장소를 활용하여 계산할 수 있다.

❸ 풍부한 서식 기능을 사용하여 보고서를 작성할 수 있다.

❹ VBA로 자동화할 수 있다.

▲ 엑셀 시트에 구현된 대시보드

파워 BI 기반

'시각화는 더는 작성된 스토리의 부산물이 아닙니다. 넘쳐나는 데이터 기반 세계에서 시각화는 주된 스토리 양식이며 저널리스트의 중요한 도구가 되었습니다.' 데이터 시각화 전문가 Alberto Cairo의 말로 파워 BI 사이트 전면에 나타난 글귀이다. 결국 파워 BI 서비스를 개발한 목적은 개인에게 쏟아지는 데이터를 처리하여 스토리로 만들고 함께 실시간으로 공유하여 가치를 만들어 내기 위한 것이다.

파워 BI 서비스는 파워 BI 데스크톱, 파워 BI Service, 파워 BI Mobile로 구성된다. 데스크톱에서는 의사 결정을 돕는 분석 보고서가 및 생산되고, Service(PowerBI.com)로 게시하여 필요한 사람에게 공유, 상호 작용할 수 있도록 한다. 그리고 Mobile로도 내용을 확인할 수 있으며, 수정은 불가능하므로 Mobile의 분석 보고서는 소비만 되는 구조이다.

파워 BI 서비스를 사용하려면, [무료 등록]을 실행해 계정을 만드는 과정을 실행해야 한다. 그림은 파워 BI Desktop을 설치할 수 있는 사이트 화면이다. 계정을 생성한 후 사용하는 버전에 따라 32와 64비트 중 선택해 설치한다.

https://powerbi.microsoft.com/ko-kr/get-started/

▲ 파워 BI 설치

파워 BI 데스크톱을 설치하고 설치 시 생성한 계정을 이용하여 PowerBI.com에 접속한다. 오른쪽 [다운로드]를 클릭해 모바일용 파워 BI도 설치한다. 파워 BI Publisher for Excel은 엑셀과 상호 작용을 위한 프로그램으로 설치하면 엑셀 리본 탭에 메뉴가 추가된다.

▲ 파워 BI 설치

Service	파워 BI Desktop	파워 BI Service	파워 BI Mobile
설치 필요	○	×	○

▲ 파워 BI 서비스 사용을 위한 프로그램 설치 여부

▲ 엑셀에 추가된 파워 BI 리본 탭

≫ 파워 BI 데스크톱 보기

정보 생산지인 파워 BI 데스크톱은 기본 세 가지 영역 [보고서] 보기, [데이터] 보기, [관계] 보기를 제공한다. 외부에서 [데이터 가져오기]를 실행하면, [데이터] 보기에서 확인할 수 있다. 데이터 간의 관계는 [관계] 영역에서 확인 및 수정할 수 있다. [데이터]는 [보고서]에 등록될 시각화 개체의 원본 데이터가 된다. 편집이 필요한 데이터는 [쿼리 편집]을 이용한다.

▲ 다양한 종류의 외부 데이터 가져오기

▲ 쿼리 편집기

>> PowerBI.com에 게시

파워 BI 데스크톱에서 생성한 보고서를 [홈]-[게시]하면 웹 PowerBI.com에 추가할 수 있다.

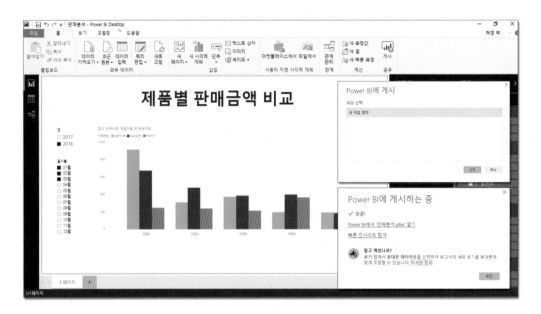

추가한 내용을 확인하려면 [내 작업 영역]에 등록한 보고서 [판매 분석]을 클릭한다.

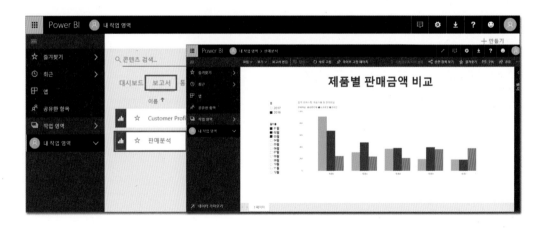

>> 파워 BI를 기반으로 하는 BI의 강점은

파워 BI Service의 강점은 ❶ 회사 시스템과 클라우드 서비스에서 데이터를 가져올 수 있다. ❷ 하나의 대시보드에 회사 전체의 비즈니스를 담을 수 있다. ❸ 자연어로 질의하고 빠르게 통찰력을 얻을 수 있다. ❹ 다양하고 대화식의 시각화 기능을 사용할 수 있다.

1 PowerBI.com에서 데이터 가져오기

PowerBI.com에 접속하면 초기 화면에 [데이터 가져오기]가 표시된다. 내 조직, 서비스, 파일, 데이터베이스로 구분하여 외부 데이터를 가져올 수 있다. 서비스의 앱은 특수 목적으로 개발되어 무/유료 제공되는 대시 보드 및 보고서 모음이다.

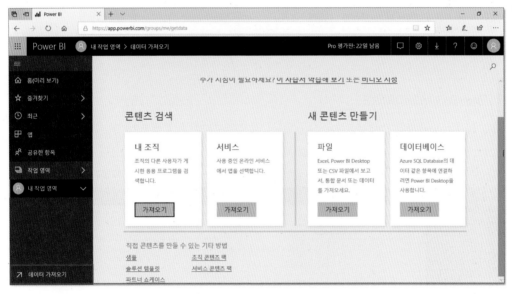

▲ PowerBI.com 메인 화면

✔ 샘플 데이터 가져오기

PowerBI.com 메인 화면에서 [샘플]을 클릭해 [연결]하면 [내 작업 영역]에 'IT지출 분석 샘플'이 보유하고 있는 대시보드, 보고서, 통합 문서, 데이터 집합에 표시된다.

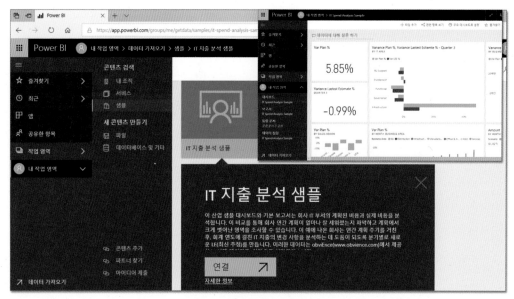

▲ 샘플 가져오기 화면

2 PowerBI.com의 대시보드

파워 BI Browser의 대시보드는 비즈니스에서 벌어지는 각종 지표를 모아 볼 수 있게 하는 여할을 한다. 대시보드에 등록한 시각화 개체는 '하나의 타일'이 된다.

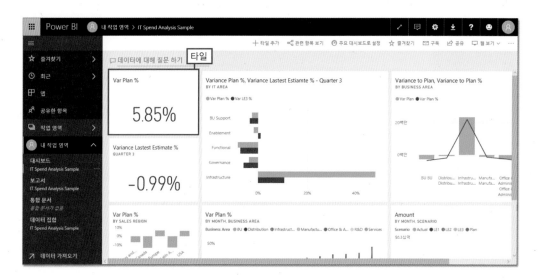

3 PowerBI.com 대시보드에서의 자연어 검색

시각화 개체로 직접 생산하지 않았더라고 인간의 언어(영어)로 '데이터에 대해 질문하기'에 질의 하면 질의 내용을 추출할 수 있다.

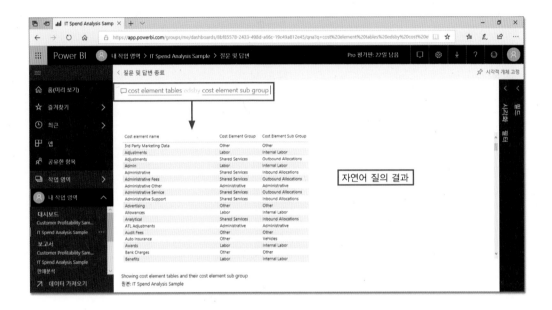

4 다양한 시각화 개체

다음 페이지의 인포그래픽은 '지구 밖의 사람 여행에 대한 대화식 가이드'로 우주 탐사의 이야기는 우주 임무의 숫자에 의해 이야기되고 공상 과학 영화의 데이터와 비교된다. 파워 BI 모델은 여러 소스에서 데이터를 수집하고 보고서는 대화식이다. 기간을 선택하면 해당 연도의 이벤트와 관련된 사실을 필터링할 수 있다.

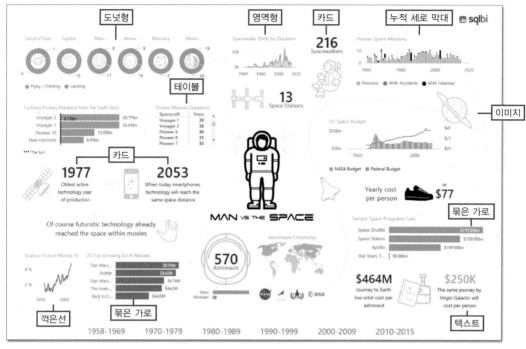

▲ 파워 BI의 우주 보고서 인포그래픽

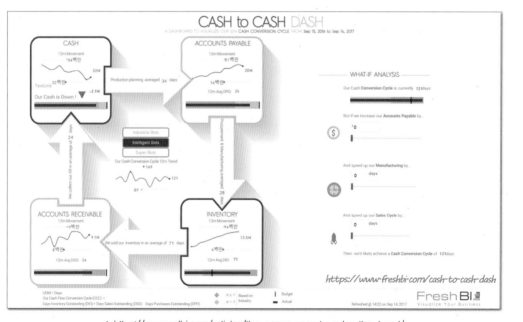

▲ https://www.sqlbi.com/articles/the-space-report-under-the-hood/

파워 BI 데스크톱은 다양한 '기본 시각화 개체'를 제공하며 필요하면 [마켓플레이스]에서 추가 제공되는 다양한 시각화 개체를 사용할 수 있다.

✔ 기본 제공 시각화 개체

누적 가로 막대형	누적 세로 막대형	묶은 가로 막대형	묶은 세로 막대형	100% 누적 가로 막대형	100% 누적 세로 막대형
꺾은선형	영역형	누적 영역형	꺾은 선형 및 누적 세로 막대형	꺾은 선형 및 묶은 세로 막대형	리본
폭포	분산형	원형	도넛형	Treemap	맵
등치 지역도	도형 맵	깔대기	계기	카드	여러행 카드
KPI	슬라이서	테이블	행렬	R 스크립트	ArcGIS 맵

✔ [홈]-[마켓플레이스]에서 시각화 개체에서 가져오기

원하는 시각화 개체를 선택하고 [추가]를 클릭하면, 파워 BI 데스크톱 시각화 개체 영역에 추가된다.

마켓플레이스에서 가져오기

시각화 개체는 추가한 파일에만 나타난다.

또 몇몇 시각화 개체는 사용하려면 R이 필요하다는 메시지를 띄운다. 사용하려면, [설치]를 클릭하면 된다.

≫ 파워 BI Mobile 설치

핸드폰 앱 스토어에서 Microsoft 파워 BI를 설치한다. 설치 후 계정을 이용하여 로그인한다.

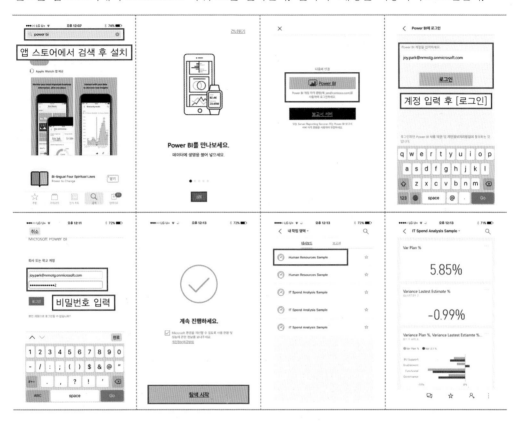

≫ R 사용, R 설치

적절한 R Open 3.4.1 다운로드 https://mran.microsoft.com/download/	R사이트에서 직접 설치 http://healthstat.snu.ac.kr/CRAN/

R 스크립팅 섹션에서 로컬에 설치된 R이 지정되었는지 확 인, 파워BI 데스크톱에서 [파일] 탭-[옵션 및 설정]-[옵션]	시각화 개체에 추가된 R R스크립트 시각화 개체를 추가하면 나타나는 화면

R스크립트로 데이터 가져와 연결하기 [홈] 탭-[외부 데이터] 그룹-[데이터 가져오기] 목록에서 [자세히], [기타]-[R스크립트]	R스크립트를 입력할 수 있는 창이 표시되고, 옵션 대화 상자에서 지정한 R홈 디렉터리가 안내된다.

엑셀 BI와 파워 BI의 상호 작용

두 시스템을 각각 사용하는 것도 물론 좋지만, 엑셀과 파워 BI를 함께 사용하면 더 좋다. 이 둘은 서로 다른 강점이 있다. 원하는 것을 제공하는 프로그램을 사용하고 그 둘을 어떻게 상호 작용하도록 할 수 있는지 몇몇 사용 과정을 살펴보려 한다.

>> 엑셀 통합 문서를 파워 BI로 가져오거나 연결

PowerBI.com으로 가져온 데이터는 [작업 영역]에서 확인할 수 있으며, 하나의 분석 보고서는 대시보드, 보고서, 통합 문서, 데이터 집합 네 가지로 구분하여 저장 및 표시한다. [통합 문서]에서 해당 파일을 클릭하면 웹 서비스에서 엑셀 시트의 내용을 바로 확인할 수 있다.

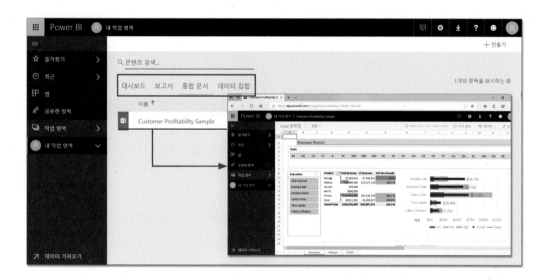

또 엑셀에서 작성한 내용을 선택하고 [파워 BI]-[고정]을 클릭하면 PowerBi.com의 대시보드에 추가할 수 있다. 고정한 내용은 하나의 이미지 타일로 추가된다.

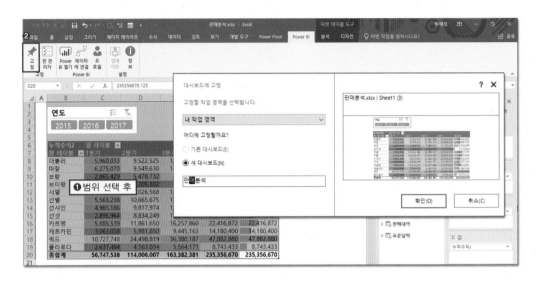

추가한 내용은 [내 작업 영역]에 [대시보드]에서 확인할 수 있다.

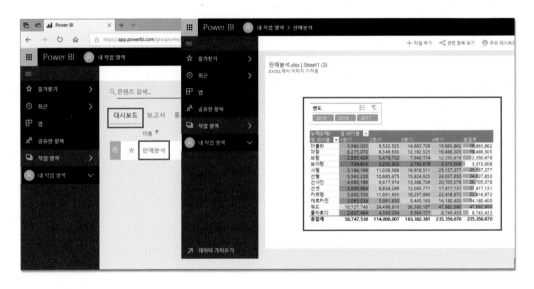

대시보드 각 타일의 [추가 옵션]을 클릭하면 여러 가지 메뉴를 사용할 수 있는데 그 중 [Excel로 내보내기]를 실행하고 [열기]하면, 엑셀의 내용을 바로 확인할 수 있다. 는 시각화 개체 원본이 엑셀로 생성된다.

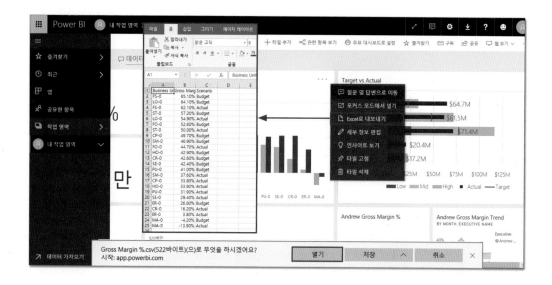

» 엑셀 통합 문서를 파워 BI의 데이터에 연결

[파일]-[가져오기]-[Excel 통합 문서 콘텐츠] 기능은 엑셀 작업의 일부 범위가 아닌 엑셀에서 작성한 데이터 모델(파워 피벗의 작업)을 파워 BI로 가져올 수 있다.

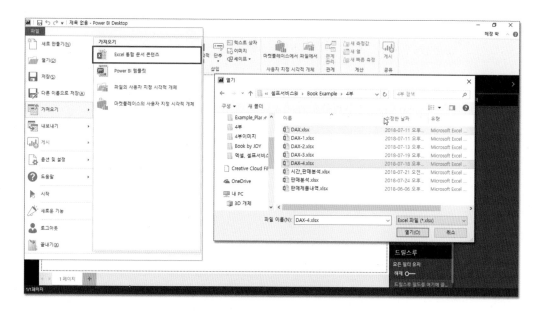

가져온 내용 중에 테이블과 측정값은 [데이터]를 통해 확인할 수 있고, 테이블 간의 관계는 [관계]를 클릭하면 확인 및 수정할 수 있다. 가져온 데이터를 보고서의 시각화 개체를 만드는 원본이되며, 보고서와 데이터를 선택하면 확인 및 사용할 수 있다.

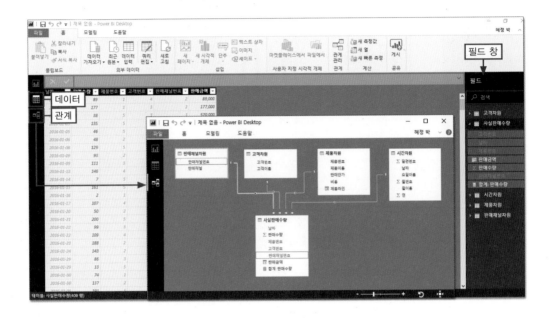

✓ 개발자 + 사용자, 상호 교류

스스로 데이터 분석을 위해 엑셀에 추가된 파워 쿼리, 파워 피벗과 파워 BI 서비스는 지속적인 업데이트가 특징이다. 어제의 사용 방법과 오늘의 사용 방법이 다를 수 있으며, 어제의 불편함이 오늘 해결될 수 있는 구조이다. 아래는 마이크로소프트의 유튜브 채널로 구독하면, 월별로 업데이트 관련 정보를 받을 수 있다.

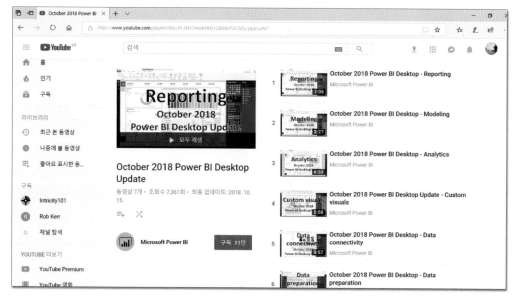

▲ Microsoft Power BI 유튜브 채널

PowerBI.com에 접속하고 [학습]을 클릭하여 파워BI 서비스의 기술적인 부분을 보충할 수 있다. 개발사 사이트를 참고하면, 시스템의 전체 개요를 확인하는 것도 좋겠다(https://docs.micro-soft.com/ko-kr/power-bi/guided-learning/).

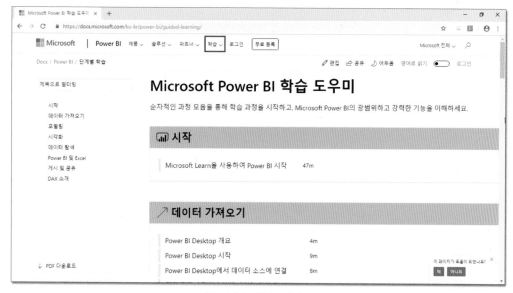

▲ 파워 BI 서비스 학습 도우미 사이트

우리는 앞으로 입체적으로 저장된 OLAP 큐브와 소통해야 하는데, 플랫(plat)한 하나의 테이블을 상대할 때와는 많이 다를 것이다. DAX Studio는 사용자들에게 이런 과정을 좀 더 쉽게 할 수 있는 툴로 'PowerPivot in Excel, Power BI Desktop, Analysis Services Tabular, Azure Analysis Services'의 데이터 소스를 포함한다.

'http://daxstudio.org/'에 접속해 DAX Studio를 설치한 후 엑셀에 추가하고 실행해 본다.

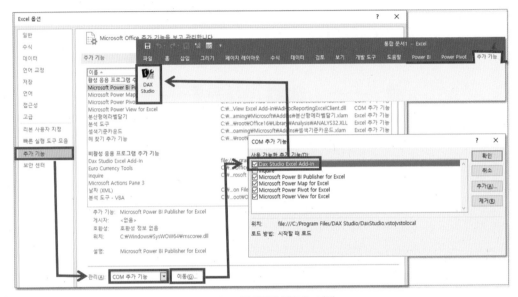

▲ DAX Studio를 엑셀에 등록하는 과정

DAX Studio를 실행하면 연결 대화상자에 엑셀 파일명이 표시된다. 파워 BI 데스크톱의 경우 프로그램을 실행하고 외부의 DAX 스튜디오를 실행한다. [Connect] 클릭

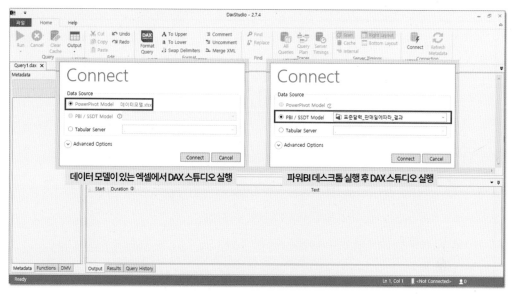

▲ DAX Studio 실행 후 나타난 연결(Connect) 화면

계산을 위해 명령어 EVALUATE를 입력 후 그다음 줄에 식을 입력한다. 왼쪽에 표시된 테이블과 그 안의 필드를 직접 입력하는 대신 더블클릭하여 사용할 수 있다. 식을 입력하고 EVALU-ATE를 포함한 전체 식을 선택한 후에 [Run]을 실행하면, 아래에 필터 결과 데이터 테이블을 눈으로 확인하면서 작업할 수 있다.

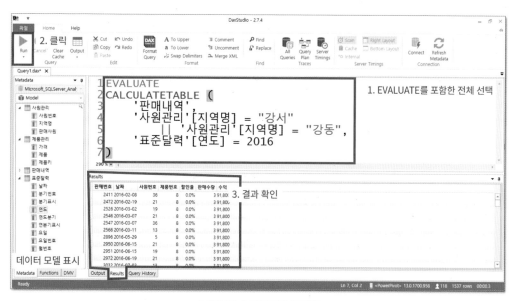

▲ DAX Studio에서 필터 및 계산

Chapter 02 Summary

1. 엑셀 기반의 BI의 강점

- 피벗 테이블과 큐브 함수를 사용하여 분석할 수 있다.
- 스프레드시트라는 너른 장소를 활용하여 계산할 수 있다.
- 풍부한 서식 기능을 사용하여 보고서를 작성할 수 있다.
- VBA로 자동화할 수 있다.

2. 파워 BI 서비스 기반의 BI 강점

- 생산 담당 데스크톱과 실시간 공유를 위한 브라우저, 최종 소비자를 위한 모바일을 사용할 수 있다.
- 독립적인 프로그램으로 데이터 분석의 수집, 가공, 전달 모든 시스템을 갖추고 있다.
- 다양한 시각화 개체를 지속적으로 받는다.
- 데이터 분석을 위한 통계 언어 R을 사용할 수 있다.
- 무료 버전이 제공된다.

3. 엑셀과 파워 BI 서비스와의 상호 작용

- 엑셀 통합 문서에서 작업한 데이터 가공(파워 쿼리, 파워 피벗) 결과를 그대로 파워 BI로 가져오거나 연결한다.
- 엑셀에서 생산된 피벗 테이블 등의 보고서 결과를 그대로 파워 BI 브라우저에 게시한다.
- 엑셀에 파워 BI 서비스와 상호 작용할 수 있는 메뉴를 추가할 수 있다.

실무 데이터 분석 WITH 엑셀

1판 1쇄 발행 2019년 1월 16일
1판 3쇄 발행 2022년 4월 8일

저   자 | 박혜정
발 행 인 | 김길수
발 행 처 | (주)영진닷컴
주   소 | (우)08507 서울특별시 금천구 가산디지털1로 128
         STX-V타워 4층 401호

출판등록 | 2007. 4. 27. 제16-4189호

ISBN | 978-89-314-5963-0

YoungJin.com **Y.**
영진닷컴